Freies Deutschland

Bodo Scheurig

Freies Deutschland

Das Nationalkomitee und der
Bund Deutscher Offiziere
in der Sowjetunion 1943-45

Kiepenheuer & Witsch

© 1984 by Verlag Kiepenheuer & Witsch, Köln
Umschlaggestaltung Hannes Jähn, Köln, unter Verwendung eines Fotos
»Sitzung des Nationalkomitees *Freies Deutschland*« (Ullstein Bilderdienst)
Satz Satzstudio Hülskötter, Burscheid
Druck und Bindearbeiten Bercker Graphischer Betrieb, Kevelaer
ISBN 3 462 01620 2

ELISABETH und WERNER FREIESLEBEN
mit Dank für die Jahre seit 1959

Inhalt

Vorwort

Dieses Buch erscheint als Neuausgabe. Seine erste und zweite Auflage liegen über zwanzig Jahre zurück. Der Abstand zum Thema Nationalkomitee und Bund Deutscher Offiziere ist gewachsen, doch was damals eigene Forschungen erbrachten, hat seitdem die Wissenschaft nicht überholt. Selbst taufrische Publikationen stützen sich ausgiebig auf meine Ergebnisse, ohne trotz neuer Fußnoten nennenswert weiterzukommen. Daneben verdrängen einige Autoren abermals wichtige Zusammenhänge, in die Komitee und Offiziersbund einzuordnen sind, wenn man zu angemessenen Urteilen gelangen will.

Obgleich die Quellengrundlage breiter geworden ist, zwang sie nirgendwo zu sachlichen Korrekturen. Auch notwendige Ergänzungen konnten die ursprüngliche Darstellung nur abrunden oder bestätigen. Dies gilt ebenso für die Motive des Kreml-Schachzuges mit den deutschen Kriegsgefangenen: hier waren hinsichtlich meiner Analysen lediglich zusätzliche Indizien zu berücksichtigen. Sonst blieb der Vorteil, frühzeitig Mitglieder des Komitees und Offiziersbundes befragt zu haben. Ohne deren Erinnerungen konnte und kann keine Studie über die Bewegung »Freies Deutschland« glücken.

Auch die Neuausgabe hält sich beim Thema an die Jahre 1943—1945, den Zweiten Weltkrieg. Die Gründe nennt das letzte Kapitel und die zusammenfassende Schlußbetrachtung. Noch heute habe ich allen zu danken, die mir einst Rede und Antwort standen, insbesondere W. v. Seydlitz, H. Gerlach, W. Frhr. v. Senfft-Pilsach, J. Wieder, Th. Plievier und J. Kayser — Zeugen, die in langer Bekanntschaft die wertvollsten Aufschlüsse gewährten.

Berlin, im Dezember 1983   Bodo Scheurig

Erstes Kapitel
Stalingrad

Die Geschichte der Bewegung »Freies Deutschland« beginnt mit Stalingrad. Was immer auch sonst zu dieser Geschichte hinleitete: ihr Anfang verweist auf die Tragödie der sechsten Armee, die an der Wolga nach grauenvollem Ringen zugrunde ging[1]. Mit ihr reifte im Soldaten der Widerstandswille, der Schranken des Gehorsams und der Treuepflicht durchbrach. Nur Stalingrad kann seinen Abfall von Hitler und dessen Regime erklären.

Aufstand oder Rebellion erschließen sich, in ihrer Bedeutung, erst dem rückwärts gewandten Blick. Nichts deutete im Sommer 1942 auf eine ungewöhnliche Zukunft hin. Die sechste Armee gehörte zu den tapfersten und erfolgreichsten Verbänden des deutschen Heeres[2]. Wie in Belgien und Frankreich hatte sie im Rußlandkrieg Triumphe errungen. Mit ihr — so Hitler gegenüber Feldmarschall von Reichenau — könne man den Himmel stürmen.

Die Armee, im Süden der Ostfront eingesetzt, war vom Desaster vor Moskau verschont geblieben, aber auch sie hatte 1941/42 rund die Hälfte ihres Personalbestandes eingebüßt. An die Stelle der 20—24jährigen traten zunehmend lebenserfahrenere ältere Soldaten zwischen 30 und 35 Jahren. Die Masse stammte aus Kleinstädten und Dörfern, die Hauptberufe: Bauern, Gewerbetreibende, Angestellte und Handwerker.

Das führende Offizierkorps hatte im Kaiserheer und in der Reichswehr gedient, Reaktivierte — auch der Leutnantsränge — kamen oft aus akademischen Berufen; unter ihnen Köpfe, die sich Weitblick erworben hatten und nicht nur militärisch zu denken vermochten. Die Frontoffiziere, nun meist Schnellkurs-Absolventen und jünger als ihre Untergebenen, prägte oder lenkte nationalsozialistische Erziehung.

Hoffnung und Glaube, schien es, brauchte diese Truppe nicht zu verleugnen. Durchbrüche des Gegners auf Charkow endeten 1942 mit einer empfindlichen sowjetischen Niederlage[3]. Der Feind wurde abgeschnitten und vernichtet. Überlegene Strategie meisterte jede Krise. Derartige Siege machten selbstbewußt und stimmten weiter zuversichtlich. Fest vertraute die Armee der obersten Führung, als sie Ende Juni 1942 erneut zur Offensive antrat.

Ihr Optimismus war weniger denn je gerechtfertigt. Hitler — entschlossen, jetzt nachzuholen, was ihm das Vorjahr versagt hatte — plante ein uferloses Unternehmen. Als »allgemeine Absicht« galt, »zunächst alle greifbaren Verbände zu der Hauptoperation im Süd-Abschnitt zu vereinigen mit dem Ziel, den Feind vorwärts des Don zu vernichten, um sodann die Ölgebiete im kaukasischen Raum und den Übergang über den Kaukasus selbst zu gewinnen«[4].

Die Heeresführung zweifelte nicht, daß zunächst Stalingrad zu bezwingen war, sollte die Wehrmacht den Kaukasus erobern; doch simple Rechenexempel mußten ernüchtern. Wieder waren Kraft und Raum nicht miteinander in Einklang zu bringen. Aus einer Frontlänge von 600 Kilometern zwischen Kursk und Taganrog sollten 60 deutsche und voraussichtlich 40 verbündete Divisionen zum Angriff vorbrechen[5]. Wertete man deren Kampfkraft ohne Illusion, kam man vielleicht auf 80 Verbände. Dehnte sich schließlich die Front bis Stalingrad, entstand eine 700 Kilometer lange Flanke, deren Abdeckung allein 50 Divisionen verlangte. Um die Landbrücke zwischen Don und Wolga abschirmen zu können, waren weitere 15 Divisionen nötig. Damit drohten zwei Drittel aller Kräfte gebunden zu werden.

Selbst wenn es mit den bestenfalls verbleibenden 15 Divisionen glückte, in den Kaukasus vorzustoßen und ihn zu überwinden: auch hier hatte man, an der unteren Wolga und Kaspischen Senke, neue Flanken zu schützen. All das zwang zu dem Schluß, daß Hitlers Absicht nur bei einem völligen russischen Zusammenbruch zu verwirklichen war. Gegenzüge durfte der Feind nicht unternehmen. Zudem konnte die deutsche Offensive nicht überall zugleich losbrechen. Es war nur möglich, sie in mehreren, von Nord nach Süd aufeinander folgenden Angriffsphasen ablaufen zu lassen. Sollte der Gesamtplan gelingen, mußte die sowjetische Führung bereit sein, sich der deutschen Umfassung auszusetzen. Tat sie es nicht — und Landmassen gestatteten ihr zurückzuweichen —, scheiterte die deutsche Offensive.

Der sechsten Armee war befohlen, im Verband der Heeresgruppe B die Front des Gegners zu durchbrechen und den Raum zwischen Donez und Don zu bezwingen[6]. Obschon Nachschubkrisen bremsten, stieß sie zügig vor, aber die Trophäen des Sieges — neue Gefangenenmassen — blieben aus. Der Gegner entzog sich Würgegriffen. Immer behender lockte er in die Tiefe seines Raumes. Hitler, ohne Skepsis, feierte die sowjetischen Rückzüge als Triumph. Am 23. Juli 1942 befahl er, den Feind zu verfolgen[7]. Dafür wurde die geplante konzentrische Zangenbewegung auf Stalingrad aufgegeben, die Hälfte der deutschen Streitmacht zum Stoß auf den Kaukasus angesetzt. Vergebens die Argumentation, daß diese Spaltung strategischem Gebot widerspreche; vergebens ebenso der Einwand, daß die Verbände nun vollends zu schwach seien, um auch nur eines von beiden Zielen — Stalingrad und den Kaukasus — zu erreichen. Die sechste Armee hatte die Wolgametropole allein anzugreifen und zu nehmen.

Vor Kalatsch hielt plötzlich der Feind. Mehrere Korps packten ihn, zerrieben zwei russische Armeen und überwanden den Don[8]. Dieser überraschende operative Sieg beflügelte. Der Gegner freilich hatte Zeit gewonnen, die Verteidigung Stalingrads zu organisieren. Sein Widerstand, nun höchster diktatorischer Befehl, versteifte sich. An der Landbrücke zwischen Don und Wolga band er deutsche Divisionen in auszehrendem Abwehrringen; wichtige Brückenköpfe und Höhen waren ihm nicht zu entreißen. Die sechste Armee umfaßte, Schritt für Schritt, Stalingrad und erblickte die Wolga. Aber wie das Ostufer des mächtigen Stromes fest in russischer Hand blieb, so traf auch der Angreifer auf verbissene Gegenwehr. Der Kampf wütete um jeden Meter Boden, um jedes Haus, um jeden Stein[9]. Stalingrad wurde zum Verdun des Ostens.

Dieses Bild veränderte auch der deutsche Angriff auf den Stadtkern in der ersten Septemberhälfte nicht. Zwar fielen der Südteil und — nach einem kühnen Durchbruch bis an das Ufer der Wolga — die Stadtmitte von Stalingrad[10]. Russische Gegenstöße am Nordfrontriegel brachen unter wirkungsvollem Artilleriefeuer zusammen. Doch zu weiteren Offensiven, welche die Lage im ganzen hätten bereinigen können, fehlte der seit langem überforderten Truppe die Kraft[11]. Selbst Stuka-Angriffe, die bisher den Gegner zermalmt oder niedergehalten hatten, halfen nicht mehr voran. Das Ringen mit einem immer zäheren Gegner höhlte die deutschen Divisionen aus. Die Gefechtsstärken sanken — bei den Infanterie- und Pionierkompanien — auf 30 bis 40 Mann[12].

Nach blutigem Aderlaß waren nahezu zwei Armeen in den Kampf um eine Stadt verstrickt, die allmählich in Schutt und Asche versank. Die überlangen Flanken dieser Armeen »besetzten« im Nordwesten am Don, unzulänglich ausgestattet, Ungarn, Italiener und Rumänen; den Süden — namentlich die Kalmückensteppe — »sicherte« eine einzige, weit auseinandergezogene deutsche Division[13]. Gewiß, man hatte Stalingrad erreicht. Aber der Feind war nicht vernichtet. Im Gegenteil: die 62. sibirische Armee hielt mit einer Tapferkeit ohnegleichen stand. Auch in den Gebirgszügen des Kaukasus bekämpfte ein ungebrochener Gegner die aufgespaltene Heeresgruppe A, die Tiflis und Baku erobern sollte, doch nicht erobern konnte[14]. Jeder Schrei nach Reserven verhallte ungehört. Das OKH hatte keine mehr.

So war eine nach Tausenden von Kilometern zählende Front entstanden, in der die Masse des deutschen Ostheeres festgelegt war, ohne eine operative Entscheidung erzielt zu haben oder erzielen zu können. Wenn Konzentration das Wesen der Kriegskunst ausmacht: hier waren alle Kräfte verstreut, zersplittert. Generalstabschef Halder trat zurück und brach den Stab über Hitlers »Führung«[15]. Die deutsche Sommeroffensive 1942 war trotz ihrer Raumgewinne gescheitert. Angesichts dieser Lage wäre es nötig gewesen, die Konsequenzen zu ziehen, die nur lauten konnten: Übergang zur Verteidigung, Rückzug auf eine Frontlinie, die Aussichten bot, den Winter zu bestehen. Das hätte — bei einem angemessenen Entschluß — im Grunde die Aufgabe alles dessen verlangt, was die Sommeroffensive eingetragen hatte.

In Stalingrad spürte der Oberbefehlshaber, General der Panzertruppen Friedrich Paulus, mit den meisten seiner Kommandeure, daß es an der Zeit sei, zur Verteidigung überzugehen[16]. Schon am 12. September hatte er Hitler in Winniza darauf hingewiesen, daß die feindliche Aktivität an den Flanken der sechsten Armee zunehme. Seitdem wuchs — Zug um Zug — die feindliche Aktivität, aber für Hitler war die Rote Armee geschlagen. Am 14. Oktober forderte er, die Offensive fortzusetzen[17]. Dazu wurden der sechsten Armee einige schwache Pionierbataillone zugeflogen, doch im wesentlichen hatte das Armeeoberkommando eigene Reserven auszukämmen: Kampftrupps abgekämpfter Divisionen. Diese Reserven ließen sich nur nach und nach aus anderen Frontabschnitten herausziehen, ehe sie das befestigte und schwer einnehmbare Nord-Stalingrad angreifen konnten[18].

Dementsprechend verliefen auch die Angriffsoperationen. Es gelang nicht, einen einzigen entscheidenden Stoß zur Einnahme der noch von den Russen gehaltenen Teile der Stadt zu führen. Die völlig ungenügend aufgefrischten Divisionen wurden vielmehr einzeln und nacheinander zum Sturm angesetzt. Die Feuerkraft des Gegners konnte sich auf die schmalen Angriffsstreifen konzentrieren. Nachdem es noch geglückt war, das Traktorenwerk und die Geschützfabrik zu nehmen, versagten die Energien der verblutenden deutschen Truppe endgültig[19]. Erschöpft und am Ende, hatte sie auch die Reserven verbraucht, die für eine Defensive hätten aufgespart werden müssen. Zuletzt hatte man selbst Panzerfahrer als Infanteristen in die Schlacht geworfen[20].

Damit war die Situation ausgereift, die es den Sowjets erlaubte, das Vergeltungsschwert zu ziehen, zu Gegenoffensiven anzutreten. Die Lage an den Fronten mußte sie geradezu herausfordern. Das erkannte auch die Spitze der sechsten Armee. Als sich Anfang November die untrüglichen Anzeichen eines gewaltigen russischen Aufmarsches mehrten, verständigte Paulus Hitler und das OKH: mehrfach und mit aller Deutlichkeit. Meldungen belegten, daß die Sowjets sieben Armeen zusammenzogen, »massiert im Nordwesten und Südosten von Stalingrad«[21]. Trotzdem blieb es beim Befehl vom Oktober, der gerade die sechste Armee zwang, ihre Frontlinien für die Operationen des Jahres 1943 zu halten.

So trat ein, was eine vermessene Führung trotz ständiger Warnrufe nicht wahrhaben wollte. Am 19. November 1942 griffen aus dem Brückenkopf Kremenskaja die Truppen der russischen Donfront unter Rokossowskij an; südlich der heiß umkämpften Wolgametropole erhob sich zum Sturm die Stalingradfront Jeromenkos[22]. Sofort durchstießen beide »Fronten« Kampfabschnitte der Rumänen, Alarmeinheiten und Igelstellungen. Panik bereitete ihnen den Weg. Am 23. November trafen die Stoßkeile der Sowjets bei Kalatsch aufeinander: die sechste Armee war von ihren rückwärtigen Verbindungen abgeschnitten[23].

Obgleich Hitler General Paulus befahl, sich nach Stalingrad zu begeben und weitere Weisungen abzuwarten[24], verlangte die Lage nun einen kühnen Entschluß. Die sechste Armee war umgangen und drohte eingekesselt zu werden. Nur wenn man die unvermeidlichen Konsequenzen zog, ließ sich eine Katastrophe größten Ausmaßes vermeiden. Paulus und sein Chef des Stabes taten alles, um die oberste Führung vom Ernst der Lage zu überzeugen. Beide wußten: ihre Armee, die mit fünf Korpsstäben und 22 Divisionen im Grunde zwei Armeen gleichkam, durfte nicht in der Bewegungslosigkeit erstarren[25]. Es galt, sich auf eine wesentlich verkürzte Linie durchzukämpfen und unter Anlehnung an die abgedrängte deutsche Front die eigene Operationsfreiheit zurückzugewinnen.

Was Strategie ohnehin gebot, unterstützten ebenso andere Faktoren. Man war sicher, daß eine zureichende Luftversorgung der umgangenen Truppenmasse ausgeschlossen sei. Man glaubte nicht einmal an die Möglichkeit, eine Kesselfront bilden zu können. All das zwang unverzüglich zum Durchbruch, der am ehesten im Südwesten raschen Erfolg versprach. Ihn konnte man — wenn man schon zögerte, sofort selbständig zu handeln — nicht lapidar genug fordern. Erdrückende Gefahren mahnten. Paulus bat daher am 23. November in einem Fernschreiben um Handlungsfreiheit[26]. Seit dem 19. November hatte sich die Lage so verschärft, daß sie den Durchbruch noch dringlicher nahelegte.

Paulus war sich in seinem Urteil mit den Kommandierenden Generalen einig. Keiner zauderte, dem Fernschreiben an Hitler zuzustimmen[27], und wie ihre Kommandeure dachte die Truppe. Gewiß wurde sie hart getroffen, wo sie die Wucht der russischen Angriffe abzuwehren hatte[28]. Auch ihr Rückzug hatte sich teilweise in arger Bedrängnis vollzogen. Die Flucht der Rumänen verwirrte; rascher als vermutet stand der ungestüm nachsetzende Gegner vor den deutschen Stützpunkten. Moral und Glaube waren jedoch unversehrt geblieben. Der Soldat zweifelte nicht, daß er den Ring des Feindes sprengen werde.

Paulus' Fernschreiben mußte in Hitler einige Verlegenheit auslösen. Von der Idee besessen, Stalingrad um jeden Preis halten zu müssen, war ihm der Gedanke auszuweichen unerträglich[29]. Der deutsche Soldat hatte sich bisher an seine Stellungen zu klammern; hier, vor der Stadt mit dem Namen des sowjetischen Diktators, durfte er niemals das Kampffeld räumen. Aber Zeitzler, der neue Generalstabschef, focht die Schlacht seines Lebens und begann mit der Auffassung durchzudringen, daß es ein Verbrechen wäre, die sechste Armee in der Umklammerung zu lassen[30]. Es sei unmöglich, sie zu entsetzen. Eingeschlossen und bewegungsunfähig, müsse sie verhungern und erliegen. Die Waage neigte sich zugunsten der sechsten Armee: sie wurde verständigt, ihren Ausbruch vorzubereiten. Da geschah ein verhängnisvoller Schritt. Am Morgen des 24. November ließ Göring durch seinen Generalstabschef mitteilen, daß die Luftwaffe imstande sei, auch eine eingeschlossene Armee zu versorgen. Damit war Hitler der »Trumpf«, nach dem er gefahndet hatte, in die Hand gegeben, mehr noch: sein Wunschbild »gerettet«. Er entschloß sich, Stalingrad zu behaupten.

Seine Entscheidung beruhte auf unfaßlicher Leichtfertigkeit. Um der Soldaten willen war ins Detail zu gehen. Sicher besaß die Stimme des Reichsmarschalls ihr Gewicht. Göring mußte das Potential seiner Waffe überblicken und daher beurteilen können, ob es eine Versorgung der sechsten Armee mit dem Mindestsatz von 500 Tonnen täglich erlaubte[31]. Aber legte der gefaßte Entschluß nicht nahe, daß seine Grundlagen überprüfen mußte, wer für ihn schließlich verantwortlich zeichnete? Und hätten Details nicht ergeben, daß Görings Zusicherungen großmäulig waren? Selbst wenn man bei An- und Abflügen nur geringe Verluste unterstellte: die Luftwaffe verfügte, weniger denn je, über genügend Transportgeschwader; sie allein *konnte nicht* 270 000 Mann versorgen.

Görings Zusicherungen hätte man in Stalingrad zuallerletzt prophezeit. Die Luftwaffenkommandeure Richthofen, Fiebig und Pickert hatten einhellig die Möglichkeit einer ausreichenden Luftversorgung verneint. Die Voten dieser Männer, die Paulus hörte, waren eindeutig, nicht zu widerlegen. Um so heftiger die Bestürzung, als Hitlers Funkspruch die abgeschnittene Armee an ihre Stellungen fesselte. Alles, hieß es, würde getan, »um sie entsprechend zu versorgen und zu entsetzen«[32]. Paulus, der glaubte, einen umsichtigen Lageüberblick gegeben zu haben, nahm den neuen Befehl resigniert entgegen[33]. Andere Kommandeure schienen über Hitlers Weisung wie gelähmt. Walther von Seydlitz-Kurzbach, General der Artillerie und Führer des LI. Korps, lehnte sich auf. In einer Denkschrift vom 25. November 1942, die sein Stabschef

Oberst i. G. Clausius entwarf, forderte er nachdrücklich den Ausbruch der sechsten Armee[34].

Seydlitz, Befreier des Kessels von Demjansk, stützte sich auf abschreckende, eindringliche Erfahrungen. Seine Denkschrift rechnete mit dem Übersehbaren: einfachen Faktoren. Würde auch nur das LI. Korps, so die Resultate, »auf ganzer Front angegriffen«, hätte es sich angesichts der Munitionslage in zwei, drei Tagen »verschossen«. »Woher die für die Versorgung der Armee benötigte große Zahl Ju (52) genommen werden soll, ist nicht ersichtlich. Wenn sie überhaupt vorhanden ist, müssen die Maschinen aus ganz Europa und Nordafrika erst zusammengeflogen werden . . . Selbst wenn täglich 500 Maschinen statt der bisher in Aussicht gestellten 130 landen werden, können nicht mehr als 1 000 Tonnen Güter herangebracht werden, die für den Bedarf einer Armee von rund 200 000 Mann, im Großkampf und ohne Vorräte, nicht ausreichen.« Allenfalls Bruchteile des notwendigsten Munitions-, Treibstoff- und Verpflegungsbedarfs dürften den Kessel erreichen[35].

Dem Gegner winke »ein Sieg in einer Vernichtungsschlacht klassischen Ausmaßes«. Er kenne die deutschen Versorgungsschwierigkeiten. »Mit unverminderter Heftigkeit« werde er weiterhin angreifen. Scheiterten mehrere seiner Angriffe, »wird doch der Enderfolg eintreten, wenn die Armee sich verschossen hat und wehrlos ist«. Dem Feind derartige Überlegungen absprechen, hieße »das unrichtige Handeln erwarten. Dies hat in der Kriegsgeschichte stets zur Niederlage geführt«. Der Vernichtung könne die sechste Armee nur entgehen, sofern Entsatz in kürzester Frist wirksam würde. Für ihn läge aber nicht ein einziges Anzeichen vor. »Der Aufmarsch einer zum schnellen Durchstoß über den Don und gleichzeitiger Abdeckung ihrer Nordflanke ausreichenden Armee . . . dauert Wochen. Hinzu kommt der Zeitbedarf der Operation selbst, der bei den Unbilden der Witterung und den kurzen Tagen der jetzigen Jahreszeit bedeutend größer ist als im Sommer.«[36]

Seydlitz weigerte sich zu glauben, daß die Truppe »bewußt aufgeopfert« werden solle. Die zwingende Folgerung lautete daher: sofortiger Ausbruch, um wenigstens die Masse der sechsten Armee dem Untergang zu entziehen. »Jedes Zögern mindert seine Aussichten. Mit jedem Zögern nimmt die Zahl von Kämpfern und Munition ab. Mit jedem Zögern wird der Feind an der Durchbruchsfront stärker

. . . Hebt das OKH den Befehl zum Ausharren in der Igelstellung nicht unverzüglich auf, so ergibt sich vor dem eigenen Gewissen gegenüber der Armee und dem deutschen Volk die gebieterische Pflicht, sich die durch den bisherigen Befehl verhinderte Handlungsfreiheit selbst zu nehmen und von der heute noch vorhandenen Möglichkeit, die Katastrophe durch eigenen Angriff zu vermeiden, Gebrauch zu machen. Die völlige Vernichtung von 200 000 Kämpfern und ihrer gesamten Materialausstattung steht auf dem Spiel. Es gibt keine andere Wahl.«[37]

Paulus' Stabschef Schmidt befand in einer Randbemerkung, daß sich General von Seydlitz nicht den Kopf der Armee zu zerbrechen habe und die Armee nicht den des Führers. Paulus hielt zu dem Gehorsam, den Adolf Hitler von ihm forderte. Friedrich Paulus war kein Soldat, der über die Härte verfügte, sich gegen alle Gewalten aufzulehnen[38]. In glänzender Laufbahn nur zweimal Truppenkommandeur, persönlich tapfer und ein Mann großen operativen Könnens, rang er eher langwierig, ja, qualvoll um die richtigen Entschlüsse. Kühnheit und Entschlußfreudigkeit, Zeichen des souveränen Feldherrn, waren nicht seine Sache. Ein ernstes, chronisch gewordenes Magenleiden drohte ihn zusätzlich zu lähmen. Weder Tatmensch noch vorwärts drängender Wille, schien er am falschen Platz als Armeeführer.

Auch Paulus litt unter dem Führerbefehl. Der militärische Fachmann täuschte sich nicht: seine Armee war nunmehr eingekesselt und von unablässiger Luftversorgung abhängig. Der Ausbruch — beste Lösung — hätte auf Anhieb von Problemen befreit. Paulus kannte den deutschen Reservemangel, doch ganz zuletzt fähig zu rebellieren, schreckte ihn Ungehorsam um so mehr, als er — »zum Prinzip erhoben« — jede Führung zerstörte. Hitler und das OKH hatten den Befehl, an Stalingrad festzuhalten, zur Grundlage ihres Operationsplans gemacht. Sie verhießen Luftversorgung und siegreichen Entsatz durch eine Panzer-Armee. Paulus war überzeugt: er und seine Divisionen hatten kein Recht anzunehmen, daß ihr Ausharren im Kessel grundlos verlangt wurde[39].

Soweit die Haltung des führenden Kommandeurs, von dem das Schicksal einer Viertelmillion Soldaten abhing. Und die Truppe? Auch sie fühlte sich herb enttäuscht, als der Befehl zum Ausbruch unterblieb, der ihr angekündigt worden war und den sie instinktiv als richtigen Entschluß gewertet hatte[40]. Keine Division wollte untätig verharren, jede der unerquicklichen Falle entrinnen. Aber der kämpfende Soldat überschaut selten »höhere Strategien«. Der selbstverständliche Gehorsam, mit dem er sich an den Rändern des Kessels in die Erde sprengte oder grub, wurzelte im Vertrauen zur obersten Führung. Und schließlich durfte er hoffen. Die rasch verbreitete Nachricht, daß Manstein die eingeschlossene Armee entsetzen werde, stärkte und stimmte zuversichtlich[41].

Freilich belasteten Paulus und seinen Stab schon bald erhebliche Sorgen. Nicht nur bedrückte, daß sie — auf Weisungen Hitlers vom grünen Tisch — einen Kessel bilden mußten, dessen Fronten zu unsinnigem Abringen nötigten[42]. Die Luftversorgung erwies sich, wie vorausgesagt und befürchtet, als Fehlschlag, ja, Katastrophe. Im Durchschnitt gelangten täglich höchstens 80—120 Tonnen nach Stalingrad, und selbst unter diesen armseligen Mengen fehlten anfangs sogar die dringendsten Nachschubgüter[43]. Bereits Mitte Dezember 1942 verfiel die Kraft der Truppe, hatte sie ihre ersten Hungertoten zu beklagen[44].

Auch das Entsatzvorhaben beeinträchtigten zunehmend Krisen. Seit Generalfeldmarschall von Manstein die Heeresgruppe Don übernommen hatte, war durch die russischen Gegenoffensiven bei Stalingrad ebenso die Heeresgruppe A im Kaukasus bedroht. Die italienischen und rumänischen Armeen, vor allem am Don geschlagen, wichen weiterhin zurück. Angriffe der Sowjets gewannen an Tiefe[45]. Zwar glückte es, am unteren Tschir eine Abwehrfront zu errichten, die Flugbasen und Rückzugskorridore deckte, aber sie glich eher einem dünnen Sperriegel. Das Fiasko der deutschen Operationen war überall nur noch einzuschränken.

Trotzdem begann, nach mühsamer Gruppierung, am 12. Dezember das Befreiungsunternehmen »Wintergewitter«. »Eine ganze und zwei nicht einmal halbe« Panzer-Divisionen — schwerlich die versprochene »gigantische Streitmacht« — traten zum Angriff an[46]. Der Wille, die Eingeschlossenen herauszuschlagen, beflügelte die Truppe. Wendigkeit und Wucht trugen sie immer näher an den Kessel heran. Doch der Gegner warf aus dem Einschließungsring Welle auf Welle in den Kampf; die Flanken des Angreifers dehnten sich und waren kaum noch abzustützen. Manstein beantragte, Paulus den Ausbruch nach Südwesten zu befehlen[47]. Hitler indes lehnte ab, obschon die Entsatztruppe mit keinen Reserven mehr rechnen durfte. Dafür erreichte den Feldmarschall die Anfrage, ob Stalingrad — nach hergestelltem Kontakt — nicht trotzdem gehalten werden könne[48].

Ein strategischer Dilettantismus solchen Ausmaßes mußte entsetzen. Manstein wußte, daß Stalingrad aufzugeben war und seine Räumung sofort heftigen Feinddruck auslöste. Er unterlief Hitlers Starrsinn und schickte Major i. G. Eismann in den Kessel[49]. Paulus erfuhr, daß es unsicher geworden sei, ob die Entsatzdivisionen bis zum Kessel vordringen könnten. Ständig träfen sie auf neue sowjetische Kräfte. Das zwinge, diese Kräfte doppelt zu packen. Griffe die sechste Armee jetzt an, könne der Gegner ihren Ausbruch kaum verhindern. Freilich müsse die eingeschlossene Truppe im Sturm einen größeren Raum überwinden, bevor sie hoffen dürfe, gerettet zu sein, aber Angriff böte die einzige Chance. Die Luftversorgung sei unzulänglich und werde mangelhaft bleiben. Nach Ansicht der Heeresgruppe wäre es unverantwortlich, klammerte sich die sechste Armee an Stalingrad.

Was Manstein — eine anerkannte, bewunderte Autorität — besser selbst dargelegt hätte, erwog Paulus ebenso ernst wie gewissenhaft. Eismanns Vortrag schien ihn zu beeindrucken, ja, zu überzeugen. Der Chef des Stabes, Generalmajor Schmidt, winkte dagegen ab und sprach von »Katastrophenlösung«. Kein operatives Argument vermochte seine Auffassung anzufechten. Die schon bewegungsunfähige sechste Armee konnte in seinen Augen einen größeren Raum nicht mehr überwinden. Der Blick auf die Betriebsstoff-Tabellen lähmte gerade hier die stärkere Persönlichkeit, doch ihr Einspruch — harter Reflex der Bedenken des Oberbefehlshabers — entschied die Diskussion. Nach Schmidt erklärte General Paulus, daß ein Ausbruch der Armee unmöglich oder nicht zu wagen sei[50]. Sie werde, so abschließend Schmidt, auch noch Ostern ihre Stellung eisern halten. »Ihr müßt sie nur entsprechend versorgen.«

So enttäuschend dieser Kriegsrat: Manstein ließ sich nicht entmutigen. Gelang es, seine Verbände näher an den Kessel heranzuschieben, glaubte er, die nötigen, unumgänglichen Entschlüsse erzwingen zu können. Am 19. Dezember war der Augenblick herangereift. Die Entsatzdivisionen, nochmals erfolgreich, standen 50 Kilometer vor dem südlichen Kesselrand[51]. Damit aber hatten sie auch das

Äußerste erreicht. Der linke Heeresgruppenflügel schwebte in ersten Gefahren; die erkämpften Stellungen berannte verbissen der Gegner: nur bei einem Angriff aus dem Kessel war sein Widerstand zu brechen. Manstein forderte den unverzüglichen Ausbruch der eingeschlossenen Divisionen. Hitler — offenbar in dem Wahn befangen, daß er noch Zeit habe — ließ Mansteins Fernschreiben unbeantwortet[52]. Die Heeresgruppe befahl, von sich aus, der sechsten Armee, ihren Ausbruch *vorzubereiten*.

Paulus konnte jedoch seinen Schatten nicht überspringen, und auch ein anderer Kommandeur hätte einsam, mit höchstem Wagemut handeln müssen. Manstein scheute sich, den Ausbruch zu *befehlen*. So galt Hitlers Weisung, Stalingrad unbedingt zu halten[53]. Jetzt aber schreckte erst recht die Größe des Risikos, und besonders den zögernden oder zaudernden Heerführer. Die eingeschlossene Truppe — nahezu lahmgelegt — war an allen Fronten des Kessels gebunden. Paulus sah keine Rettung, wenn sie fünfzig Kilometer bewältigen mußte. Nicht nur zweifelte er, ob er genügend Angriffskräfte konzentrieren konnte, ohne Rücken und Flanken zu gefährden; vor allem befürchtete er, daß bei einem vorzeitigen oder eigenmächtigen Ausbruch die Armee in der Steppe liegenblieb und ihren Untergang selbst besiegelte. Als er durch Funkspruch mitteilte, daß er lediglich noch über Brennstoff für dreißig (!) Kilometer verfüge, waren die Würfel gefallen[54]. Hitler — im Grunde nie bereit, Stalingrad zu räumen — fühlte sich bestätigt und untersagte jede Bewegung der sechsten Armee[55]. Die Chance, sie zu befreien, war erloschen, vertan.

Obgleich Manstein die Entsatzdivisionen noch einige Tage in den vordersten Stellungen hielt, zwangen ihn Krisen auf seinem linken Flügel, das Befreiungsunternehmen am 25. Dezember abzubrechen[56]. Wieder war der Gegner bei den benachbarten verbündeten Armeen durchgebrochen. Fluchtartig ausweichend, rissen sie deutsche Verbände in die Strudel ihres Rückzuges. Erreichte die feindliche Sturmflut Rostow am Asowschen Meer, hatten die Sowjets den gesamten Südflügel der deutschen Ostfront abgeschnitten. Manstein konnte nicht länger wählen, sondern brauchte jeden Panzer und Mann, um nun Heeresgruppen vor der Umklammerung und Vernichtung zu retten.

Daß Paulus den Entschluß zum Durchbruch nicht fand, zeugt für seinen mehr wägenden als wagenden Charakter. Ginge es nur darum, Stalingrad militärisch zu bewerten, verdiente auch der Armeebefehlshaber keine glänzende Note. Psychologisch indes bleibt entscheidend, daß er — von Anfang an — in dem Gehorsam handelte, den die oberste Führung gefordert hatte und forderte. So mußte jetzt insbesondere die beginnende Katastrophe offenbaren, wer Hitler nach Wesen und Denken wirklich war.

Mansteins Rückzug erlaubte der Stalingrader Generalität kaum noch Illusionen. Es schien unmöglich, die operativen Fehler der deutschen Offensive 1942 wiedergutzumachen. Die Entsatzdivisionen, die diese Fehler auch gegenüber der sechsten Armee um die schlimmsten Folgen zu bringen suchten, waren gewichen, ja, hatten Mühe, sich selbst zu behaupten[57]. Die Luftversorgung des Kessels aber blieb trotz heldenmütiger Einsätze unzulänglich, weit unter dem angemahnten täglichen Minimum. Die Kampfkraft der eingeschlossenen Armee drohte zu versiegen. Mehr und mehr bedrückte die Frage, ob Entsatz nun nicht ohnehin zu spät kam. Was Seydlitz prophezeit hatte, war Wirklichkeit geworden[58]. Die Versorgung spottete der strategischen Zeitrechnung. Dem Gegner winkte »ein Sieg in einer Vernichtungsschlacht klassischen Ausmaßes«.

Um so verbissener mobilisierte Paulus' Stabschef Generalmajor Schmidt die letzten Verteidigungskräfte[59]. Energischer, zupackender als sein Oberbefehlshaber, führte jetzt er im Kessel. Die Hakenkreuzfahne vor dem Gefechtsstand, erklärte er einem eingeflogenen Stabsoffizier, würde nicht eingezogen[60]. Die Armee hatte ungebrochen auszuharren und bildete Festungsbataillone aus Trossen und versprengten Truppenteilen[61], doch die Festungsbataillone — bombastischer Name für ausgemergelte, zusammengewürfelte Einheiten — wurden zum Bankrott-Aufgebot. In einem persönlichen Funkspruch ließ Hitler Paulus wissen, daß der Kampf seiner Armee eine der größten Ruhmestaten deutscher Kriegsgeschichte sei: vorweggenommener Nachruf auf 22 abgeschriebene Divisionen, der nicht erhob, sondern nur niederdrückte[62].

Der Wettersturz fast aller Hoffnungen sollte dem Soldaten im Schützenloch verborgen bleiben[63]. Hitlers Botschaft wanderte zu den Geheimpapieren, aber gerade der Soldat zeigte sich über den Ablauf des Geschehens betroffen. Die Truppe hatte mit ihrem Herzen dem Ausbruch, der Rettung entgegengefiebert[64]. Sie glaubte bereits die Leuchtzeichen der Befreier am Himmel zu sehen[65], doch dann war der Kanonendonner abgeklungen, ohne daß sie, die bereit stand, gegen den sowjetischen Einschließungsring angetreten wäre. Bedenken und Zweifel stiegen in ihr auf. Gewaltsam klammerte sie sich an die Überzeugung, daß Hitler nicht eine ganze Armee opfern werde[66]. Wo sie noch hoffte, erwartete sie Wundertaten oder eine Wende aus höherem strategischen Ratschluß. Erleichtert vernahm *sie* den Neujahrsfunkspruch ihres Obersten Befehlshabers, in dem er gelobte, felsenfest könne sich die sechste Armee auf ihn verlassen[67].

Deklamationen dieser Art mochte die Notwendigkeit diktieren, Paulus' Divisionen zum äußersten Widerstand anzuspornen. Die Eingeschlossenen hatten Feindkräfte zu binden und den nun um sein Leben kämpfenden gesamten deutschen Südflügel zu entlasten[68]. All das durfte jedoch nicht darüber täuschen, daß Hitlers Zusage von keinem Trumpf gedeckt und damit leichtfertig gegeben war. So stand Vertrauen gegen Lüge, und dies in einer Situation, da die übermenschliche Hingabe der Eingeschlossenen wie nie an das Verantwortungsbewußtsein der obersten Führung appellierte. Feierliche Schwüre hatten Hoffnung, ja, noch immer gläubige Zuversicht erweckt. Ließ sich die innere Empörung abschwächen, wenn ein — längst absehbarer — unglücklicher Ausgang Hitler als infamen Betrüger erwies? Schon hier scheute der Diktator nicht jene Gewissenlosigkeit, mit der er den Soldaten verhöhnte und zum Objekt des Mißbrauchs erniedrigte.

Noch einmal, schien es, war das beabsichtigte Massensterben aufzuhalten. Anfang Januar 1943 richteten die Sowjets an den zum Generalobersten beförderten Paulus ein Ultimatum. Unter Zusicherung ehrenvoller Bedingungen forderten sie die Übergabe der sechsten Armee[69]. Das russische Ultimatum konnte schwerlich übertreiben. Als es Paulus überreicht wurde, war die umklammerte Armee — wenn überhaupt — nur noch bedingt kampffähig[70]. Die Truppe hatte blutige, unersetzbare Verluste erlitten. Die Zahl der Verwundeten war bedrohlich angeschwollen, ihre Versorgung weniger denn je gesichert. Hunger und Kälte entkräfteten zusehends alle Divisionen[71]. Ein Durchbruch war, mit den Resten der Armee, undenkbar geworden. Wie Verpflegung und Medikamente fehlten Treibstoff und Munition[72]. Görings Luftwaffe — eine erbitternde Enttäuschung — verhieß keine Wende mehr. Weitere Offensiven der Sowjets drohten die eingekesselten Verbände zu erdrücken und zu vernichten. So grauenhaft die Vorstellung russischer Gefangenschaft[73], Schicksal, dem deutsche Soldaten zu entrinnen trachteten: Paulus wußte, daß der Gegner zutreffend argumentierte. In einem Funkspruch nach Rastenburg bat er um Handlungsfreiheit[74].

Hitler versagte sie abermals. »Jeder Tag, den die 6. Armee länger hält, hilft der gesamten Front und zieht von dieser russische Divisionen ab.«[75] Wenn diese Antwort auch das Wort »Entsatz« vermied: sie band an eine Aufgabe, die in Paulus' Sicht Gehorsam verlangte. Die sechste Armee weigerte sich zu kapitulieren[76]. Am 10. Januar 1943 schritt der Feind zur Offensive.

Als er nach zweistündigem Feuer aus fünftausend Geschützen die Nordwest-, West- und Südfront des Kessels angriff, ebnete ihm die hoffnungslose deutsche Unterlegenheit den Weg[77]. Die sechste Armee starb. Der Kessel — vor der Offensive 50 km lang und 40 km breit — schrumpfte zusammen. Wohl zwang verzweifelter Widerstand einige russische Stoßkeile, auszuweichen oder zögernd zu operieren[78]. Nachdem aber die westliche und nördliche Kesselwand zerrissen und der Flugplatz Pitomnik gefallen waren, hatte jede geordnete Abwehr aufgehört[79].

Die Szene war düster geworden, und nichts konnte sie mehr aufhellen. Der russische Angriff hatte mit geballter Macht das Ende der umklammerten Armee unabwendbar gemacht. Die Reste der zersprengten oder geschlagenen deutschen Divisionen wichen in die Ruinen Stalingrads zurück[80]. Auflösung und Panik griffen um sich. Wo noch gekämpft wurde, geschah es dumpf, mit erloschenem Glauben. Abertausende waren gefallen, verhungert, dem Frost erlegen; 50 000 Verwundete, unversorgt, siechten jammervoll dahin[81]. Die Tragödie forderte ein Ende, doch gebar Weisungen des Irrwitzes, die nun nicht nur Adolf Hitler richteten[82]. Verteidigungslinien wurden festgesetzt, die der Gegner längst überwunden hatte; Kräfte und Waffen zusammengefaßt, die allein auf den Karten der Stäbe existierten. Überall befahl die Armeeführung: Kampf bis zum letzten Hauch, Kampf auch ohne Gewehr und Patrone.

Der apokalyptische Zusammenbruch enthüllte die Schmach *unbedingten Gehorsams*: Phrase einer Eidformel, die nationalsozialistische Generale entworfen hatten und Hitler selbstüberheblich ertrug[83]. Niederlagen hatten im Denken des Soldaten ihren Platz, wenn der Feind — besser geführt — nicht zu schlagen war. Hier aber fehlten nun alle Bedingungen, unter denen eine Truppe kämpfen durfte. Hier sollte eine ausgebrannte, ja, schon wehrlose Armee auf verlorenem Posten ausharren und sich Mann für Mann niedermetzeln lassen[84]. Solch einen »Fanatismus« konnte nur eine skrupellose, menschenverachtende Führung befehlen. Jetzt entschleierte sich den Todgeweihten ihre brutale Unsittlichkeit. Ungezählte Male wurde sie verflucht[85].

Es war für die höheren Kommandeure ungeheuerlich, erleben und ertragen zu müssen, was ihnen Stalingrad auferlegte. Das Ergebnis der Tragödie hieß: Zerfall ihrer Welt und ihres Ethos, des Soldatentums und der Selbstachtung[86]. Und dieser Zerfall wurde nun Tag um Tag sichtbarer. Ihn bezeugte jede Situation des Ringens; er spiegelte sich im Verzweiflungskampf derer, denen nichts mehr geblieben war, wofür sie überzeugt sterben konnten. Mochte noch immer der Glaube irrlichtern, Hitler könne nicht Hunderttausende preisgeben[87]: die denkenden Soldaten wußten, daß eine Armee betrogen und verraten zugrunde ging. Sie spürten: hier durfte, wenn Gehorsam Sinn hatte, nicht mehr gehorcht werden. Ihnen wurde blinde, sklavische Ergebenheit zur Demütigung und Groteske[88].

Auch Paulus erkannte sein Versagen. »Mit nahezu erloschenen Augen« gestand er einem Pionierführer: »Ja, ich weiß, die Kriegsgeschichte hat schon jetzt das Urteil über mich gesprochen.«[89] Er hatte, kein höriger Nationalsozialist, auf Hitlers Stern gesetzt; mehr als andere quälte ihn nun sein Irrtum. Trotzdem schickten er und Schmidt noch einmal Abgesandte zu Hitler, um jede nur mögliche Hilfe für die Armee zu erbitten. Aber was nutzte die ungeschminkte Sprache Hauptmann Behrs, der Manstein und Hitler die wirkliche Lage im Kessel schilderte?[90] Was nutzte der Oberst Selle erteilte Auftrag, dafür zu sorgen, daß wieder nach bewährten Grundsätzen geführt werde?[91] All diese Beschwörungen waren sinnlos, weil sie nicht mehr helfen konnten. Einmal kämpften die Truppen, die je die eingeschlossenen Divisionen hätten entsetzen können, weit vor Stalingrad gegen ihre eigene Überflügelung an. Zum anderen waren alle frontnahen Flugbasen außerhalb des Kessels verlorengegangen, so daß der Nachschub bestenfalls noch tröpfelte.

An diesem Tatbestand vermochte auch Generalfeldmarschall Milch nichts zu ändern, den Hitler zum Sonderbeauftragten für die Luftversorgung Stalingrads ernannte[92] — eine leere dekorative Geste, die vollends das nahe Ende ankündigte.

So raffte sich denn die Führung der sechsten Armee zu einer Art Entschluß auf. Paulus befahl alle erreichbaren Kommandeure in seinen Gefechtsstand. Mit ihrem Einverständnis wollte er Hitler um den Abbruch des Kampfes ersuchen[93]. Die Armee, erschöpft, zertrümmert, konnte den Südflügel der deutschen Ostfront nicht länger entlasten[94]. Die Feindkräfte, die sie noch band, waren angesichts des geschrumpften Kessels unerheblich. Der Gegner kannte das Ausbruchsverbot der Armee und durfte seines Sieges sicher sein[95]. Wenn er zögerte, kurzerhand Schluß zu machen, so nur deshalb, weil er keinerlei Risiko mehr einzugehen brauchte. Im Kessel aber entsetzten Not und Tod, von denen alle Divisionen heimgesucht waren. Die Truppe, abgerissen und kaum noch an Soldaten erinnernd, hatte weder Verpflegung noch Munition. Die Flugplätze Pitomnik und Gumrak, auf denen eine verzweifelte Masse die letzten Maschinen zu erstürmen versuchte, waren gefallen. Die sterbende Armee konnte, bei weiterem Kampf in den Ruinenfeldern Stalingrads, lediglich Selbstmord begehen. Der Funkspruch, den Generaloberst Paulus am 21. Januar an Hitler richtete, vergegenwärtigte das Grauen im Kessel und erbat, um noch Menschenleben zu retten, die sofortige Genehmigung der Kapitulation[96].

Kein Mann, der über Phantasiekraft verfügte, durfte zögern, diese Bitte der sechsten Armee zu erfüllen. Das galt um so mehr, als sie, vom immer wieder aufflackernden Glauben an ihre Errettung bewegt, alle Ansprüche übertroffen hatte. Selbst Manstein, der ihr Aushalten um seiner schwer ringenden Heeresgruppe willen gefordert hatte, befürwortete jetzt die Kapitulation[97]. Trotzdem entsprang die Bitte von Paulus unerfindlicher Schwäche, mehr noch: mißverstandenem Gehorsam. Erfahrungen untersagten, gerade einen Hitler um die Genehmigung der Kapitulation zu ersuchen. Niemand außerhalb des Kessels konnte die wirkliche Lage der Eingeschlossenen übersehen. Das ebenso fürchterliche wie nutzlose Sterben verlangte eigenes Handeln. Stalingrad gebot der Armeeführung, das Notwendige selbst zu tun.

Hitlers rasche ablehnende Antwort ohrfeigte den subalternen Befehlshaber Friedrich Paulus. Ungerührt von den Bilanzen des Dramas, befahl der Diktator: Ausharren bis zur letzten Patrone[98]. Wieder hieß es, daß die Armee Kräfte des Feindes zu binden habe. Hitler — Fanatiker »missionarischer« Weltanschauung, die nur Sieg oder Tod kannte — ertrug kein Einlenken. Seine Antwort empörte, ja, ergrimmte Stäbe im Kessel[99], aber Paulus und Schmidt beugten sich. Der resignierende Paulus hatte im November und Dezember 1942 die einzigen Chancen zur Rettung seiner Armee verpaßt. Beide Male glaubte er Gründe zu haben, auch gegen bessere Einsichten nicht zu handeln. Jetzt zerbrach sein krampfhafter Gehorsam jede Ordnung. Der Schlußakt wurde zum betäubenden, unüberbietbaren Exempel.

Überall galt nach dem Willen des obersten Kriegsherrn: Kampf bis zum Äußersten[100]. Soweit ihn nicht völlige Erschöpfung oder totales Chaos verhinderten, hatte er nirgendwo zu enden. Aufgreifkommandos rafften Versprengte zusammen, die sie mit einigen Gramm Brot köderten; Standgerichte fällten Todesurteile über Unwillige oder Laue[101]. Letzte »Widerstands«linien wurden improvisiert und selbst mit Kranken und Verwundeten besetzt. Statt schwerer Waffen sollten blanke Fäuste bei der Abwehr eines Gegners helfen, der ungehindert aufmarschierte, umgruppierte und angriff[102]. Die russische Artillerie schoß aus offenen Stellungen. Panzer walzten wehrlose, bewegungsunfähige Einheiten nieder. Bei »vorzeitiger« Kapitulation schoß Truppe auf Truppe. Heitz — Kommandierender General eines Korps — erließ Befehle, deren Absätze mit »Erschossen wird, wer . . .« begannen[103]. Inoffiziell aber mühte sich das Armeeoberkommando um Definitionen ehrenhaften Verhaltens. Folgte man ihnen, war es ehrenhaft, Ausbrüche zu wagen, die Waffe gegen sich zu richten oder in die Gefangenschaft zu gehen[104]. Die Auflösung war vollkommen.

Seydlitz — früher, vergeblicher Mahner — bezweifelte, daß die Trümmerdivisionen dieser Armee noch erhebliche Feindkräfte banden. So beschwor er Paulus, dem Wahnwitz ein Ende zu machen und wenigstens organisiert zu kapitulieren. Paulus, ganz Apathie, erwiderte: »Ich tue nichts.«[105] Darauf meldete ihm Seydlitz, daß er selbständig handeln werde. Er befahl seinem Korps, die Munition zu verschießen und den Kampf einzustellen — mit der Konsequenz, daß er abgesetzt wurde und die Armeeführung erwog, ihn zu verhaften[106]. In der Nacht zum 27. Januar 1943 zerbrach die Westfront. Massiertes sowjetisches Artilleriefeuer bahnte einem Panzerkeil den Weg, der die sechste Armee aufspaltete. Ihre Reste gerieten in einen Nord- und Südkessel[107]. Den allerletzten Widerstand, Zuckungen der Divisionskadaver, feierten Hitler, Presse und Rundfunk als Sinnbild eines unvergänglichen Heroismus. Orden, Beförderungen und insbesondere Görings Leonidas-Rede statteten den Dank des Regimes ab[108]. Fassungslos, angeekelt, mit grenzenloser Verachtung hörte der noch nicht umgekommene oder gefallene Soldat seine eigene Leichenrede[109].

Am 31. Januar schlug die Stunde der Südgruppe. Paulus, nun Generalfeldmarschall, doch zuletzt nur Verwalter des Unglücks, kapitulierte[110]. Obgleich er — zum Jahrestag der Machtergreifung — noch einen pathetischen Funkspruch absetzte, ging er nicht in den Tod, den ihm Hitler mit dem Feldmarschalltitel aufzwingen wollte[111]. Ohne Mut zu erlösenden Befehlen an die Armee kapitulierte er lediglich für sich, seinen Stab und die am Roten Platz eingesetzten Sicherungstruppen[112]. Vor seinem Kellergewölbe unter der Stalingrader Kaufhausruine sollte es — Worte Schmidts — nicht zu Gefechten oder einem Handgemenge kommen. Den barbarischen Durchhaltebefehlen mußte nur der namenlose Soldat gehorchen[113]. Die Führung dieser Armee hatte den unrühmlichsten Abgang der Kriegsgeschichte gewählt.

Erst zwei Tage nach dem Ende im Südkessel folgte die Nordgruppe. Als am 2. Februar 1943 russische Panzer auf das Traktorenwerk zurollten, wurde nicht mehr zurückgeschossen[114]. Generaloberst Strecker, der Kommandeur der hier eingeschlossenen Armeereste, auch er gehorsam bis zuletzt, aber ein für alle seine Einheiten handelnder Truppenführer, ergab sich[115]. Die Schlacht an der Wolga, blutigste des Ostfeldzuges, war ausgelitten. 22 Divisionen sowie beträchtliche Teile der Heeresartillerie und -pioniere konnte die Wehrmacht streichen[116]. Von annähernd 280 000 Soldaten hatten 147 000 den Tod gefunden[117]. Mehr als 90 000 gerieten — nahezu verhungert und erfroren — in russische Gefangenschaft. Nur 6 000 blieben am Leben und sind heimgekehrt, oft erst lange nach 1945.

Rückschläge gehören zu Kämpfen und Kriegen. Jede Niederlage — ob schuldhaft oder nicht — zehrt seelisch an der Substanz des

Unterlegenen. Was sich indes zwischen Don und Wolga begeben hatte, war weder mit herkömmlichen Lehren noch Erfahrungen vergleichbar[118]. Tradition forderte, von eigenständigen, wirklichen Führernaturen, produktiven Ungehorsam, Kriegskunst keine Starrheit, sondern Realismus. Nichts erlaubte Ausflüchte.

Die sechste Armee war, wie alle Soldaten, zum Gehorsam erzogen. Er befähigte zur Hingabe und Tapferkeit; ihn mußte die Führung rechtfertigen. Vertrauen stand gegen Verantwortlichkeit. Hitler und seine Berater hatten diesen Kodex zerrissen, Sicherheit und Stolz verwehrt. Sie befahlen einer ganzen Armee, sich einschließen und vernichten zu lassen. Prestigedenken triumphierte über operative Notwendigkeiten, Fanatismus über die Einsicht, daß dem Abschlachten der Truppe ein Ende zu setzen sei.

Wenn je Frontkommandeure Bedenken, Zweifel, ja, Proteste zu zügeln hatten, dann die Spitzen der sechsten Armee: schon das Einigeln einer Viertelmillion Soldaten, von ihrer nicht möglichen Versorgung zu schweigen, widersprach Gesetzen der Strategie. Eigener Anstand weigerte sich jedoch anzunehmen, daß die oberste Führung sittliche Maximen verleugnen könnte. So wurde weiterhin gehorcht und der Gewissenlosigkeit Hitlers bis zum Exzeß freie Bahn gegeben. Die Gewalt des Geschehens höhlte jeden Ehrbegriff aus. Der Soldat war verurteilt, nicht nur zu sterben, sondern seine Fundamente zu zerstören. Als — nach übermenschlichem Kampf — alle Rettungsschwüre getrogen hatten, mußte er sich verraten fühlen. Pflichterfüllung entwürdigte, Vertrauen und Hingabe waren aufs schändlichste mißbraucht.

Wer nicht der Resignation erlag, begann auch einen politischen Irrweg zu sehen[119]. Ernüchtert und um ihr früheres Überlegenheitsbewußtsein gebracht, fragten sich viele, was das Reich in der Sowjetunion verloren hatte. Verteidigte die Wehrmacht vor Stalingrad, an der Wolga Deutschland? Die Abwehr des Bolschewismus — bei Gefahr defensiv ebenso zu meistern — war ihnen zu einem schrankenlosen Eroberungskrieg geworden, den Macht- und Raubgier leiteten: Erkenntnis, die zugleich entsetzte und befreite. Mochten den Untergang der 22 Divisionen vorab jämmerliche Führungsfehler verursacht haben: die meisten Überlebenden glaubten nicht länger, daß die sechste Armee für Volk und Heimat gestorben war. Stalingrad offenbarte ihnen, in allem, ein satanisches Regime.

32

Wie immer sie das erlittene Drama bewerteten: es gab keine Zwecke, die weit über hunderttausend Leben fordern durften. Militärisches Kalkül und moralische Verantwortung waren bei wirklichem Soldatentum nicht zu trennen. Nirgendwo ein kriegsentscheidender Nutzen, der das Opfer der sechsten Armee aufgewogen hätte. Sicher mußten die einmal eingekesselten Divisionen Feindkräfte binden, um den Südflügel der deutschen Ostfront zu entlasten. Doch nicht genug, daß 22 Divisionen der eigenen Führung fehlten, hatte Manstein Mühe, noch größere Zusammenbrüche abzuwenden[120]. Als in Stalingrad der letzte Widerstand erlosch, kämpften Heeresgruppen gegen ihre Umklammerung und Vernichtung an. Das machte die Schlacht zwischen Don und Wolga zu einer schier erdrückenden Niederlage. Nicht von Siegen, nur vom Wendepunkt des Krieges konnte die Rede sein. Das Abenteuer des Rußlandfeldzuges war endgültig gescheitert[121].

Die Überlebenden der sechsten Armee begriffen, was Stalingrad bedeutete, symbolisierte. Wie nie zuvor hatten sie die Kraft eines angeblich geschlagenen Gegners zu spüren bekommen. Hitlers Haltung wurde ihnen zum Menetekel seines wahren schauerlichen Wesens. Diese Haltung und der Tod Abertausender stempelten die abgründige Schlacht zum Sinnbild eines Systems, zur vorweggenommenen Katastrophe des Reiches. »Stalingrad«, äußerte Walther von Seydlitz, »ist eine Beresina im Quadrat«. Und in jäher Vision: »Deutschland wird einmal ein Stalingrad im Quadrat sein.«[122] Joachim Wieder — damals Leutnant in einem Korpsstab der sechsten Armee — schrieb rückblickend, auch für andere:

»Die Göring-Rede vom 30. Januar mit ihrem allzu durchsichtig zweckbewußten heroischen Pathos, mit ihrer phrasenreichen Verlogenheit und Hohlheit hatte dazu beigetragen, mir letzte Ernüchterung zu verschaffen und es mir wie Schuppen von meinen Augen fallen zu lassen. Die Geschehnisse bis hin zu unserer Tragödie an der Wolga zeigten sich mir blitzartig in ihrem Zusammenhang, und hinter jener Rede erschien das gräßliche Gesicht einer Welt der Lüge, des Hasses, der Gewalt und des Unrechts, einer Welt der Unmenschlichkeit, der auch ich in Irrtum und Schwäche als Soldat gedient hatte, um nun in der mörderischen Schlacht dafür mit zu sühnen. Wir hatten Wind gesät, jetzt mußten wir Sturm ernten.«[123]

»Für Deutschland, gegen Hitler!« — dieses Ziel hatte Seydlitz bereits vor dem Zusammenbruch als Antwort auf Stalingrad erwogen[124]. Nach Vollendung der Katastrophe, nicht nur für ihn eine beispiellose Herausforderung, war seine Empörung noch erbitterter geworden. Schon das soldatische Ethos, das die oberste Führung zu verleugnen gezwungen hatte, trieb zu bewußtem Aufbegehren. Erst recht folterte der Gedanke, daß Wahn und Gewissenlosigkeit nun ganz Deutschland zu zerstören drohten. Er beherrschte alle, die zu selbständigem Denken hielten oder zurückfanden.

Doch die Gefangenschaft verurteilte zur Stummheit. Eine Armee trat ab von der Bühne des Kampfes. Nie, so schien es, würde die Nation erfahren, daß Hunderttausende nichtswürdigen Ideen geopfert worden waren, Hunderttausende, die zur Umkehr, mehr noch: zum Sturz eines verderblichen Regimes mahnten. Gab man aber den Überlebenden von Stalingrad eine Chance, war ihr Widerstandswille gegen Hitler auch in der Gefangenschaft zu mobilisieren. Was sie erlebt und erfahren hatten, blieb grauenhaft und bewegte zu sehr, um außergewöhnliche Reaktionen auszuschließen.

Zweites Kapitel
Die Gründung des Nationalkomitees und Bundes Deutscher Offiziere

Stalingrad spielte — einer seiner Trümpfe — den Sowjets auch agitatorisch Hoffnungen zu. Erstmals hatten sie Abertausende gefangengenommen, und zwar in der bislang furchtbarsten Schlacht des Krieges. Die Geschlagenen — Generale, Offiziere und Soldaten — zweifelten an ihrer Führung. Der Nimbus von der deutschen Unbesiegbarkeit war dahin. So blutig dieser erste Sieg, dem gegen den Eindringling weitere folgen mußten: die erkämpfte Wende versprach der Frontpropaganda Auftrieb zu geben. Sehr bald dürfte sich Moskau darüber schlüssig geworden sein, das »Potential« der deutschen Überlebenden zu nutzen. Derartige Erwägungen zumindest lagen nahe.

Propaganda, die darauf abzielte, den Zusammenhalt der Wehrmacht zu untergraben, hatten die Sowjets seit Beginn des Ostkrieges betrieben[1]. Sie gehörte zum »Kampf der Weltanschauungen«, ihr Kopf und Initiator: die 7. Abteilung der Politischen Hauptverwaltung der Roten Armee. Daneben wurden — für besondere Einsätze und Flugblattaktionen — deutsche Emigranten aufgeboten, die seit 1933 in der Sowjetunion lebten, doch obschon emsig tätig und um Worte nicht verlegen, besiegelten sie eher noch den Mißerfolg aller Anstrengungen, den einrückenden Feind ideologisch zu überzeugen.

Pieck, Ulbricht und andere Führer der KPD blendete politische Metaphysik, selbstgerechter Glaube[2]. Für sie spiegelte sich in Hitlers Machtantritt kein Willensakt, sondern nur Blindheit des deutschen Volkes. Ganz und gar Parteilichkeit, versagte ihnen ihr Weltbild sachliche Analysen. Vorstellung hieß in ihren Augen Wirklichkeit. »Dialektik des Denkens« bog zurecht, was dem Schema widersprechen wollte. Die Säuberungswelle der Jeshowtschina — Lebensbedrohung, ja, Ereignis, dem Ungezählte zum Opfer fielen — »disziplinierte« aufs schlimmste[3]. Gewöhnt, auch bessere Einsichten zu unterdrücken, bis das Politbüro Stalins sie verordnete, zeigten die Emigranten nun vollkommene geistige Erstarrung. Furcht, vom befohlenen Kurs abzuweichen und damit der Liquidation zu verfallen, lähmte alle KPD-Mitglieder. Deutschlands Überfall auf die Sowjetunion — Ende des verwirrenden russisch-deutschen Nichtangriffspaktes — machte Hitler wieder zu ihrem gewohnten Feind, doch wie zuvor hockten sie ideologisch in engen Käfigen.

Um so klaffender die Gräben, die sich zum ohnehin entrückten Deutschland auftun mußten. Klassenkampf und Internationalismus hatten aufgehört, Maximen innerhalb des Reiches zu sein[4]. Hitlers Staat wurde, namentlich für die Jüngeren, zum Staat der Volksgemeinschaft. »Deutscher« Sozialismus verdrängte Umsturzparteien und marxistische Thesen. Die Stunde gehörte der »geeinten, erneuerten Nation«, die nach Demütigungen »Größe« zurückgewinnen sollte. Führer und Reich symbolisierten die höchsten Werte. So abgründig Hitlers *End*ziele: seine Revision von Versailles sicherte ihm Zuspruch, Begeisterung, Gefolgschaft. Die rauschhaften Anfangserfolge des Krieges festigten sein Charisma. Gefährlichster Gegner war ihm *und* dem Volk der »jüdisch gelenkte« Bolschewismus: Feindbild, das alle Schattenseiten der Sowjetunion aufgriff, um Widerwillen und Haß zu schüren. Die Worte »Vaterland der Werktätigen« wurden vergessen oder lebten nur noch im machtlosen politischen Untergrund.

Ausgeprägtere Gegensätze ließen sich schwerlich denken. Kein Flugblatt der Roten Armee und Emigranten konnte sie überbrücken[5]. Jedes appellierte an Menschen, die nicht mehr existierten. Da war von der internationalen Solidarität des Arbeiters die Rede, die es der Wehrmacht verbieten müsse, für die Interessen des Kapitals zu bluten[6]. Da wurde zum Offiziershaß und zur Desertion ins wahre Land der Freiheit aufgerufen, mehr noch: eine Kriegsgefangenschaft ausgemalt, die paradiesische Zustände biete[7]. Die unverständliche Gedankenwelt dieser Propaganda, die das erlebte Rußland ohnedies richtete; ihr unerträgliches Pathos, das wild übertrieb und Vorgesetzte ehrenrührig anschuldigte; endlich die glatte Verlogenheit angesichts erwiesener Grausamkeiten an deutschen Gefangenen: all das verdammte die Agitation der Sowjets und Emigranten zur Wirkungslosigkeit. Auch wenn ihre Propaganda realistischer gewesen wäre, hätte sie kaum nennenswerte Erfolge erzielen können. Gewiß hatte der deutsche Soldat den Rußlandfeldzug ohne Überschwang begonnen. Selbst wo er an Präventivkrieg glaubte, erwartete er einen schweren Waffengang. Doch 1941 focht er im Vertrauen auf seine Führung, sieggekrönt und überzeugt, eine Mission zu erfüllen[8]. Die Freiwilligenverbände mehrerer Nationen Europas nahm er als Zeichen des gerechten Kampfes, ebenso die russischen Überläufer und den Jubel, mit dem ihn die Bevölkerung des Baltikums und der Ukraine empfing. Der Kommissar-Befehl, Mord an den »Trägern der kommunistischen Weltanschauung«, sabotiert, aber oft auch ausgeführt, beirrte im Zeichen des triumphalen »antibolschewistischen Kreuzzuges« nur wenige. Die russischen Gefangenen, denen ein elendiges Schicksal zugedacht war, entschwanden für den Frontsoldaten im Hinterland. Terror, Greuel und Ausrottung, Kennzeichen gerade des NS-Regimes, drangen kaum oder erst später in sein Bewußtsein. Daß die Wehrmacht systematisch Verbrechen unterstützte, Verbrechen, die sie demütigten und entehrten, schien damals trotz des Kommissar-Befehls weithin undenkbar. Kampf mit Partisanen stand dem Ostheer noch bevor.

Sicher begann die Unhaltbarkeit der propagandistischen Thesen einigen Emigranten deutlich zu werden. Dazu trugen sogar die gefärbten Berichte der spärlichen Überläufer bei, die aus den Reihen der Wehrmacht desertierten. Trotzdem wurden etwaige Bedenken erstickt und unter den Gefangenen angestrebt, was der kämpfende deutsche Soldat verwehrte. Zwar gelang es, erste antifaschistische Aktivs zu bilden, doch auch sie vermochten nur wenige zu überzeugen[9]. Hier wie dort entsetzten oder ernüchterten Schlagworte. Hier wie dort befremdeten ideologische Klischees. Eine unorthodoxe Auseinandersetzung aber wurde vor allem in den Lagern gescheut[10]. Die Befangenheit der Sowjets und Emigranten, oft eine Befangenheit der Gereiztheit, ließ sie gerade gegenüber dem weltanschaulichen Gegner nicht zu. Jede Debatte hätte zudem gezeigt, daß der Gefangene noch »Deutschlands Sache« anhing. Was er »propagandistische Holzhammer-Methode« nannte, konnte ihn nie bekehren[11]. Erst recht stieß die Unsitte ab, Widerstrebende anzuschwärzen und Proselyten mit höheren Verpflegungssätzen zu belohnen[12]. Hunger, schwere Arbeitsbedingungen und trostlose Lager mußten derartige Praktiken doppelt verächtlich machen. Wagner, ein berüchtigter Kommissar, wandte die ärgsten Druckmittel an[13]. Walter Ulbricht nötigte am 8. Oktober 1941 im Lager 58 zu einer *Pflicht*versammlung, nach der 158 Kriegsgefangene ein vorbereitetes Manifest unterzeichneten[14], aber er »gewann« — mit überspitzter marxistischer Terminologie — durchweg nur Mannschaftsdienstgrade. Die Offiziere, offenbar nicht lenkbar, ja, 1941/42 für die Sowjets und Emigranten uninteressant, blieben beiseite[15].

Es bedurfte gewiß geistiger Unabhängigkeit, um nicht den bedrückenden Lagerwirklichkeiten zu erliegen. So hob sich denn von den üblichen Antifaschisten auch die Offiziersgruppe ab, die im Mai 1942 ein ungewöhnlicher Mann gründete: Dr. Ernst Hadermann[16]. Hadermann, Studienrat aus Kassel, Kommandeur einer Artillerie-Abteilung, gehörte zu den Altgefangenen; schwerverwundet war er bereits während des Vormarsches zum Dnjepr in sowjetische Kriegsgefangenschaft geraten. Humanistischer Geist und — konsequent — Gegner des Nationalsozialismus, wußte er seit Ende 1941, daß Deutschland den Krieg nicht mehr gewinnen konnte. Selbst ein erträglicher Friedensschluß schien ihm unter Hitler fraglich geworden. Der Fortgang des Ringens bestätigte seine Einsichten und Befürchtungen. Obschon empfindsam für Vorbehalte gegenüber dem Kommunismus, glaubte er an eine — zumindest zeitweise gültige — Identität der deutschen und russischen Interessen. Was Hadermann dachte, dachte er selbständig. Niemand hatte Anlaß, seine charakterliche Sauberkeit anzuzweifeln. Die Sowjets entschlossen sich, ihn nicht zu behindern. Sein »Manneswort eines deutschen Hauptmanns«, zunächst Ansprache, später gedruckte Kleinbroschüre, war frei von lebloser Phraseologie[17].

Der Offizier — schon Soldat des Ersten Weltkrieges — beschwor seine Kameraden an der Front, »das deutsche Volk vor der ungeheuersten Katastrophe seiner Geschichte zu retten, und zwar *durch den Sturz Hitlers, die Wiederherstellung der Freiheit des deutschen Volkes, den Abschluß eines rechtzeitigen, ehrenvollen Friedens*«. Unerhört, erklärte er, werde dieser Schritt erscheinen, unerhört sei jedoch auch die Lage des deutschen Volkes. »Ein einziger Mann, durch Frevel zur unumschränkten Macht gekommen, hat ein stolzes, freies 80-Millionen-Volk in Fesseln gelegt« und führe es, »geblendet vom Wahnsinn der Maßlosigkeit und des Ehrgeizes«, dem Abgrund zu.

»Gegen uns stehen in Waffen: die Sowjetunion, Großbritannien, die USA. Aber als wirtschaftliche Reservoirs stehen diesen Mächten zur Verfügung drei Kontinente: ganz Amerika, Afrika, Australien und sogar ein bedeutender Teil Asiens. Wer kann noch glauben, daß Deutschland diese Mächtegruppierung niederringen kann?«

Hadermann verhehlte nicht, daß Hang zur Maßlosigkeit im »dynamischen Charakter des deutschen Wesens« wurzelte. Dynamik gebe dem deutschen Volk Kraft und Tiefe, wirke indes auch »zerstörerisch und selbstzerstörerisch, wenn sie nicht geklärt und gebändigt wird durch das Maß der Antike, beruhigt und geheiligt durch den Geist der christlichen Religion. Alle Wahrer und Hüter des deutschen Geistes haben darum gewußt und dem deutschen Volk durch Verbindung mit dem Geiste der Antike und des Christentums Dauer zu verleihen gesucht. Erst der Nationalsozialismus hat diese Bindungen als ›Überfremdungen‹ abgeschüttelt und versucht, die deutsche Art in ihrer ›germanischen Ursprünglichkeit‹ wiederherzustellen. Das aber bedeutet Wiederherstellung der Maßlosigkeit der Völkerwanderungszeiten, das bedeutet Gotenschicksal, das bedeutet tragisch-heroischen Untergang unseres Volkes — nach schweifend-abenteuerlichen Zügen, anfänglichen Siegen — vor den Mauern der feindlichen Hauptstadt: Guiscard-Schicksal vor den Mauern von Byzanz«.

Nicht nur der Redner, auch dessen Broschüre bestritt, daß Hitler und das deutsche Volk eins seien. »Sie sind nie ganz eins gewesen, und heute sind sie vollends zweierlei.« Doch wenn das deutsche Volk — nun verhaßt bei »allen freiheitsliebenden Völkern der Welt« — nicht eines Tages für Hitlers Untaten büßen wolle, dann müsse es sich von Hitler lossagen und »die Verantwortung für seine Frevel rechtzeitig von sich« weisen. »Keinen legalen Weg gibt es, um den Willen des Volkes zum Ausdruck zu bringen. Sprechen können jetzt und für die nächste Zeit nur die deutschen Männer, die im Ausland leben, sei es in der Emigration oder in der Kriegsgefangenschaft. Und der einzige Weg, der ihnen offengeblieben ist zur Rettung ihres Volkes, ist der Weg der Revolution.« Hadermann warb um »höhere« Treuepflichten. Überlegen verdeutlichte er, was zur Frage des Eides zu sagen war. Unumwunden bekannte er sich zu einem Reich der politischen Freiheit und geistigen Würde. »Die Wahl der Staatsform ist Sache des deutschen Volkes.«

Doch so souverän solch eine Handschrift: selbst Hadermann vermochte sich nicht durchzusetzen. Er und seine Gruppe wurden boykottiert[18]. Der erneute Vormarsch des deutschen Ostheeres dämpfte jede Bereitschaft, auf die Seite eines ehrlichen, aber verfrühten Mahners zu treten. Parolen wollten sogar schon von einem besiegten Rußland wissen: Gründe genug, daß sich die Mehrheit, ohne Überblick und urteilslos, verweigerte oder abseits hielt. Ebenso erfolglos Hadermanns und der Emigranten Aktivität vor dem Stalingrader Kessel. Auch wenn nun eine düster gewordene Lage ihren Aufrufen recht zu geben schien: Hoffnung auf Entsatz, Furcht vor sowjetischer Gefangenschaft und Ulbrichts dogmengebundene Aufklärungspropaganda verurteilten sämtliche Appelle zum Fiasko[19].

Die deutsche Niederlage bei Stalingrad, schien es, gewährte bessere Chancen. Der russische Sieg und veränderte Antifa-Praktiken konnten zu Durchbrüchen verhelfen. Diese Durchbrüche anzustreben, lag jetzt nahe. Es mag verfehlt sein, den Sowjets eine rasch abgeklärte Taktik zuzusprechen. Sicher aber bewerteten sie gerade die 2 000 gefangengenommenen deutschen Offiziere als einen Aktivposten, den sie weder einbüßen noch verschleudern wollten. Das bezeugt die Umsicht, die sie nach ihrem Triumph walten ließen. Feldmarschall Paulus, zwanzig Generale und eine erhebliche Anzahl weiterer Offiziere wurden nicht den üblichen Bitternissen russischer Gefangenschaft ausgesetzt[20]. An die Stelle auslaugender Gewaltmärsche trat ein »Sonder«zug, der das ausgewählte Offizierkorps nach Krasnogorsk bei Moskau transportierte[21]. Während er bei den Bevorzugten ungläubiges Erstaunen hervorrief, erlebten die Mannschaften in Sammellagern Seuchen und den Tod Tausender ihrer Kameraden[22]. Noch mehr überraschten, nach dem »Sonder«zug, erträgliche Unterkünfte. Die meisten Offiziere der sechsten Armee sahen sich in abgesonderten Offizierslagern untergebracht, die bekanntesten: Oranki, Jelabuga und Susdal[23]. Von ihnen wurden einige mit Vorsatz als Musterlager aufgezogen. Nicht nur gab es Sportmöglichkeiten, gute Lagerbibliotheken und die sogenannte Stalingrader Aufbauverpflegung[24]; auch waren sämtliche Offiziere von jeder Arbeit in- und außerhalb der Lager freigestellt[25]. Damit schienen — für die Sowjets — gute Voraussetzungen gegeben, um wenigstens einen Teil des Offizierkorps agitatorisch zu gewinnen.

Bereits im Februar 1943 zeichnete sich, in den Gremien der Kommunisten, das Projekt eines Komitees ab, Konsequenz aus den Propaganda-Erfahrungen bei Stalingrad[26]. Die »Neue Politik« mußte zumindest vom Moskauer Politbüro autorisiert, wenn nicht gar angeregt worden sein. Selbst über die »nationale« Marschroute des Komitees soll schon zu diesem Zeitpunkt entschieden worden sein. Wie auch immer: das Grünlicht, das möglicherweise sogar auf Stalin zurückging, verpflichtete die Emigranten und Antifa-Kader zu behender Aktivität. Sie setzte denn auch im Juni 1943 mit wohlgezielten »Resolutionen« ein[27]. Die Mannschaftslager schickten Erklärungen und bildeten »Nationale Kampfausschüsse«. Versammlungen, die wiederum nur Minderheiten aufrüttelten, forderten eine handlungsfähige antifaschistische Einheitsfront. Das gefährdete deutsche Volk, so die Proklamation des Lagers 27, dulde kein Zögern mehr[28]. Viele Kräfte seien schon am Werk. Doch alle vaterlandsliebenden Kräfte an der Front und in der Heimat warteten auf die Kraft, die den Kampf gegen Hitler organisiere. Es gelte, ein Nationales Komitee »Freies Deutschland« zu schaffen. Jede Resolution spiegelte die Richtlinien wider, denen Emigranten und Antifaschisten zu folgen hatten. Bruchstücke marxistischer Ideologie wurden patriotischer Beschwörung untergeordnet. Das verlieh der Propaganda trotz ihrer Unausgegorenheit den Anhauch eines neuen Geistes. Orthodoxer Kommunismus sollte nicht länger vergrämen. Freilich hatten die Mannschaftslager weiterhin bevormundende Methoden zu ertragen. Nach wie vor glaubten die Werber, daß hier bloße Akklamationen zu den vorgelegten Beschlüssen genügten[29]. Kaum besser die Taktiken in Oranki, Jelabuga und Susdal, gegenüber den Offizieren[30]. Selbst wo diskutiert wurde, waren fragwürdig anmutende Thesen zu billigen, blieb es bei den schmalen Kadern, die bereits vorher bestanden. Wie bisher schreckte das kommunistische Übergewicht[31].

Immerhin aber bot man, neben den subalternen Werbern, nun die besten Köpfe auf. Sie suchten nicht die Zustimmung von Massenmeetings, sondern die persönliche Aussprache[32]. Sie operierten nicht mit Druck oder gar Verdächtigungen. Ihnen war daran gelegen, Kontakt zu den Offizieren zu finden, bei denen sie eigenständiges Denken vermuteten. Repräsentanten dieser wesentlich geschickteren Werbungsmethode waren die russischen Professoren

Arnold und Janzen, Funktionäre, die Denkweisen auch jenseits des marxistischen Zauns zu kennen schienen, vor allem jedoch Johannes R. Becher, Friedrich Wolf und Alfred Kurella[33]. Mit Becher, Wolf und Kurella begegnete den Offizieren ein Kommunismus, den sie nach Erziehung und deutscher Propaganda für unmöglich gehalten hätten[34]. Becher und Wolf, vor 1933 bekannte, ja, herausragende Autoren der Lyrik und Dramatik, gaben sich »kultiviert und einfühlsam«; Kurella, in vielen Sprachen beheimatet und ebenso dem Besitzbürgertum entstammend, zeigte »weltoffenen Geist«. Arnold, Janzen und die bisher wenig hervorgetretenen Emigranten bemühten keine dogmatischen Formeln mehr. Sie appellierten lediglich an patriotische Empfindungen, die — ihre Erkenntnis — Ideologie nicht verwirren durfte. Was sie praktizierten, tilgte nirgendwo ihre Weltanschauung. Auch die Offiziere entdeckten, daß Arnold und Janzen eng mit der Partei zusammenarbeiteten und an der Krasnogorsker Antifa-Schule kommunistische Kader heranbildeten[35]. All das aber hinderte die ausgesuchten Emigranten und Politruks nicht an nahezu »bürgerlichen« Diskussionen, mit denen sie sich vollendet auf die Mentalität der Offiziere einstellten.

Die Werbungsmethode der persönlichen Unterredung zielte auf bewußte Auslese. Einsichten, meinte man, waren an Rang oder besondere Funktionen gebunden. So trat man an den Obersten Steidle, einen im katholischen Glauben gebundenen Bayern und Regimentskommandeur, an Oberstleutnant Bredt, einen alten Stahlhelmer, Hauptmann Fleischer, einen Wirtschaftsexperten, mehrere Ic-Offiziere und Wehrmachtsbeamte heran[36]. Diese Kontaktversuche unterstützte zuletzt auch Dr. Hadermann. Sein Niveau bürgte zusätzlich für gediegene Aussprachen[37].

Die innere Haltung der angesprochenen Offiziere glich sich auffallend[38]. Sie war von den abgründigen Stalingrader Erfahrungen geprägt. Nichts hatte den Eindruck der niederdrückenden Katastrophe zwischen Don und Wolga gemildert. Im Gegenteil: wer die Kriegslage zu deuten verstand, der fühlte sich in seinen Befürchtungen bestätigt. Zunehmend bekümmerten die düsteren militärischen und politischen Perspektiven, die Deutschlands Zukunft unter Hitler drohten. Gewiß konnte man über die Aussichten, die das Reich noch besaß, verschieden urteilen und tat es auch[39]. Unbekannte oder überraschende Faktoren mochten, wie oft in Kriegen, klügste

Rechenexempel über den Haufen werfen. Längst aber spürten gerade die umworbenen Offiziere, daß das NS-Regime Deutschlands Untergang bedeutete. Längst fühlten sie die Pflicht zu sittlichem und patriotischem Aufbegehren: stark gewordener Nachhall der Gedanken, die schon im Kessel an der Wolga aufgekeimt waren.

Und hier setzten die Funktionäre und Emigranten an. Eindringlich legten sie in jeder Aussprache dar, daß Deutschland den Krieg nach Stalingrad nicht mehr gewinnen könne[40]. Noch aber habe es ihn auch nicht verloren, obschon es keine Frage sei, daß die weit überlegene Feindkoalition eines Tages siegen werde. Müsse es da nicht Aufgabe deutscher Patrioten sein, einen totalen Zusammenbruch des eigenen Vaterlandes zu vermeiden? Und wäre er nicht nur dann abwendbar, wenn sofort gegen den Mann aufgetreten würde, der kalt Hunderttausende opferte und auch das Reich vernichten werde? Hier berührten die Beschwörungen den empfindlichsten Nerv der Überlebenden von Stalingrad. Was sie dachten oder fühlten, war klar und drängend ausgesprochen. Doch wieder beunruhigte die Frage des Kommunismus, nicht minder das Problem des Widerstandes aus dem Lager des Feindes[41]. Kampf von Kriegsgefangenen gegen die eigene Staatsführung schien ungeheuerlich, ohne Beispiel. Selbst Arnold und Janzen verstanden die Skrupel, die ihren Partnern aus dem anerzogenen Treue- und Gehorsamsbegriff erwuchsen. Um so nachdrücklicher erklärten sie, daß nicht beabsichtigt sei, mit dem geplanten Nationalkomitee eine kommunistische Zentrale heranzubilden[42]. Die Stunde verlange den freien, gleichberechtigten Zusammenschluß jener Deutschen, die den größten Feind des Reiches zu Fall zu bringen hätten. Deren Einsatz bleibe auch künftig eine Notwendigkeit. Denn wie immer der Krieg ausgehe: Deutschland sei nur mit der Hilfe aller neu zu gestalten. Aber die »getesteten« Offiziere konnten oder wollten sich nicht entschließen[43]. Das Nationalkomitee wurde ohne sie vorbereitet. Am 10. Juli 1943 erschien im Organ »Das freie Wort«, der ersten Zeitung deutscher Kriegsgefangener, ein Aufruf zu einem »Nationalen Komitee Freies Deutschland«[44]. Die Proklamation forderte, nach realistischen Analysen der Frontlage, alle deutschen Offiziere und Soldaten in den Gefangenenlagern der Sowjetunion zum Kampf gegen Hitler auf. Der konstituierte Ausschuß belegte die mißglückten Werbungen: neben Pieck, Ulbricht, Weinert, Becher, Hans Mahle und zwei Soldaten gehörten ihm nur Hauptmann Hadermann und Leutnant Bernt von Kügelgen an[45]. Dem Aufruf war, Anfang Juli in Moskau, eine entscheidende Sitzung der Emigranten vorangegangen. Manuilskij, Sprecher der KPdSU, übermittelte ihnen Stalins Wunsch, alle antifaschistischen Deutschen in einem Nationalkomitee vereinigt zu sehen[46]. Vorschläge, als Emblem die schwarz-rot-goldenen Farben zu wählen, wurden abgelehnt. Manuilskij ließ wissen, daß eine derartige Flagge an die Schwäche der Weimarer Republik erinnere und daher kaum geeignet sei, bei den kriegsgefangenen Offizieren und Soldaten besondere Sympathien zu erwecken[47]. Für das Nationalkomitee bestimmte er die Farben Schwarz-Weiß-Rot.

Gewiß hatte den Bruch mit der »klassenkämpferischen« Vergangenheit schon die im Mai 1943 vollzogene Komintern-Auflösung eingeleitet[48]. Zudem befürworteten die Emigranten nach Stalingrad selbst eine Propaganda unter nationalem Vorzeichen. Doch das »reaktionäre« Symbol, unter dem nun zu agitieren war, kam sie bitter an. Mühsam nur konnten sie die Empörung namentlich der nachgeordneten Kader dämpfen. Diese Taktik des Kremls wird allein durch die russische Staatsräson verständlich, die Stalin seit je bekräftigt hatte. Es war die Sowjetunion, die ausschließlich zählte und jetzt bedroht war. Wollte sie sich vom Druck ihres Gegners entlasten oder gar befreien, so durfte Moskau vor allem dann nicht auf die Hilfe ursprünglich diffamierter Kräfte verzichten, wenn es ihnen selbst überzeugende Ziele anzugeben wußte. Das mochte sich als Bluff oder Opportunismus herausstellen, sofern eine veränderte Situation wieder gewohnte, nie preisgegebene Vorstellungen nahelegte. Nicht minder aber konnte auch der russische Winkelzug zum langandauernden Programm werden. Dabei bremste Loyalität gegenüber den Westmächten um so weniger, als sie, wie Hitlers Deutschland, ideologisch »kapitalistische Staaten im Stadium des Imperialismus« blieben, Feinde zwar des Faschismus, aber ebenso der sozialistischen Gesellschaftsordnung, Bundesgenossen des Sowjetstaates nur auf Widerruf und gegen ihren Willen.

Die Delegationen, die sich in den ersten Juli-Tagen im Lager 27 versammelten, um das Nationalkomitee zu gründen, repräsentierten kaum die Masse der deutschen Kriegsgefangenen[49]. Ihre Mehrheit: die Mitglieder jener Aktivs, die bisher propagandistisch gescheitert waren. Freilich hatte man einige Offiziere, auch gegen ihren Willen, kurzerhand nach Krasnogorsk geschafft, wohl in der Hoffnung, daß sie nicht nur Statisten blieben. Neben den Majoren Homann, Hetz und Stößlein — der Stabsoffiziersgruppe des kommenden Nationalkomitees — waren Oberst Steidle und Oberstleutnant Bredt anwesend. Hauptmann Fleischer schien ausersehen, am Text des Manifestes mitzuarbeiten[50].

Sein Auftrag verwickelte ihn rasch in zähe Auseinandersetzungen. Er, die Stabsoffiziersgruppe und Ulbricht legten gegensätzliche Fassungen des Manifestes vor[51]. Beide Seiten vermochten sich nicht zu einigen. Gingen Ulbricht die nationalen Thesen der Feldgrauen zu weit, so war seine phantasielos gehandhabte Ideologie den Offizieren unerträglich[52]. Die stundenlangen Diskussionen im Keller der Krasnogorsker Antifa-Schule drohten ins Uferlose zu geraten. Schließlich griff Arnold mit einer russischen Fassung ein: sie folgte den Argumenten der Offiziere und verstümmelte Ulbrichts Formeln bis zur Unkenntlichkeit. Damit hatten die beweglichen Sowjets auch nach außen hin Barrieren abgetragen, die trotz höherer Weisungen den Emigranten noch immer zu schaffen machten oder von den Offizieren als Barrieren empfunden worden waren[53].

Am 12. und 13. Juli 1943 kommt es im Haus des Ortssowjets von Krasnogorsk zur Gründungsversammlung. Das Nationalkomitee wird Wirklichkeit[54]. Fast alle KPD-Emigranten sitzen im Saal, neben ihnen zahlreiche russische Vertreter. Presse, Rundfunk und Film sind aufgeboten: für die Kriegsgefangenen, die in öden Lagern vegetierten, eine geradezu festliche Szene. Der Versammlungsablauf — Ansprachen und Beschlüsse — ist nach sowjetischem Muster straff organisiert[55]. Einwände und Debatten sind nicht länger zugelassen. Was zu sagen bleibt, sollen im voraus bestimmte Redner sagen; ihnen hat das Forum möglichst einhellig zuzustimmen.

Der erste Tag beginnt mit dem Antrag, den »Vorbereitenden Ausschuß« als Präsidium zu bestätigen[56]. Auf der Liste stehen die Majore Hetz und Stößlein, Hauptmann Hadermann, Gefreiter Zippel, Soldat Emendörfer, Wilhelm Pieck und Erich Weinert. Der Antrag, von Hetz unterbreitet, wird einstimmig gebilligt. Das Präsidium nimmt Platz vor einem Transparent, das mit schwarz-weiß-roten Farben für ein freies und unabhängiges Deutschland wirbt[57].

Die Ansprachen, die vom Präsidiumstisch her gehalten werden, wenden sich an die Kriegsgefangenen[58], unter ihnen vor allem einfache Soldaten: blasse Gesichter im abgetragenen Mannschaftsrock, nur in der ersten Reihe einige Offiziere, jene, die bereit sind, das Manifest zu unterzeichnen.

Hadermann begründet seine Teilnahme mit einer fundierten Auseinandersetzung, in der er dem Nationalsozialismus vorwirft, daß er die besten Traditionen des deutschen Geistes verraten habe[59]. Pieck und Weinert kennzeichnen die Aufgaben des Nationalkomitees[60]. Patriotische Appelle stehen im Vordergrund. Beide Reden meiden marxistische Formeln[61]. Radikalere Töne gegen Großbetriebe, Banken und »alte Gleise in der Erziehung« schlägt nur ein Antifa-Schüler des zweiten Gliedes an, doch auch er bekennt sich zu einer »starken Demokratie, die unserer Art, unserer Geschichte und unserer Zeit entspricht«[62].

Mehr noch als Pieck weiß sich Weinert in die Mentalität der Versammelten einzufühlen[63]. Seine Bilanz der Vergangenheit unterdrückt, was Empfindungen des Soldaten hätte verletzen können. »Ich gebe zu, es ist nicht leicht, altes Gedankengut, an das man sich gewöhnt hatte, über Bord zu werfen. Aber wir stehen vor der entscheidenden Stunde in der Geschichte unserer Nation, und da wird die Berufung auf solcherlei Bedenken zur ungewollten Beihilfe zum größten Verbrechen an unserem Volke und an anderen Völkern ... Unsere Bewegung ›Freies Deutschland‹, verkörpert in den Männern des Volkes, die hier versammelt sind, ist eine organisierte Kraft zur Rettung Deutschlands vor der Katastrophe, in die Hitler und seine Hintermänner es treiben. An dieser jungen Flamme soll sich der Widerstandswille im Lande und an der Front entzünden. Diese neue Front ist kein Aufgebot im luftleeren Raum, sie ist ein untrennbarer Teil der großen, noch unterirdischen Bewegung in der Heimat und an der Front. Mit der Schaffung dieser organisierten Kraft treten wir in einen Wendepunkt des Krieges ein.«[64]

Um diesen Wendepunkt zu veranschaulichen, spricht der gerade in Gefangenschaft geratene Hans Frankenfeld[65]. Frankenfeld, Oberleutnant und Kompaniechef, hatte noch bei Kursk das Sterben deutscher Panzerdivisionen im Unternehmen »Zitadelle« erlebt. Eindringlich schildert er den ungewöhnlichen deutschen Kraftaufwand und das blutige, trostlose Ende dieser Offensive. Sein Bericht erinnert die Versammelten an das kaum überstandene Grauen von Stalingrad. Die Katastrophe der sechsten Armee, so spüren sie, ist zum Auftakt einer Folge von Verhängnissen geworden. Selbst innerlich Unentschlossene sind tief beeindruckt[66].

Am 13. Juli folgt — nach einer vorbereiteten Kandidatenliste — die Wahl Weinerts zum Präsidenten des Nationalkomitees; Major Hetz und Leutnant Graf von Einsiedel werden, ebenso einstimmig, als Vizepräsidenten bestätigt[67]. Mit der Wahl, formal ein demokratischer Akt, ist auch das Manifest gebilligt.

Dieses Manifest wird zur ersten Kundgebung des nun konstituierten Nationalkomitees[68]. Als Programm und Flugblatt gedacht, ruft es alle Deutschen zum Kampf gegen Hitler. Ein Lageüberblick ist den Appellen zum Widerstand vorangestellt; er legt dar, daß »die Ereignisse eine unverzügliche Entscheidung« fordern[69].

»Die Niederlagen seit sieben Monaten«, heißt es, »sind ohne Beispiel in der deutschen Geschichte: Stalingrad, Don, Kaukasus, Libyen, Tunis. Hitler allein trägt die Verantwortung für diese Niederlagen. Er steht immer noch an der Spitze der Wehrmacht und des Reiches. Über Tausende von Kilometern Frontlänge verzettelt, stehen die deutschen Armeen weit entfernt von ihrer Heimat, gestützt auf Bundesgenossen, deren Kampfwert und Zuverlässigkeit von vornherein fragwürdig waren, den mächtigen Schlägen einer von Woche zu Woche stärker werdenden Koalition ausgesetzt. Die Armeen Englands und Amerikas stehen vor den Toren Europas. Bald wird Deutschland nach allen Seiten zugleich kämpfen müssen. Die geschwächte deutsche Wehrmacht, immer enger eingekreist von übermächtigen Gegnern, wird und kann auf die Dauer nicht standhalten. Der Tag des Zusammenbruchs naht!

In der Heimat: Deutschland selbst ist heute zum Kriegsschauplatz geworden. Städte, Industriezentren und Werften sind in steigendem Maße zerstört. Unsere Mütter, Frauen und Kinder verlieren Heim und Habe. Das freie Bauerntum ist entrechtet. Die totale Mobilisierung ruiniert den Handwerker und den Gewerbetreibenden und bringt das arbeitende Volk um seine letzten gesunden Kräfte.

Seit Jahren hat Hitler, ohne Willensbefragung des Volkes, diesen Eroberungskrieg vorbereitet. Hitler hat Deutschland politisch isoliert. Er hat die drei größten Mächte der Welt gewissenlos herausgefordert und zum unerbittlichen Kampf gegen die Hitlerherrschaft zusammengeschlossen. Er hat Europa zum Feind des deutschen Volkes gemacht und dessen Ehre besudelt. So ist er verantwortlich für den Haß, der Deutschland heute umgibt.

Kein äußerer Feind hat uns Deutsche jemals so tief ins Unglück gestürzt wie Hitler.«

Durch all diese Tatsachen schien hinreichend erhärtet, daß der Krieg für Deutschland verloren war. Der Kampf, erklärt das Manifest, könne nur noch um den Preis entsetzlicher Opfer hingeschleppt werden, die das Ende der Nation bedeuteten.

»Aber Deutschland darf nicht sterben! Es geht jetzt um Sein oder Nichtsein unseres Vaterlandes.

Wenn das deutsche Volk sich weiter willenlos und widerstandslos ins Verderben führen läßt, dann wird es mit jedem Tag des Krieges nicht nur schwächer, ohnmächtiger, sondern auch schuldiger. Dann wird Hitler nur durch die Waffen der Koalition gestürzt. Das wäre das Ende unserer nationalen Freiheit und unseres Staates, das wäre die Zerstückelung unseres Vaterlandes. Und gegen niemanden könnten wir dann Anklage erheben als gegen uns selbst.

Wenn das deutsche Volk sich jedoch rechtzeitig ermannt und durch seine Taten beweist, daß es ein freies Volk sein will und entschlossen ist, Deutschland von Hitler zu befreien, erobert es sich das Recht, über sein künftiges Geschick selbst zu bestimmen und in der Welt gehört zu werden. Das ist der einzige Weg zur Rettung des Bestandes der Freiheit und der Ehre der deutschen Nation.«

Es bedurfte für das Manifest keiner weiteren Beweise, daß das deutsche Volk vor allem einen baldigen Friedensschluß brauchte. Doch Hitler schien nicht nur verhandlungsunfähig; nach Stalingrad war man auch davon überzeugt, daß niemand mit ihm Frieden schließen werde. So war dringend eine neue Regierung zu fordern. Mochte man dieser Regierung auch allzu optimistisch das größte Vertrauen prophezeien: gültig blieb die Einsicht, daß nur ein nichtnationalsozialistisches Kabinett den ersehnten Frieden bringen könne.

»Eine solche Regierung muß stark sein und über die nötigen Machtmittel verfügen, um die Feinde des Volkes, Hitler und seine Gönner und Günstlinge, unschädlich zu machen, mit Terror und

Korruption rücksichtslos aufzuräumen, eine feste Ordnung zu schaffen und Deutschland nach außen hin würdig zu vertreten. Sie kann nur aus dem Freiheitskampf aller Volksschichten hervorgehen, gestützt auf Kampfgruppen, die sich zum Sturz Hitlers zusammenschließen. Die volks- und vaterlandstreuen Kräfte in der Armee müssen dabei eine entscheidende Rolle spielen.

Eine solche Regierung muß den Krieg sofort abbrechen, die deutschen Truppen an die Reichsgrenzen zurückführen und Friedensverhandlungen einleiten, unter Verzicht auf alle eroberten Gebiete. So wird sie den Frieden erzielen und Deutschland in die Gemeinschaft gleichberechtigter Völker zurückführen. Erst sie schafft dem deutschen Volke die Möglichkeit, im Frieden seinen nationalen Willen frei zu bekunden und seine Staatsordnung souverän zu gestalten.«

Das Manifest wollte keine lückenlose neue Ordnung entwerfen. Die Situation bei Kriegsende ließ sich nicht abschätzen, aber unter der Devise »Freies Deutschland« verlangte man:

»Eine starke demokratische Staatsmacht, die nichts gemein hat mit der Ohnmacht des Weimarer Regimes, eine Demokratie, die jeden Versuch des Wiederauflebens von Verschwörungen gegen die Freiheitsrechte des Volkes oder gegen den Frieden Europas rücksichtslos schon im Keim erstickt.

Restlose Beseitigung aller auf Völker- und Rassenhaß beruhenden Gesetze, aller unser Volk entehrenden Einrichtungen des Hitlerregimes, Aufhebung aller gegen die Freiheit und Menschenwürde gerichteten Zwangsgesetze der Hitlerzeit.

Wiederherstellung und Erweiterung der politischen Rechte und sozialen Errungenschaften der Schaffenden, Freiheit des Wortes, der Presse, der Organisation, des Gewissens und der Religion.

Freiheit der Wirtschaft, des Handels und des Gewerbes. Sicherung des Rechtes auf Arbeit und des rechtmäßig erworbenen Eigentums, Rückgabe des durch die nationalsozialistischen Machthaber geraubten Hab und Guts an die Eigentümer, Beschlagnahme des Vermögens der Kriegsschuldigen und der Kriegsgewinnler, Güteraustausch mit anderen Ländern als gesunde Grundlage eines gesicherten nationalen Wohlstandes.

Sofortige Befreiung und Entschädigung aller Opfer des Hitlerregimes.

Gerechtes, schonungsloses Gericht über die Kriegsverbrecher, über die Anführer, ihre Hintermänner und Helfer, die Deutschland ins Verderben, in Schuld und Schande stürzten, Amnestie jedoch für alle Hitleranhänger, die sich rechtzeitig durch ihre Taten von Hitler losgesagt und der Bewegung für ein freies Deutschland sich anschließen.«

Die Schlußabsätze rufen jeden zum Widerstand. Sie denken an keine Fronde, die ihren eigenen abgeschirmten Staatsstreich vorbereiten muß. Sie sprechen zu den Offizieren und Soldaten aller Fronten, die, im Besitz der Waffen, unter Waffen bleiben und »sich unter mutigen und verantwortungsbewußten Führern den Weg zur Heimat und zum Frieden bahnen« sollen.

»Die Zeit drängt. Rasches Handeln tut not. Wer aus Furcht, Kleinmut oder blindem Gehorsam weiter mit Hitler geht, handelt feige und hilft Deutschland in die nationale Katastrophe treiben. Wer aber das Gebot der Nation höherstellt als den Befehl des ›Führers‹ und Leben und Ehre für sein Volk einsetzt, handelt mutig und hilft das Vaterland vor seiner tiefsten Schmach erretten.«

Das Manifest schlug ungewohnte Töne an[70]. Deutlich hob es sich von den Appellen ab, die seit 1941 den deutschen Soldaten zu bekehren suchten. Deutschnationaler Patriotismus und Leitsätze bürgerlicher Demokratie bezeugten die neue Marschroute. Doch wie guter Wille eine schlechte Fama nie augenblicklich tilgt, so konnte auch das Manifest nicht die bisherige marxistische Propaganda vergessen machen. Was sie über Junker, Kapitalisten und das Sowjetparadies verbreitet hatte, war abschreckend lebendig geblieben. Zudem drohten, bei genauem Hinsehen, weiterhin Praktiken der Zersetzung. Nirgendwo jedenfalls waren sie ausdrücklich widerrufen. In den Lagern glaubte man nicht daran, daß eine Zusammenarbeit mit dem Nationalkomitee möglich sei. Wenn auch die Analyse der deutschen Lage bestach: die schwarz-weiß-roten Farben um den Text des Manifestes erweckten Skepsis, ja, Widerwillen[71]. Diese Farben empfand man als Finte und Täuschungsmanöver der Kommunisten, denn schon die Namenszüge unter dem Manifest sprachen beredt[72]. Was konnten die wenigen ausrichten, die neben Ulbricht, Pieck, Weinert, Ackermann und Florin das Nationalkomitee repräsentieren sollten? Sie waren ohne Einfluß, »kontrollierte Objekte« und teilweise sogar diskreditiert. Heinrich Graf von Einsiedel, ein junger Fliegerleutnant, intelligent, aber auch aufreizend, stimmte mißtrauisch. Noch mehr verstörte die Gruppe Reyher, Rücker und Charisius: Agitatoren, denen man nur Charakterschwäche zutraute, die an üble Antifa-Aktivs erinnerten[73]. Und die Majore Hetz, Homann und Stößlein, die den Reigen der 38 Unterschriften eröffneten? Sie mochten wie Hadermann und Fleischer eigenen Einsichten folgen[74], aber konnte dieses Komitee darüber täuschen, daß die gesamte Stalingrader Generalität fehlte, jene Kommandeure mit Paulus an der Spitze, deren Namen allein gezählt hätten?

Derartige Bedenken und Fragen hielten die Masse der Kriegsgefangenen zurück. Solange die Vorgesetzten abseits standen, wollte sie eine Mitarbeit im Komitee nicht wagen[75]. Diese Haltung — Reflex des Mißtrauens gegenüber den Kommunisten — war zu eindeutig, um überhaupt eingehende Diskussionen zuzulassen. Das Ansinnen, als Gefangener politisch aktiv zu werden, überforderte ohnehin die Mentalität des Soldaten. So traf das Nationalkomitee in den Lagern zumeist auf Ablehnung und Boykott. Gelang es ihm, fünf Prozent der Gefangenen zu gewinnen, so hatte es viel gewonnen. Und auch hier überwog noch der Eindruck, als seien bei manchen Beitritten andere Motive als die aufrichtiger Gesinnung maßgebend gewesen[76].

Parteidisziplin machte die führenden Komitee-Mitglieder unbeweglich. Wenn sie handelten, so auf Weisungen. Von ihnen war keine Initiative zu erwarten, die den Rahmen der zugestandenen Organisation sprengte. Resignation lag jedoch nicht im Sinne der Russen. Sie wollten, nach der »Konzession« des Manifestes, wirkliche Werbungserfolge. Im Grunde zeigten sich am meisten die Sowjets davon überrascht, daß ihre bisherigen Bemühungen um die Offiziere gescheitert waren. Sie hatten ein relatives »Wohlleben« ermöglicht: es wurde ihnen als Schwäche ausgelegt und veranlaßte die Offiziere, sich hinter einer soldatischen Haltung zu verschanzen[77]. Sie hatten Becher, Wolf und Kurella aufgeboten: auch diese Emigranten überwanden nicht die Ablehnung der Offiziere. Das war gewiß eine negative, enttäuschende Bilanz. Aber einige Gespräche hatten die Umworbenen beeindruckt. Vorurteile wankten oder wichen. Langsam regte sich hier und da eine gewisse Aufgeschlossenheit. Etliche Funktionäre waren klug genug, den mangelnden Widerhall des

Nationalkomitees realistisch einzuschätzen. Eingehend erwogen sie die kritischen Ansichten der Offiziere[78]. Moskau spürte, daß die Situation weitere Konzessionen verlangte, doch wie ließ sich eine neue Bewegung auslösen?

Den Ansatz boten die Offiziere, die — mehr oder minder unfreiwillig — den Taufakt des Komitees beobachtet hatten und in Krasnogorsk zurückgeblieben waren[79]. Diese Offiziere, sämtlich Gefangene aus dem Kessel von Stalingrad, hegten keine Zweifel über den Stand des Krieges. Einig wußten sie sich aber auch in der Prognose, daß das kommunistische Übergewicht im Nationalkomitee jeden größeren Erfolg verhindern werde[80].

Nicht als ob sie die politischen und militärischen Analysen des Manifestes mißbilligt hätten! Hier, so schien es ihnen, überwog Scharfblick, überzeugende Sachlichkeit. Was jedoch ihre Abwehr wachrief, wenn nicht versteifte, waren die propagandistischen Thesen des Manifestes, mit denen das Komitee zur Zersetzung aufrief. Solch ein Programm schreckte und wurde von den Offizieren verworfen. Niemals wollten sie mit ihm ihren Eid verleugnen[81]. Doch auch diese Offiziere beherrschte Unruhe. Höhere Einsicht und taktische Vorbehalte lagen miteinander im Widerstreit. Alle Kritik zielte auf andere propagandistische Richtlinien. Wurden sie zugestanden, war der Damm gebrochen.

Die Sowjets, aufmerksame Zuhörer, handelten rasch. Noch im Juli 1943 schlugen sie den Offizieren vor, eine sogenannte Initiativgruppe zu bilden[82]. Diese Initiativgruppe sollte nicht das Nationalkomitee ergänzen, sondern einen selbständigen Offiziersbund vorbereiten. Ihm sicherten sie zu, daß er freie Hand habe, fernab von jeder Zersetzung nur auf die Spitzen der Wehrmacht einzuwirken[83]. Werbungen unter den Offizieren, hieß es, würden uneingeschränkt unterstützt. Zwei Beauftragte, Professor Arnold und Oberst Stern von der Politverwaltung der Roten Armee, gaben Auftrieb[84]. Die Initiativgruppe, schnell wachsend, formierte sich, ihr »Gründer«: Oberstleutnant Alfred Bredt, zuletzt Chef der Nachschubtruppen eines Korps der sechsten Armee[85].

Bredt, einst führend im Alldeutschen Verband und Stahlhelm, war überzeugter Hitler-Gegner. Schon vor Stalingrad wußte er, daß der Nationalsozialismus Deutschlands Untergang bedeutete. Politisch wach, verfolgte er aufmerksam die ersten Schritte des Nationalkomitees. Zu ihm hielten die Russen den Kontakt, aus dem sich Abmachungen ergaben[86]. Bredt, eine ruhige Autorität, gewann Oberstleutnant Bechly, die Majore Egbert von Frankenberg und Proschlitz, Lewerenz und Büchler, Ritterkreuzträger Hauptmann Domaschk, die Oberleutnante von Kirschhofer und Trenkmann und Leutnant Dr. Greifenhagen[87]; später Oberst van Hooven, Kriegsgerichtsrat von Knobelsdorff-Brenkenhoff und Oberleutnant Gerlach[88].

Frankenberg, Lewerenz, Domaschk und von Knobelsdorff-Brenkenhoff waren aktive Offiziere des Heeres und der Luftwaffe, die übrigen Reaktivierte oder Reservisten der Wehrmacht[89]. Nächst dem Adel entstammten die meisten dem Besitz- und Kleinbürgertum; bunt das Bild der Berufe. So war Dr. Greifenhagen Archäologe, Gerlach Studienrat, Büchler Exportkaufmann, von Kirschhofer Landwirt und Trenkmann Wehrmachtsbeamter an der Versuchsanstalt Peenemünde. Gewiß bewegten diese Offiziere unterschiedliche Vorstellungen. Auch hatten Intelligenz und Funktion zu ungleichen Einsichten geführt. Stalingrad jedoch war allen zum schlimmsten Mahnmal eines gewissenlosen Regimes geworden. Sein Erleben machte bereit zu ungewöhnlichen Entscheidungen: in der Initiativgruppe ein Impuls, der anfechtbare Motive zurückdrängte[90].

Mit dem Beitritt des Obersten Luitpold Steidle erreichte die Offizierswerbung einen Höhepunkt[91]. Steidle, Ritterkreuzträger und zuletzt Regimentskommandeur, hatte sich wie Bredt nicht entschließen können, das Manifest des Nationalkomitees zu unterzeichnen. Obgleich als früherer Sympathisant der Katholischen Aktion kein Nationalsozialist, wünschte er nicht in einer kommunistisch gelenkten Organisation hervorzutreten. Jetzt schienen auch für Steidle andere Voraussetzungen gegeben. Nach dem russischen Einschwenken überzeugte das Argument der Bredt-Gruppe, daß Einflüssen der Linken nur mit einer eigenen Konzeption zu begegnen sei. Steidle trat erst Ende Juli der Initiativgruppe bei. Doch als er es tat, geschah es mit einer Entschiedenheit, die ihn bald eine führende Rolle spielen ließ[92].

Noch bevor die Initiativgruppe am 16. August 1943 aus der Zone I des Krasnogorsker Lagers aufbrach, um mit dem Nationalkomitee nach Lunjowo bei Moskau überzusiedeln, hatte sie einige Delegationen zur Werbung in verschiedene Offizierslager entsandt[93]. Jelabuga, Oranki und Susdal stachen bisher durch ihre einhellige Ablehnung jeder antifaschistischen Propagandaarbeit hervor. Hier wie dort war der Versuch des Nationalkomitees, in den Lagern eine nennenswerte Resonanz zu finden, an der allzu offensichtlichen Färbung seiner Mitglieder gescheitert[94]. Abermals hatte sich erwiesen, daß man in der Gefangenschaft jeder Aktion widersagte, die nicht eine gewisse Unabhängigkeit glaubhaft machen konnte.

Es gehörte zu den Zielen des kommenden Offiziersbundes, von früheren Werbungsmethoden bewußt abzurücken[95]. Als die Delegationen der Initiativgruppe in den Lagern erschienen, fand ihr maßvoller Tonfall erstmals Aufmerksamkeit. So wußten in Jelabuga Major Schulze und Oberleutnant Trenkmann die neue Konzeption eindrucksvoll darzulegen[96]. Der Hinweis, daß beabsichtigt sei, die Führung des Offiziersbundes mehreren Generalen anzutragen, gewann nicht nur Stabsoffiziere. Dieser Erfolg blieb kein Ausnahmefall. Überall gelang es, sogenannte Aktivs zu bilden. Umgehend wurden deren Mitglieder nach Lunjowo in Marsch gesetzt, um den Bund Deutscher Offiziere aus der Taufe zu heben.

Gewiß erfüllte die Aussicht, durch einen »rechts« gerichteten Flügel ergänzt, wenn nicht gar bedrängt zu werden, das Nationalkomitee anfangs mit unverhohlener Abneigung[97]. Auch später ist auf Grund ideologischer Klischees manche Fremdheit geblieben. Doch nicht immer war es kaum verborgener Druck, der die Prominenz des Komitees zur Zusammenarbeit mit hohen Offizieren nötigte. Weinert und auch andere Emigranten hatten bereits seit Stalingrad bezweifelt, ob ihr Bild vom deutschen Soldaten überhaupt noch der Wirklichkeit entspreche[98]. Jetzt konnten sie ihre Vorurteile und Irrtümer an lebenden Modellen korrigieren. Soweit die kommunistische Sektion aufgeschlossen war, begann sie diese Möglichkeit zu nutzen. Ihr wurde eine »gemeinsame Kampffront« zum Gebot, dem sie zunächst aufrichtig folgte.

Unterdes hatten sich in Lunjowo die Initiativgruppe und mehrere Delegationen der Lager versammelt, um die Arbeit des Offiziersbundes vorzubereiten. Sicher waren zu diesem Zeitpunkt einige Offiziere noch immer nicht zu eindeutigen Entscheidungen gelangt. Da mußten die besten Köpfe einspringen und zu den Einsichten verhelfen, die auch den Halbherzigen überzeugten. Hier war es vor allem Steidle, der zwingend zu argumentieren wußte.

Die Vernichtung der sechsten Armee — so meinte er in einer grundlegenden Diskussion — stelle eine schwerwiegende Einbuße dar[99]. Niemand dürfe sich darüber täuschen, was sie angesichts des begrenzten eigenen Potentials bedeute. Nun sei mit der deutschen Niederlage bei Bjelgorod-Orel die Initiative endgültig der Roten Armee zugefallen. Nach dem Erleben von Stalingrad brauche man nicht zu rätseln, wie die weitere Entwicklung verlaufen müsse. »Der verlorene Kampf wird mit dem sinnlosen Verschleiß deutscher Kräfte fortgesetzt«, der für die Starrsinnigkeit des deutschen Diktators kennzeichnend sei. Hoffnungen, daß militärisch oder gar politisch Konsequenzen gezogen würden, beständen nicht. Hitler sei moralischer Folgerungen unfähig, ja, weigere sich, sie auch nur zu erwägen.

Und nun gelangte Steidle zu den eindrucksvollsten Schlüssen. »Hitler führt einen *totalen Krieg,* in dem rechtliche und sittliche Normen nicht mehr zählen.« Gegen solch einen Feind wie Hitler könne deshalb nur gewinnen, wer sich zum *totalen Widerstand* aufraffe. »Fragen des Eides und des Zusammengehens mit dem Gegner dürfen dabei ebensowenig beirren wie private oder familiäre Rücksichten.« Man stehe in einer wohl einmaligen Ausnahmesituation. Sie zwinge, bei Verkehrung aller Werte, umzudenken und einen falsch gewordenen Gehorsam aufzugeben. Durch Hitler drohe der Untergang Deutschlands. Nur mutiges und insbesondere vorbehaltloses Handeln habe die Chance, das Ende des Reiches abzuwehren sowie dem mißbrauchten Volk weitere Blutopfer zu ersparen.

Steidle hatte nochmals die ganze Schwere des Entschlusses verdeutlicht, zu dem sich jeder einzelne durchringen mußte, bevor er im Offiziersbund mitzuwirken bereit war. Er sprach jedoch zu den Versammelten auch davon, daß allein Vaterlandsliebe zum Kampf gegen Hitler treibe. Anders würde, so sein Schlußwort, kaum zu ertragen sein, was die Mitglieder eines Bundes Deutscher Offiziere auf sich nähmen. In der Tat: man ahnte, welche Gefahren ein sichtbarer Widerstand herausforderte. Man setzte nicht nur die Angehörigen in der Heimat, sondern vielleicht sogar die eigene Rückkehr aufs Spiel. Man riskierte, neben dem Hohn der Nationalsozialisten, die Verachtung der Frontsoldaten, denen man sich weiterhin zugehörig fühlte. Nicht minder aber war deutlich geworden: seit Stalingrad wußte man mehr als das übrige deutsche Volk. Man fürchtete einen ähnlichen Zusammenbruch wie an der Wolga für die gesamte Nation und wollte ihm wehren, ehe auf den Trümmern der letzten deutschen Städte gekämpft wurde. So war man gewillt, sich an die Wehrmachtführung zu wenden: sie mußte Hitler stürzen und den Weg zu dem Kompromißfrieden ebnen, zu dem es noch nicht zu spät war und der Deutschland allein retten konnte.

Steidles Appell machte glaubhaft, daß man sich zu einer unanfechtbaren Entscheidung rüstete[100]. Er ließ Bedenken schwinden und weckte bei der Initiativgruppe und in den Delegationen die Entschlossenheit, die für eine erfolgreiche Arbeit unerläßlich blieb. Doch auch oder gerade Steidles Appell erinnerte daran, daß der Offiziersbund so lange einem Torso glich, als es nicht gelang, wenigstens einige Generale zu gewinnen. Denn Hoffnung, jenseits der Front gehört zu werden, konnte nur bestehen, wenn allseits bekannte Männer unterstützten, was zum Programm geworden war.

Diese Auffassung teilten ebenso die Russen. Arnold fragte, wer von den Generalen ansprechbar sei[101]. Die Offiziere — obschon gewillt, alles zu versuchen — antworteten zurückhaltend, mit angemessenem Realismus. So glaubte man von vornherein Feldmarschall Paulus ausschließen zu müssen, von dem kaum zu erwarten stand, daß er anders als in Stalingrad handeln werde[102]. Nächst Paulus »entfiel« dessen Stabschef Generalleutnant Artur Schmidt, der mehr denn je eine Pro-Hitler-Haltung kultivierte[103]. Doch wenn auch Paulus und Schmidt ausschieden: wer kam überhaupt in Frage? Vorgeschlagen wurden innerhalb der Initiativgruppe von Bechly und Greifenhagen Generalmajor Dr. Korfes, von Domaschk und Gerlach Generalmajor Lattmann[104]. Lattmann galt zwar im Gegensatz zu Korfes als ein dem Nationalsozialismus eng verbundener General. Trotzdem meinte man — nach den Erfahrungen von Stalingrad — auch auf ihn zählen zu können[105]. Am meisten freilich überzeugte die Anregung Bredts, man möge vor allem General von Seydlitz zu gewinnen suchen[106].

Walther von Seydlitz-Kurzbach, General der Artillerie und als Nachfolger von Paulus vorgesehen, hatte in Stalingrad das LI. Korps der 6. Armee kommandiert[107]. Stets vorn und mit sicherem Blick führend, trug er bereits 1942 das Eichenlaub zum Ritterkreuz. Seine 12. (mecklenburgische) Infanterie-Division, Verband der

Heeresgruppe Nord, erzielte »bei geringsten Verlusten die größten Erfolge«. Später befreite er, nach eigenen Entscheidungen, den Kessel um Demjansk. Seydlitz war kein Politiker, wohl aber ein Soldat, den erprobte Grundsätze leiteten. Ungehorsam schien ihm Pflicht, wo gegen klare Einsichten verstoßen wurde. Um so mehr begann er den »Feldherrn« Hitler zu verachten. Schon bei Demjansk hatten ihn dessen frontfremde Führungsmethoden erbittert. Erst recht suchte er sie in Stalingrad mit einer Denkschrift zu durchkreuzen, die Paulus zu selbständigem Handeln bewegen sollte. Sein Aufbegehren, Aufbegehren noch intakten Soldatentums, widersetzte sich lakaienhafter Unterwürfigkeit und wollte 270 000 Mann vor sinnloser Vernichtung bewahren. Wenn es einen General gab, auf den man hoffen durfte, so Walther von Seydlitz-Kurzbach.

Sei es, daß die Russen diesem Optimismus mißtrauten, sei es, daß ihnen die Erfolgschancen größer schienen, wenn den Generalen vollendete Tatsachen begegneten: sie handhaben die »Einladung« ohne Höflichkeitsfloskeln. Am 19. August 1943 mußten Seydlitz, Korfes und Lattmann vom Generalslager aus die Bahn besteigen[108]. Im Haus der Initiativgruppe angelangt, wußten sie auch nach Stunden nicht, wohin man sie transportiert hatte.

Am nächsten Tag rief man die Drei zu einem »Meeting« auf den Sportplatz des Lagers Lunjowo[109]. Erstaunt erlebten die Generale eine »hochgestimmte Versammlung«. Leidenschaftlich, mit den besten Argumenten warb Steidle um ihren Beitritt zum Offiziersbund. Seydlitz war gepackt, innerlich aufgewühlt. Längst hegte er ähnliche Gedanken und Empfindungen. Besser, als er es je vermocht hätte, hatte sie Steidle formuliert. Doch die Werbung geschah zu unvermittelt. Die Generale, zuvor ahnungslos, fühlten sich überrumpelt. Seydlitz erwiderte Steidle: »Jede Aktion von feindlichem Boden her scheidet aus. Jeder Vorspann für bolschewistische Ziele muß entfallen. Niemand weiß, ob den Kommunisten überhaupt an einer ehrlichen Zusammenarbeit gelegen ist. Wir jedenfalls wünschen keine Gemeinsamkeit mit Deserteuren innerhalb des Nationalkomitees.«[110]

Steidle und die Initiativgruppe mühten sich, derartige Einwände zu zerpflücken, wobei die Deserteure im Nationalkomitee — gemeint waren die Soldaten Gold und Zippel[111] — am wenigsten zählten. Seydlitz, Korfes und Lattmann zeigten »Unsicherheit«, scheuten indes Kompromisse oder Zusagen. Die versammelten Offiziere mußten glauben, daß ihr »Bund« — ohne die Generale ein hoffnungsloses Unterfangen — bereits im Vorstadium gescheitert sei. Enttäuscht, wenn nicht niedergedrückt, verließen sie das Treffen[112]. Zum letzten Mal hatten die Russen Hindernisse abzutragen.

In einer Sitzung — nur mit den drei Umworbenen — bekräftigte NKWD-General Melnikow, daß die geplante Offiziersorganisation freie Hand habe, propagandistische Zersetzungspraktiken zu vermeiden[113]. »Vorgesehen sind allein Appelle an die Wehrmachtführung.« Zugleich aber ließ Melnikow »im Auftrag höchster Stellen« wissen: gelinge es dem Offiziersbund, einen Staatsstreich gegen Hitler auszulösen, und beende dieser den Krieg, bevor der Kampf Deutschland erreiche, so wolle sich die Sowjetregierung für ein Reich in den Grenzen von 1937 einsetzen. »Selbstverständlich« würde — bei rechtzeitigem Umschwung — Moskau auch die »weitere Existenz der Wehrmacht« zugestehen. Bedingung sei lediglich eine »bürgerlich-demokratische deutsche Regierung, die durch Freundschaftsverträge mit dem Osten verbunden ist«.

Melnikow erläuterte und wiederholte Anfang Oktober, die UdSSR wünsche ein Deutschland, das ein Machtfaktor bleibe und eine »friedliche Politik in Europa und in der Welt« mitbetreibe. »Ein solcher Partner sei nur von Wert, wenn er selbst unabhängig und genügend mächtig sei. In diesem Punkte gingen die Interessen beider Länder völlig konform.« Seydlitz, Korfes und Lattmann baten, alle Darlegungen schriftlich zu fixieren. Hier jedoch stießen sie auf Ablehnung. Melnikow betonte, daß zunächst der Offiziersbund die »entsprechenden Voraussetzungen« schaffen müsse[114]. Danach erst wären »feste Übereinkommen« zwischen ihm und der Sowjetregierung möglich. Die Generale, um Entscheidungen ersucht, trennten sich. Jeder von ihnen verbrachte eine schlaflose Nacht, wohl die einsamste ihres Lebens.

Seydlitz, mit sich allein, zweifelte nicht, daß Propagandaaktionen vorab dem Gegner dienten: für den Offizier alter Schule weiterhin eine schwer erträgliche Tatsache[115]. Aber dienten — so fragte er — in der gegebenen Lage Propagandaaktionen nur dem Gegner? Bedachte er das letzte Kriegsjahr, die Abfolge unsinniger, ja, verbrecherischer Führungsentschlüsse, die zuerst Divisionen, dann Armeen vernichteten, war gerade er unfähig, noch an eine Wende zugunsten Deutschlands zu glauben. Er wußte aus eigenem Erleben, daß Selbständigkeit bei Kommandeuren bestraft wurde. Er kannte — seit einer Lagebesprechung — den unbeirrbaren »Feldherrn« Hitler und die sklavische Ergebenheit seiner hochgestellten Berater. Mehr denn je fühlte er sich von denen allein gelassen, die Verantwortlichkeit und Ehre verleugneten. Und selbst wenn noch die Wehrmachtspitzen aufbegehrten: konnte bessere Strategie die Feindkoalition niederringen, die der verblendete »Staatsmann« Hitler zusammengezwungen hatte? Früher oder später mußte das Reich den alliierten Mächten erliegen.

Wieder spürte Seydlitz, daß ein zunehmender nationaler Notstand entschlossene Gegenwehr verlangte. Die Vorstellung, Sowjetarmeen könnten »bis nach Berlin gelangen«, erfüllte ihn mit Entsetzen. Illusionslos gab er sich über die ihm drohenden Konsequenzen Rechenschaft. Er erwartete, auf Mißverständnisse, Haß und Verfemung zu treffen. Er fürchtete — bitterster Gedanke —, seine Familie der Rache des NS-Regimes auszusetzen, doch Melnikows Eröffnungen machten Appelle an Volk und Wehrmacht zur Pflicht. Quälte nicht seit Stalingrad die Gewißheit, Hitler werde Deutschland das Schicksal der sechsten Armee bereiten? War aber nicht alles erreicht, wenn es nach dem Sturz des Diktators gelang, wenigstens die Substanz des Reiches zu retten? Wie immer die Motive der Sowjets aussahen: hier wiesen sie lohnende Ziele. Hier sprach auch Logik für einfache Einsichten. Je eher der verlorene Krieg beendet wurde, desto größer und sicherer Deutschlands Chancen. Eidbruch oder Verrat belasteten jene, die den Krieg ruchlos verlängerten.

Am kommenden Morgen hatte sich Seydlitz entschieden. Er, Korfes und Lattmann erklärten ihr Einverständnis mitzuwirken[116]. Unabhängig voneinander waren sie zu den gleichen Schlüssen gelangt. Melnikow informierte Moskau, seine Auftraggeber. Die Initiativgruppe — überrascht — empfand Genugtuung. Der »Bund Deutscher Offiziere«, jetzt ein Vorhaben mit Rang und Namen, konnte gegründet werden.

Sicher wäre es besser gewesen, Melnikows Darlegungen festzuhalten und wechselseitig zu unterzeichnen. Wenn man will, so zeigten die Generale Mangel an politischem Geschick. Seydlitz, Korfes und Lattmann verhandelten indes in einer Situation, die vertragliche

Übereinkommen nahezu ausschloß. Die Sitzung mit Melnikow vereinte ungleiche Parteien, aber von vorsätzlichen russischen Betrugsabsichten konnte schwerlich die Rede sein. Was für die Generale notwendig war, blieb die Zusicherung, daß rechtzeitige propagandistische Erfolge nicht zunichte gemacht würden. Sie wurde gegeben und galt, bei einem baldigen Sturz Hitlers, auch ohne Siegellack. Daß sie jedoch nur bis zu dem Zeitpunkt gelten konnte, zu dem die deutsche Seite noch über einige Trümpfe verfügte, entsprach den ungeschriebenen Gesetzen des politischen Kräftespiels. Bedenkt man dabei Melnikows Vorbehalt »Bevor der Kampf deutschen Boden erreicht«, so argumentierte er sogar offen, ja, mit dem Willen, keine Illusionen zu erwecken.

Dieser Realismus dokumentierte sich ebenso im Wechsel der sowjetischen Persönlichkeiten, die Komitee und Offiziersbund zu sehen bekamen. Zunächst trat der kluge und sachliche Melnikow auf[117]. Ihm standen Generalleutnant Petrow und als Dolmetscher Oberst Stern sowie der Georgier Georgadze zur Seite. Ab Herbst 1944 beherrschte der düster wirkende NKWD-General Kobulow die Szene. Kobulow gab vor, von den Aktivitäten seines Vorgängers wenig zu wissen. Er war auch in der angenehmen Lage, nicht eine schriftliche Abmachung mit den Generalen zurückfordern zu müssen, die Moskau 1944 gegenüber London und Washington belastet hätte.

Melnikows Darlegungen machten die Generale glauben, daß ihre Argumente unwiderstehlich geworden waren. Konnte man nun nicht die eigene Aktivität überzeugend begründen? Durfte man jetzt nicht auch an Paulus und die übrige Stalingrader Generalität herantreten, die im Lager 48 noch abseits standen? Derartige Überlegungen schienen zwingend genug, um an die Sowjets einen rasch genehmigten Antrag zu richten. Anfang September reisten Seydlitz, Lattmann und zwei Stabsoffiziere nach Woikowo zurück: Appelle an die Stalingrader Kameraden sollten dem Offiziersbund »zur Geschlossenheit« verhelfen[118].

Soweit die Generale das Lager 48 mit fieberhaften Erwartungen betreten hatten, sahen sich diese Erwartungen grausam enttäuscht. Keinem der Abgesandten gelang es, Ablehnung und Boykott zu überwinden[119]. Statt in Einzelaussprachen den einen oder anderen zu überzeugen, hatte die Delegation eine Versammlung aller Kommandeure einberufen. Hier prallte, nach den ersten Zwischenrufen, bald Wort auf Wort. Die Umworbenen zeigten sich empört. Höhnisch verlachten sie auch einleuchtende Gedanken. Die Redner wurden unsicher, nervös, gezwungen, vom Podium abzutreten. Tumultartig, unter wechselseitigen Vorwürfen des Verrats, endete das Treffen[120].

Daß die eingeschlagene Taktik ungeschickt war, hat später insbesondere Seydlitz zugegeben. Doch auch größeres Geschick hätte kaum bessere Resultate erzielt. In Woikowo herrschte ein Geist, der zu jener Stunde selbst den eindrucksvollsten Widerstandswillen verfemt hätte. Für die Stalingrader Generalität wollte noch geklärt sein, was die Delegation des Offizierbundes bereits gelöst wähnte.

Seit die Generale über Krasnogorsk und Susdal in Woikowo angelangt waren, lebten sie abgeschieden und nach gewohntem Umgangskodex[121]. Zur Gewahrsamsmacht hielten sie Distanz. Die erste Ausgabe der schwarz-weiß-rot »garnierten« Zeitung »Freies Deutschland« legte man kopfschüttelnd oder protestierend beiseite. Es gab unter der Stalingrader Generalität keine Zweifel, daß sich im Opfergang der sechsten Armee unverantwortliche Führungsfehler widerspiegelten. Man wußte jetzt: die Zusagen des Entsatzes waren nicht mit den tatsächlich vorhandenen Kräften zu vereinbaren. Nie schienen Hitler und das OKH die Maßnahmen des Gegners bedacht zu haben. Zugleich herrschte jedoch auch die Ansicht vor, daß die sechste Armee eine Aufgabe zu erfüllen hatte. War die Ostfront im Süden bedroht, mußten Paulus' Divisionen bis zum letzten aushalten. Sicher offenbarte dieser Auftrag, daß alle Feldzugspläne gescheitert waren, aber das befohlene Ausharren hatte ein Ziel gewiesen. Daran ließ man rückschauend schon deshalb nicht rütteln, weil sonst das tausendfache Sterben unerträglich belastet hätte.

Immerhin hatte Hitler als Feldherr so weit ernüchtert, daß der Generalität ein Sieg allein über die Sowjetunion fraglich geworden war. Die Einbußen der Wehrmacht und ihrer Verbündeten seit dem Ende an der Wolga dämpften auch Optimisten. Doch überzeugt davon, daß die künftigen Operationen nach den Lehren von Stalingrad geführt würden, retteten sich die Generale in Gedanken an ein Remis. Man hoffte auf eine erfolgreiche Abwehr der Invasion im

Westen und eine Erstarrung der Fronten, nach der »Verhandlungs-bereitschaft eintreten müßte«. Man glaubte an Verständigungsmög-lichkeiten mit den Westmächten, eine Annahme, die das Ausbleiben der Zweiten Front zu stützen schien. Gewiß hatte Wilhelm Pieck im Juni 1943 Feldmarschall Paulus erklärt, daß es für den Politiker Hitler, der Vertrag auf Vertrag gebrochen habe, keinen Ausweg aus dem Krieg mehr gäbe[122]. Er hatte von den ständigen Warnungen seiner Partei vor dem Nationalsozialismus und der Pflicht jedes patriotischen Deutschen gesprochen, sich dem geplanten National-komitee anzuschließen, aber auch Piecks bedachtsame Argumenta-tion verfing nicht. Was Paulus und die Mehrheit der Generale bewegte, empfanden sie weder militärisch noch politisch als Illusion. Da mußten erst 1944 andere Ereignisse nachhelfen.

So trafen Seydlitz und dessen Mitstreiter beinahe zwangsläufig auf Ablehnung. Selbst die Kriegslage, die sich für Deutschland inzwi-schen wesentlich verschlechtert hatte, beeindruckte keinen der Kommandeure[123]. Diese Lage verpflichtete, in den Augen der Umworbenen, Volk wie Wehrmacht erst recht zum Zusammen-halt. Jeder Appell von der Feindseite her blieb den Generalen schändliche Zersetzung. Hier warnte das Jahr 1917, in dem die deutsche Heeresleitung mit subversiven Praktiken den Zusammen-bruch des zaristischen Rußland beschleunigt hatte. Hier lähmten mögliche Dolchstoß-Vorwürfe, die man um so weniger riskieren wollte, als Politik hinter Stacheldraht ohnehin gegen Traditionen verstieß.

All das ließ sämtliche Werbungsversuche scheitern. Scharf verur-teilte die Stalingrader Generalität das Projekt eines Offiziersbun-des. Unnachsichtig schnitt sie jene, die zum »Abfall« entschlossen waren. Zwar führte Seydlitz nach der unglücklichen Generalsver-sammlung mit Paulus ein Gespräch, dessen Sachlichkeit dem Cha-rakter des Feldmarschalls entsprach[124]. Paulus versuchte sogar bald darauf, das Kollektiv-Verdikt über die Spitzen des Offiziersbundes einzudämmen: Beitritte zur Antifa-Bewegung, die das Gewissen diktierte, stellte er den Generalen frei. Doch zunächst versagte sich auch der Feldmarschall mit dem Argument, daß die allgemeine Entwicklung aus der Gefangenschaft heraus weder zu übersehen noch zu beurteilen sei[125].

Damit mußte der Bund Deutscher Offiziere fürs erste ein Torso bleiben. Die Generale, in Woikowo abermals vollständig isoliert, hielten zu ihrer Opposition. Auch wenn Aussicht bestand, sie vielleicht später zu gewinnen, war die Chance eines einmütigen Kampfes gegen Hitler vertan. Bedrückt, ja, mit dem Gefühl, eine kaum reparable Schlappe erlitten zu haben, kehrte die Seydlitz-Delegation nach Lunjowo zurück. Nur Hingabe an die Sache, glaubte sie, konnte den unerwarteten Rückschlag wettmachen.

Am 11. und 12. September 1943 gründeten in Lunjowo die Initiativgruppe und fünf Lager-Delegationen den Bund Deutscher Offiziere[126]. Wieder waren Film und Rundfunk anwesend, um das für Deutsche und Russen ungewöhnliche Ereignis festzuhalten. Im Gründungssaal, an langen Tischen, nur Feldgraue, die das Bewußtsein leitete, in eigener Sache zusammengetreten zu sein[127]. Was sie beherrschte, waren Einmütigkeit und Entschlossenheit. Würdig auch die Ansprachen, die Wesen und Absicht des Offiziersbundes verdeutlichten[128]; Mittelpunkt des ersten Tages: das Referat von Oberst Hans Günther van Hooven, in Stalingrad Nachrichtenführer der sechsten Armee[129].

Hooven nennt, für alle, diese Zusammenkunft kriegsgefangener Offiziere mit dem Ziel sofortiger Beendigung des Krieges »wohl einmalig«, aber das Ziel liege im Interesse des deutschen *und* russischen Volkes, die gemeinsam einen raschen Waffenstillstand brauchten[130]. Nie sei Abbruch des Kampfes dringlicher gewesen. Nüchtern analysiert Hooven Italiens Kapitulation, den gescheiterten U-Boot- und Luftkrieg, die Raum- und Initiative-Verluste im Osten[131].

»Hitler als Feldherr hat diesen Krieg militärisch verloren. Nach dem Rücktritt des Feldmarschalls von Brauchitsch hat er entschieden die Führung an sich gerissen. Der verlorene Winterfeldzug 1941/42 ohne Winterbekleidung, die abenteuerlichen Offensiven gegen Stalingrad und den Kaukasus, der Verlust Afrikas sind die Folgen seiner Sprunghaftigkeit und seines mangelnden Könnens.

Hitler als Staatsmann hat diesen Krieg politisch verloren. Er hat die stärksten Mächte der Welt zu einer Koalition gegen Deutschland vereint und durch die von ihm und seinem Regime getroffenen Maßnahmen erreicht, daß neben den Waffen des Soldaten die scharfe Waffe des abgrundtiefen Hasses der Völker gegen uns kämpft. Das Bündnissystem der Achse, sein Werk, ist heute zusammengebrochen.

Hitler als Wirtschaftsführer hat nur mit Blitzkriegen und Blitzsiegen gerechnet. Zeit und Raum, deren Wirkung er gegen alle Erfahrungen für sich in Anspruch nahm, haben sich wie im Ersten Weltkrieg gegen uns gewandt«.[132]

So sei der totale Krieg total aussichtslos geworden. Noch aber stelle die Wehrmacht einen Faktor dar. Noch werde sie bei einem geordneten Rückmarsch fähig sein, die Eigenständigkeit und Substanz des Reiches zu erhalten. Hitler wolle und könne den Kampf nicht beenden. Er werde ihn bis zur völligen Vernichtung Deutschlands fortsetzen. Damit bleibe nur, diesen Führer zu stürzen und eine neue starke, nationale Volksregierung des Friedens zu bilden.

Hooven erwähnt nicht und kann nicht erwähnen, was Melnikow den Generalen übermittelt hatte. Dafür erinnert er an die Erklärung Stalins vom 6. November 1942[133]. Sie bekenne sich zu demokratischen Freiheiten, zur Gleichberechtigung der Nationen und der Unverletzlichkeit ihrer Territorien. Diese Erklärung sei die Grundlage der Arbeit des Offiziersbundes. »Stalingrad war das Flammenzeichen der drohenden Katastrophe für unser Volk. Die 6. Armee, die Stalingrad-Armee, wurde totgesagt. Heute erheben sich die Totgesagten und rufen auf zur Besinnung und zur Rettung des Vaterlandes in letzter Stunde. Und hierzu hat niemand ein größeres Recht als sie. Es lebe das freie, das unabhängige und friedliche Deutschland!«[134]

Nach Hans Günther van Hooven sprechen Oberst Steidle und Generalmajor Lattmann[135]. Steidle kann sich, nach seiner Aktivität in der Initiativgruppe, nur noch wiederholen. Seine Ansprache, ein zweiter programmatischer Abriß, bestätigt alle Schlüsse von Hoovens. Um so mehr ist es jetzt an Lattmann, die bewegende Frage des Eides aufzugreifen[136].

»Wir haben«, bekennt er, »unseren Eid auf die Person Adolf Hitlers geleistet, daran ist nicht zu deuteln. Und wir haben ihn vor Gott in feierlicher Form als ein Gelöbnis gegeben. Ernst, sehr ernst ist es uns daher um die Frage: Dürfen wir diesen Eid brechen, gibt es Gründe, mit denen wir vor unserem Gewissen, vor unserem Gott und — das will mir allerdings nicht so wichtig erscheinen — vor der Welt diesen Schritt rechtfertigen können? Lassen wir die Fragen unbeachtet, die davon ausgehen, daß der Eid von manchem nicht freiwillig geleistet war, daß es Beispiele in der Geschichte gibt, die den Eidbruch nachträglich als große, als rettende Tat erscheinen lassen. Auch die tiefstinnerlich christliche Auffassung kann das Recht zum Lösen der eidlichen Bindung aus dem Gebot herleiten, nach dem der Christ Gott mehr gehorchen soll als den Menschen. Von dem Verhältnis aber zwischen Führer und Gefolgsmann, dessen Treue er sich durch den Eid versichert hat, hängt letzten Endes der sittliche Begriff der Treue ab. In Stalingrad haben wahrhaft treue Generale und Offiziere ihrer Truppe klar und ehrlich gesagt, wie die Lage war. Ich erinnere an den Befehl eines Kommandierenden Generals noch lange vor Abschluß der Kämpfe. Der Befehl lautete: ›Der Führer hat befohlen, daß wir bis zum letzten kämpfen. Gott befohlen, meine Männer!‹ Solche Generale und Offiziere haben von sich und von ihren Soldaten die Erfüllung des Fahneneides bis zur äußersten Belastungsprobe gefordert, in einer Lage also, wo der Tod gegenüber den körperlichen und seelischen Schrecken in der Tat seinen Stachel verloren hatte.

Wie weit muß die Erkenntnis über die Notwendigkeit, den Frieden herbeizuführen, schon gediehen sein, wenn gerade solche Persönlichkeiten am Handeln nur gehindert werden wiederum mit der Berufung auf den Fahneneid. Denkt man diese Treue bis zu Ende, dann käme man zu dem Schluß: Und wenn Deutschland unterginge, der Fahneneid bleibt unverletzt! In dieser äußersten Konsequenz liegt die Berechtigung, die weitere Bindung an den Eid auch als unsittlich zu bezeichnen. Da wir der Ansicht sind, daß jeder weitere Kampf den Untergang unseres deutschen Volkes herbeiführt, sehen wir den unter ganz anderen Voraussetzungen geleisteten Eid gegenüber der Person Adolf Hitlers als nichtig an. Weil er wußte, daß unser Gelöbnis uns an ihn kettete, konnte er Pläne ersinnen, die ihn zum ›Größten aller Deutschen‹ machen sollten. Für diese Idee wurde das kostbare Blut unserer Kameraden geopfert, nicht mehr für Deutschland! Ist das nicht Mißbrauch unserer Treue, ist das nicht ein Pochen auf ein Recht, das er aus unserer sittlichen Auffassung vom Wortlaut einer Eidesformel herzuleiten sich erkühnte?

Nie haben wir diesen Eid geleistet, um ihn oder auch uns etwa zum ›Herrn von Europa‹ zu machen! Wir schworen bei Gott, die Treuesten zu sein, wenn es einen Kampf für Deutschland zu bestehen gelte. Er aber, dem wir diese Treue gelobten, machte diesen Eid zur

Lüge; nun aber halten wir uns unserem Volke um so mehr verpflichtet. Und aus dieser inneren Verpflichtung heraus nehmen wir uns das Recht, ja wir fühlen aus ihr heraus den Zwang zur Tat . . .«.[137] Seydlitz hat während all dieser Ansprachen als Zuhörer abseits gesessen. Doch als er sich jetzt erhebt, bekräftigt er mit seinem Namen, was van Hooven, Steidle und Lattmann ausgeführt haben[138]. Schwerlich kann der General die vorangegangenen Referate übertreffen. Aber entschieden betont auch er, daß nur die Haltung ehrenhaft sei, die Pflichtbewußtsein gegenüber dem eigenen Volk kenne. Stalins Erklärung von 1942, hebt er hervor, böte eine Arbeitsgrundlage. Im Vertrauen auf die Aufrichtigkeit dieser Erklärung wolle der Offiziersbund handeln. »Indem ich das Amt des Präsidenten der Gründungsversammlung übernehme, erkenne ich deren Ziele und Aufgaben als die meinigen an.« Kameras verfolgen den Schluß der Seydlitz-Rede: sie zeigen den General ernst, mit angespannten Zügen. Zögernd, aber lächelnd gibt er Weinert die Hand[139].

Danach verblieb noch die notwendige Wahl der Spitzengruppe des Bundes Deutscher Offiziere. Auch hier waren wie bei der Gründung des Nationalkomitees Kandidatenlisten vorbereitet. Vorgeschlagen wurden: General von Seydlitz als Präsident, Generalleutnant Edler von Daniels und die Obersten van Hooven und Steidle als Vizepräsidenten. Für den Vorstand kandidierte neben den Generalmajoren Dr. Korfes und Lattmann im wesentlichen die Initiativgruppe, die um fünf Offiziere erweitert wurde[140]. Für die Offiziersstammlager bestimmte man Bevollmächtigte; unter ihnen Ritterkreuzträger Hauptmann Markgraf, 1945 Polizeipräsident Berlins[141].

Obwohl Daniels nicht vom Offiziersbund vorgeschlagen und erst am 10. September in Lunjowo eingetroffen war[142], wurden Präsidium, Vorstand und Lagerbevollmächtigte einstimmig gewählt[143]. Gleichzeitig legte Seydlitz der Versammlung zwei Dokumente vor, die 95 Offiziere entweder durch Zustimmung oder Unterschrift bestätigten[144]. Diese Dokumente faßten gerafft zusammen, was auf der Gründungsversammlung vorgetragen worden war. Das erste, ein Aufruf, wandte sich an die deutschen Generale und Offiziere, an Volk und Wehrmacht[145]. Das zweite verdeutlichte die Richtlinien, denen der Bund Deutscher Offiziere zu folgen gedachte.

Unausgesprochen lag jetzt, vor allem in russischer Sicht, eine gemeinsame Organisation mit dem Nationalkomitee nahe. Auch die Generale wünschten keine trennende Mauer, sondern eine Einheitsfront, die alle einsatzwilligen Kräfte umschloß[146]. Freilich war, vor jeder Fusion, die propagandistische Losung zu klären. Von Anfang an hatte der Offiziersbund gefordert, auf die Wehrmachtführung einzuwirken und jede Zersetzungsaktion zu meiden. Hier unterschied man sich. Hier mußte das Komitee nachgeben, wollte man die Geschlossenheit erreichen, die am ehesten Erfolge verbürgte. Das Komitee zeigte Bereitschaft, auf die Linie des Offiziersbundes einzuschwenken. Nachdem sich die Sowjets entschieden hatten, billigten auch die Emigranten gegenüber Seydlitz die neue Taktik[147]. Mochte ihre Abmachung zunächst noch heftige Debatten auslösen: sie wurde durchgesetzt und vom Komitee so lange beachtet, wie diese Abmachung für das Haus Lunjowo verbindlich blieb[148]. Damit war das letzte Hindernis beseitigt. Von der Richtigkeit seiner Vorstellungen überzeugt, machte nun der Offiziersbund die Konzession, daß weiterhin ebenso der einfache Soldat »anzusprechen« sei[149]. Gegen die Führung, meinten die Offiziere, konnte er ohnehin nicht handeln.

Was Seydlitz und die Emigranten vorbereitet hatten, besiegelte man bei Abschluß der Gründungsversammlung. Wohl hoben Greifenhagen und Bechly noch einmal die Prinzipien des Offiziersbundes hervor[150], doch zugleich konnte Major Hetz darum bitten, ihn und sämtliche Offiziere des Nationalkomitees in den Bund Deutscher Offiziere aufzunehmen[151]. Seine Bitte, kaum noch eine Überraschung, traf auf keine Widerstände. Die Verschmelzung des Offiziersbundes mit dem Komitee war eingeleitet.

Es wäre unrichtig zu behaupten, daß diese Entwicklung alle Offiziere glücklich gestimmt hätte[152]. Besaß das Komitee, so fragten die Skeptiker, nicht schon längst ein Übergewicht? Konnte ihm der Offiziersbund begegnen? Niemand übersah, daß die Emigranten in Moskau federführend blieben, doch ebenso galt die Notwendigkeit, übereinstimmend zu handeln und innerhalb des Nationalkomitees eigene Einflüsse zu sichern[153]. Im erweiterten Präsidium ließ sich kein Beschluß gegen den Offiziersbund durchsetzen. Die Fusion war nicht als Überrumpelungsakt zu werten. Und die Kommunisten schienen jetzt selbst die besten Chancen einzuräumen. Als der Bund Deutscher Offiziere mit dem Nationalkomitee verschmolzen war, schlossen sie sich den Offizieren an, sprachen sie von nationaler Gemeinsamkeit, die — in der Hochstimmung dieses Augenblicks — noch kein Schatten widerlegte[154].

Die Vollsitzung vom 14. September 1943 bekräftigte den Anschluß des Bundes Deutscher Offiziere. Achtzehn seiner Mitglieder wurden in das Komitee aufgenommen; Seydlitz und Daniels ergänzten die Vizepräsidentenriege Hetz, Einsiedel und Emendörfer, Seydlitz als erster Stellvertreter des Präsidenten Erich Weinert[155]. Ein zweites Manifest war, nach Einigung in der propagandistischen Taktik, offenbar überflüssig, nicht besser abzufassen. Alle neugewählten Mitglieder des Komitees unterzeichneten das Juli-Dokument. Dessen Frontlage-Analysen billigte der gesamte Offiziersbund[156]. Die Bewegung »Freies Deutschland«, fortan Name für beide Organisationen, gewann ihre endgültige Kontur.

Damit aber ist zu fragen: welche Absichten hat Moskau mit dem Komitee und Offiziersbund verfolgt? Wie sind sie, wohl der wichtigste Aspekt, historisch zu beurteilen? Sowjetische Dokumente lagen und liegen nicht vor. Was innerhalb des Politbüros der KPdSU gedacht, erörtert und abgesteckt wurde, ist — aus guten Gründen — Geheimnis geblieben. Heikle, ja, desillusionierende politische Schwankungen preiszugeben, widerspräche namentlich der »Moralität« kommunistischer Staaten. Vielleicht findet sich auch die Organisation »Freies Deutschland« weder in Akten noch Protokollen der Kreml-Führung. Das Experiment mit Lunjowo, das zu Widerrufen zwingen konnte, empfahl »unbeweisbare« Absprachen. Allein aus der Betrachtung sowjetischer Außenpolitik von 1941 bis 1943 sind Aufschlüsse zu gewinnen, und — in Abschätzung aller Faktoren — sicher zutreffende Aufschlüsse.

Seit Hitlers Überfall suchte der Kreml die militärische Zusammenarbeit mit den Westmächten um politische Abmachungen zu erweitern, Abmachungen, die sein Machtgewicht erhalten sollten. Dabei blieb eine Garantie der Gebiete, die Moskau durch den Hitler-Stalin-Pakt zugefallen waren, in russischer Sicht unerläßlich[157]. Die Verbündeten reagierten jedoch spröde, abweisend. London und Washington verschanzten sich hinter der von ihnen proklamierten Atlantik-Charta[158]. Wenn auch Churchill im Frühjahr 1942 hinsichtlich der Baltenstaaten zu einem Kompromiß bereit war[159]: Amerikas Außenminister Cordell Hull verwarf, für die Zeit des

Krieges, jede Grenzkorrektur »aus prinzipiellen und praktischen Erwägungen«; Leitlinie einer Politik, hinter der Moskau vor allem Einflüsse der polnischen Exilregierung vermutete[160]. Schon dieser Rückschlag erfüllte die sowjetischen Führer mit Unmut, ja, erheblichem Mißtrauen. Die ausbleibende Zweite Front aber mußte sie geradezu erbittern. Auch hier vergebliche Demarchen und Appelle, der bedrängten Roten Armee beizuspringen und dem millionenstarken Ostheer der Wehrmacht Kräfte zu entziehen.

Gewiß hatte der Sieg bei Stalingrad die deutsche Schlinge gelockert. Stalin durfte glauben, dem Zusammenbruch entgangen zu sein, der die Sowjetunion noch 1942 bedrohte, doch Isolation und Furcht waren auch um die Jahresmitte 1943 nicht gewichen. Die Westmächte weigerten sich weiterhin, Rußlands Vorkriegsbesitzstand zu garantieren[161]. Beide unterstützten sogar polnische Pläne einer osteuropäischen Föderation, mit der wiederum ein antisowjetischer cordon sanitaire beabsichtigt schien[162]. Selbst die veröffentlichte Meinung in den USA gewahrte Risse und Spannungen im alliierten Bündnis: empört über die zaudernden, konzeptionslosen Westmächte[163]. Noch mehr beunruhigte den Kreml, daß kein Alarmruf die Zweite Front auslöste. Wie zuvor hatte Rußland die Hauptlast des Kampfes allein zu tragen. Die alliierte Nordafrika-Landung, einzige Operation nach Moskaus ständigen Forderungen, entlastete nicht. Hilfe konnte nur eine Invasion in Frankreich bringen, die Deutschlands Reserven aufsog oder fesselte. Mochten England und Amerika inzwischen auch Kriegsmaterialien liefern: Moskau fühlte sich betrogen, ausgenutzt, an die beleidigende Isolationspolitik seiner Partner bis 1938/39 erinnert. Der tiefsitzende Verdacht, die Sowjetunion solle sich verbluten, war kaum beschwichtigt.

Diese unerquickliche Lage mußte Stalin veranlassen, Auswege anzustreben und zu erproben. Gelang es nicht, die Westmächte zu den Abschlüssen zu bewegen, die Rußlands immense Blutopfer aufwogen, war von neuem die deutsche Karte auszuspielen, und da dienten Komitee und Offiziersbund als Trumpf. Vorbereitet durch die Komintern-Auflösung[164] und Stalins Wort, daß das deutsche Volk nicht mit Hitler identisch sei[165], wurden beide Organisationen zum geschicktesten Schachzug der Sowjets. Früher oder später versprach er, aus den Sackgassen herauszuführen, in denen der Kreml steckte.

Churchill und Roosevelt sollten begreifen, daß Rußland nicht willens war, den Krieg ohne angemessene Gegenleistungen fortzusetzen. Komitee und Offiziersbund hatten die verwirrende Tatsache einer deutsch-sowjetischen Zusammenarbeit zu demonstrieren. Was sie propagierten, zielte — neben Hitlers Sturz — auf einen Separatfrieden im Osten: Schrecken der Westmächte, die sich nun größtem Druck ausgesetzt sahen und denen umwälzende Konsequenzen drohten. Moskaus Schritt mußte, gerade ohne Erklärungen, die Bundesgenossen alarmieren. Stalin konnte ihn je nach westlichem Entgegenkommen korrigieren.

Die Aktiva gegenüber der deutschen Seite wurden möglicherweise zur fruchtbaren Beigabe. Komitee und Offiziersbund waren eingespannt, die Wehrmacht aus Rußland zurückzudrängen. Mörderische Schlachten erforderten jede mobilisierbare Hilfe. Daneben oder zugleich sollte Lunjowo einer erfolgreichen innerdeutschen Fronde sowjetische Verständigungsabsichten andeuten. Der Staatsstreich war als Probe aufs Exempel ausersehen. Glückte dieser coup d'état, den die Lage des Reiches nahelegte, konnte namentlich der Offiziersbund Kontakte erleichtern. Mißlang oder unterblieb ein deutscher Umschwung, hatte die Organisation »Freies Deutschland« Kader für Nachkriegsaufgaben zu bilden.

Schon vor Gründung des Komitees und Offiziersbundes, schien es, trachtete Moskau seinen opferreichen Kampf zu beenden. Im Dezember 1942, im Juni und September 1943 trafen sich bei Stockholm Dr. Peter Kleist, Mitarbeiter der Dienststelle Ribbentrop, und Edgar Clauss, ein deutscher V-Mann mit engen Beziehungen zur sowjetischen Gesandtschaft in Schweden[166]. Clauss »garantierte« Kleist, daß Deutschland, wenn es auf die Grenzen von 1939 eingehe, »in acht Tagen« Frieden haben könne. Zugeständnisse hinsichtlich des status quo ante schwächte er erst im Herbst 1943 ab. So mysteriös diese Gespräche[167]: Clauss, zumindest Zwischenhändler, gab denkbare Überlegungen des Kremls wieder. Neben Stalins Unzufriedenheit mit den Westmächten berührte er, was Melnikows Darlegungen in Lunjowo ähnelte[168]. Vor wirklichen Verhandlungen, erklärte Clauss, möge Berlin Ribbentrop und Rosenberg entlassen, um ein günstigeres Ausgangsklima zu schaffen[169]. Kleist sollte die Offerten sofort der Reichsregierung unterbreiten. Berichte des amerikanischen Geheimdienstes meldeten

1943 schließlich sogar direkte Treffen zwischen deutschen und russischen Diplomaten. Das Ganze streifte Grenzen kalkulierter Zwielichtigkeit.

Schlüssige Beweise für den Ernst der sowjetischen Friedensfühler sind indes ausgeblieben. Hitler hat sie hintertrieben. Schroff, ja, ressentimentgeladen verbot er weitere Gespräche[170]. Er, der nie einlenken wollte, mutmaßte russische Erpressungsabsichten gegenüber London und Washington. Es gebe, so sein Dogma, keine Linie, »auf die sich Deutschland und Rußland mit Rücksicht auf die Erfordernisse ihrer Ernährungs- und Rohstoffversorgung einigen könnten«. Außenminister von Ribbentrop kommentierte, daß das Hin und Her zwischen Sowjetfeindlichkeit, Nichtangriffspakt und Ostfeldzug nicht beliebig wiederholbar sei[171]. Kleist traf Clauss noch 1944, nun lahmgelegt und ohnmächtiger Zeuge »eingebüßter Aussichten«. Die Doppelgleisigkeit, Stalins Politik zuzutrauen, wurde zur Einspurbahn: der Kreml setzte auf die Bewegung »Freies Deutschland« und den Sturz des Nationalsozialismus. Zu viel sprach, von Anfang an, ohnehin gegen eine Verständigung mit Hitler. Dem Wahnwitz des östlichen Vernichtungsfeldzuges konnten nur andere abschwören, Kräfte, die das Hauptkonzept der NS-Ideologie widerriefen und zu normalen Beziehungen zwischen Staat und Staat zurückkehrten.

Komitee und Offiziersbund aber waren keine bloßen Objekte. Was sie anstrebten, blieb Deutschlands Rettung: bester Dienst, den sie *ihrem* Land erwiesen. Das Reich konnte den Krieg militärisch nicht mehr gewinnen; allein eine politische Lösung vermochte ihm noch zu helfen. Realismus verlangte, unaufschiebbare Folgerungen zu ziehen. Je eher der Umsturz gelang, desto größer die Chance, Volk und Nation vor dem Schlimmsten zu bewahren. Noch war die Wehrmacht intakt, ein Millionenheer, das in der Tiefe Rußlands kämpfte. Noch mußte die Rote Armee mit einem langen Opfergang rechnen, bis ihr — vielleicht — endgültige Triumphe zufielen. Noch existierten keine alliierten Beschlüsse, das Reich aufzuteilen oder gar auszulöschen[172]. Die Casablanca-Formel galt, wenn überhaupt, nur für die Westmächte. Stalin hütete sich, auf »bedingungsloser Kapitulation« zu beharren. Das gerade erreichte Remis an den Fronten verhalf allenfalls zu einem Ausgleich der Gegner. Freilich, Deutschlands Frist war bemessen, seine Unabhängigkeit und Einheit rasch zu verspielen, doch hinter der Bewegung »Freies Deutschland« standen klare Einsichten und die Gunst der Stunde. Was immer den rückwärts gewandten Blick trüben mag: Tatsachen der *damaligen Lage* zählten. Diese Tatsachen rechtfertigten, von der Analyse und vom Zeitpunkt her, beide Flügel in Lunjowo. Wie die Moskauer Kreml-Führung konnten Komitee und Offiziersbund zum Zuge kommen.

Drittes Kapitel
Die alliierte und deutsche Reaktion

Es war die Sowjetunion, der Erfolge winkten. Die alliierte Reaktion bestätigte ihr, daß sie mit der Gründung des Komitees und Offiziersbundes richtige Wege eingeschlagen hatte. London und Washington zeigten Erschrecken, wenn nicht Betroffenheit. Stalin durfte hoffen, ihre »Intransigenz« zu erweichen.

Obschon sich die Entwicklungsstufen der Bewegung »Freies Deutschland« im Kriegsgefangenenblatt »Das freie Wort« verfolgen ließen, schien die Überraschung der Westmächte vollkommen[1]. Während Roosevelt und Hull Kommentare ablehnten[2], erklärte Eden vor dem britischen Unterhaus: Seiner Majestät Regierung seien keine Informationen zugeleitet worden; sie beabsichtige nicht, eine ähnliche Bewegung ins Leben zu rufen[3]. Der britische Botschafter in Moskau suchte besorgt Molotow auf. Roosevelts Sonderberater Hopkins gestand, nach anfänglicher Sprachlosigkeit, die beunruhigende Möglichkeit eines Kompromißfriedens zwischen Rußland und Deutschland ein.

Edens betretene Reaktion entsprach der Casablanca-Formel vom Januar 1943. Sie verbot Übereinkommen mit deutschen Widerstandszentren und sollte Rußland von der Furcht eines Separatfriedens der Westmächte befreien. Amerika und England erstrebten die bedingungslose Kapitulation des Reiches. Um so verwirrender, ja, bestürzender die Extratour des russischen Bündnispartners, der — entgegen feierlichen Prinzipien — Hitler oder dessen deutschen Widersachern offenkundige Avancen machte. Drohte hier nicht ein Abfall, der die Einheit und Entschlossenheit der Koalition untergrub? Bedenken dieser Art mußte die wortkarge Erklärung Edens geradezu nähren. Die Presse zeigte sich beunruhigt und schlug Alarm. Offen, oft sogar schonungslos, nannte sie beim Namen, was die aufgeschreckten führenden Politiker Washingtons und Londons verschwiegen.

Nichts werfe, so die New York Times, schwerwiegendere Probleme auf als das Manifest des sogenannten Nationalkomitees[4]. Unumwunden beschwor sie das Gespenst eines deutsch-russischen Separatfriedens, der alle Kriegsanstrengungen zunichte zu machen drohe[5]. Ähnlich die New York Herald Tribune: »Das Programm des deutschen Komitees ist lupenrein demokratisch und kapitalistisch, ja es betont bei der Aufzählung der überlieferten Freiheiten und Menschenrechte ausdrücklich das Recht auf Privateigentum. Aber dieses Komitee wurde im kommunistischen Moskau gegründet, und der Veröffentlichung seines Manifests widmete die ›Prawda‹ eine volle Seite. Außerdem entstehen in Moskau Komitees nie spontan, noch opfert die ›Prawda‹ ihre Seiten für Ergüsse exaltierter Gefühlsmenschen. Daraus kann man nur folgern, daß die Gründung des deutschen Nationalkomitees Teil der sowjetischen Außenpolitik ist.«[6] Zwar glaubte das Blatt, daß der russische Kommunismus kein Exportartikel mehr sei, aber wie New Statesman and Nation[7] und Time[8] mahnte es die Westmächte zu gemeinsamen Konzeptionen und engster Zusammenarbeit mit der Sowjetunion. Da lag, nicht nur in seiner Sicht, die Krux. Für alle Kommentatoren bekundete das Nationalkomitee Stalins Mißvergnügen über fehlende politische Kooperation und (Time) »Rußlands letzten Versuch, endlich und wirklich die Zweite Front in Europa zu bekommen«.

Zurückhaltender die Presse der Schweiz. Die Neue Zürcher Zeitung gab sich über die Krasnogorsker Gründung erstaunt. Dürr bemerkte sie, daß die Zusammenarbeit zwischen Kommunisten und Offizieren, die gegen den Klassenkampf verstoße, wohl nicht zufällig organisiert worden sei[9]. Das ließ jeder Deutung Spielraum, verriet jedoch Ungläubigkeit und Ironie. Drastischer in dieser Hinsicht die Basler Nachrichten. Das Blatt schrieb: »Großzügig, wie Stalin ist, hat er dem deutschen Komitee die Ausgabe eines nichts weniger als bolschewistischen Programms gestattet. Kommunistisch riecht die Sache nur von der personellen Seite aus.«[10] Übereinstimmend mit den angelsächsischen Pressestimmen aber regte sich auch hier Besorgnis, weil Moskaus Schritt die Alliierten entzweie, statt sie zu einen[11].

Nutzten die Achsenmächte diesen Tenor? Folgten sie ihm — unbeschadet der Tatsache, daß deutsche Soldaten von Hitler abgefallen waren? Rom registrierte voller Genugtuung Uneinigkeit unter den

Feindmächten[12]. Tokio verkündete, daß der Prawda-Bericht über das Nationalkomitee in Washingtoner Kreisen wie eine Bombe eingeschlagen habe[13]. Berlin sprach von einem etablierten »Sowjet-Deutschland«, das nach Auflösung der Komintern als »rein politisches Manöver Moskaus« anzusehen sei[14]. Die nichtssagende Formel, Sprachregelung für die Presse und am 27. Juli 1943 ausgegeben, verdeckte Beklommenheit. Was Schmidt — außenpolitischer Sprecher des Propagandaministeriums — Chefredakteuren und Ressortleitern diktierte, täuschte bereits über Empfindungen seines Herrn. Wohl verfluchte Goebbels auch in seinem privaten Tagebuch Seydlitz und Einsiedel[15]. Ergrimmt beklagte er die politische Instinktlosigkeit nicht nur dieser Offiziere, aber ebenso notierte er, daß »uns« das Nationalkomitee »sehr schadet«[16]: Sorge, die angesichts der Rückzüge im Osten kaum geringer wurde.

Hitler erwartete mit der ihm eigenen Witterung längst Propagandaaktionen deutscher Kriegsgefangener. Daß Paulus und die meisten Kommandeure nicht den heroischen Untergang gewählt hatten, war ihm von vornherein übles Omen[17]. Obgleich er sich für die Vernichtung der sechsten Armee verantwortlich fühlte[18], höhnte er schon während des Endkampfes in Stalingrad: »Jetzt wird das Heldentum von so vielen Soldaten von einem einzigen charakterlosen Schwächling ausgelöscht —, und das wird der Mann (Paulus) tun.«[19] »Sie müssen sich vorstellen«, hörte sein zustimmend nickender Generalstabschef Zeitzler, »er kommt nach Moskau hinein, und stellen Sie sich den Rattenkäfig (gemeint: die Lubjanka) vor! Da unterschreibt er alles. Er wird Geständnisse machen, Aufrufe machen. Sie werden sehen: sie (die Generale) werden jetzt den Weg der Charakterlosigkeit bis nach unten gehen, bis in die tiefste Niederung. Er (Paulus) wird in kürzester Zeit im Rundfunk sprechen, das werden Sie sehen. Der Seydlitz und der Schmidt werden im Rundfunk sprechen. Sie sperren sie in den Rattenkeller ein, und zwei Tage darauf haben sie sie so mürbe, dann reden sie sofort.«[20]

Sowenig Komitee und Offiziersbund seine Selbstgerechtigkeit erschütterten: beide hörten nicht auf, ihn zu beunruhigen und umzutreiben. Einmal sollte jede Frontpropaganda Lunjowos gefälscht sein, dann nannte er sie wieder glaubwürdig, ja, eine »besondere Gefahr«[21]. Ende 1944 vernahmen seine Berater, die Russen hätten den Amerikanern versichert, sich gegenüber der Bewegung

»Freies Deutschland« nicht gebunden zu haben. Damit aber wäre bewiesen, daß »diese Leute« lediglich mißbraucht würden, doch im Januar 1945 — nach eigenmächtigem Rückzug der 4. Armee in Ostpreußen — bezichtigte er ihren Befehlshaber Hoßbach des Komplotts mit »Seydlitz-Offizieren«[22]. Erst recht fürchtete er, daß Komitee und Offiziersbund in Königsberg eine Gegenregierung ausrufen könnten[23], vermutlich ein Alptraum, den freilich die Sowjets nicht mehr zu verwirklichen trachteten. Dafür suchte Hitler, makaberster Widerspruch, zuletzt die Westmächte aufzuschrecken. Ernstlich wollte er London und Washington Berichte zuspielen, nach denen »200 000 Deutsche, geführt von ihren Offizieren und erfüllt vom Kommunismus, im Reiche einmarschieren würden«[24].

All diese Reaktionen ersetzten nicht offizielle Stellungnahmen. Namentlich die Front hätte sich gewundert, wäre sie ohne »Aufklärung« geblieben. Befehle und Richtlinien bestimmten, wie der Aktivität Lunjowos zu begegnen sei. Schärfe kennzeichnete jede Form der Abwehr.

Befehle an die Wehrmacht verlangten, aktive Mitglieder der Bewegung »Freies Deutschland«, die in deutsche Hände fielen, kriegsgerichtlich zur Verantwortung zu ziehen und abzuurteilen[25]. Für sie galt als einzig zulässiges Strafmaß die Todesstrafe. Nach dem 20. Juli 1944, so ein NS-Merkblatt für Führungsoffiziere, hatte jeder »solche Verräter« einfach »niederzumachen«. Freiwillig zurückkehrende Mitglieder des Komitees und Offiziersbundes waren streng zu überprüfen und in besonderen Lagern zusammenzufassen. Selbst wenn sich bei ihnen Nötigung durch den Gegner herausstellte, durfte sie die Truppe nicht mehr an der Ostfront einsetzen[26]. Der Makel »politischer Unzuverlässigkeit« verstieß »aus der Kampfgemeinschaft gegen den Bolschewismus«. Viele dieser sogenannten Rückkehrer — oft wohl nur Fronthelfer, die bei erstem Einsatz flüchteten — wurden isoliert gehalten und 1945 von der SS erschossen.

Nebenher liefen Sonderverfahren gegen 200—300 Mitglieder des Komitees und Offiziersbundes, vor allem aber gegen Seydlitz[27]. Das Reichskriegsgericht hatte Anklage wegen Kriegsverrats zu erheben. Die Wehrmachtjuristen zögerten. Gutachter wollten nicht ausschließen, daß der Angeklagte unter Gewalt, Drogen oder gar Hypnose handelte. Bedenken erweckten auch seine »Abwesenheit« und die Tatsache, daß bei einer Verurteilung die Strafe nicht zu vollstrecken war. Doch Keitel drohte, »die Sache vor den Volksgerichtshof zu bringen«, falls es zu einem Freispruch käme. Dokumente, Zeugen und Seydlitz' »klare, energische Handschrift« in Briefen an Frontkommandeure tilgten schließlich Zweifel und Rechtsvorbehalte. Am 26. April 1944 erging wegen Kriegs- und Hochverrats das Todesurteil. Seydlitz wurde wehrunwürdig, verlor Rang, Vermögen und die bürgerlichen Ehrenrechte auf Lebenszeit.

Partei und Gestapo überwachten die Angehörigen der Komitee- und Offiziersbund-Mitglieder. Kein Offizier durfte mehr ihre Häuser und Wohnungen betreten. Ehefrauen erfuhren, daß sie »vogelfrei« wären, wenn sie sich nicht scheiden ließen[28]. Um ihre Kinder vor Willkür zu bewahren, trennten sie sich unter Zwang von ihren Männern. Nach dem 20. Juli 1944 steckte man sie in Gefängnisse und Konzentrationslager, auch Verwandte hatten als »Sippen« zu haften. Die jüngeren Seydlitz-Töchter schaffte man, unter falschem Namen, in ein Heim Bad Sachsas. Wie die Kinder Stauffenbergs, Tresckows, Goerdelers und anderer Männer des Widerstandes suchte man sie umzuerziehen und ihre Vergangenheit auszulöschen[29].

Weder Befehle noch Verfahren dämpften die Aktivität der Bewegung »Freies Deutschland«. Über die Sippenhaft der Familien drangen vorerst nur Gerüchte nach Lunjowo. Das Todesurteil konnte Seydlitz nicht wankend machen. Damit gewannen die NS-Richtlinien zum Nationalkomitee Vorrang. Wehrmacht und Partei empfingen gleichlautende Informationen[30].

Zunächst unterstellte das Regime Unglaubwürdigkeit. Indem es von »erwiesenen« sowjetischen Fälschungen sprach, wollte es den Parolen Lunjowos alle Zugkraft nehmen. Hunger, Folter und Drogen, erklärte die NS-Führung, hätten die Gründung des Komitees und Offiziersbundes erpreßt. Eine freiwillige Kollaboration deutscher Soldaten mit den Sowjets sei unvorstellbar. Derartige Versionen bekräftigten Leitbilder über »bolschewistisches Untermenschentum« und schienen gerade der Fronttruppe in Rußland einzuleuchten. Indoktrination und Kampferfahrungen machten die Lesart von den »gezwungenen Verrätern« mehr als wahrscheinlich.

Trotzdem war mit bloßer Skepsis nicht auszukommen. Komitee und Offiziersbund agitierten ständig »kenntnisreicher«. Auch die deutsche Führung mußte ihre Existenz bestätigen und — zweite Phase — auf Lunjowos Thesen eingehen. Diese »Auseinandersetzung« verlief strikt polemisch und sog ihre Energien aus dem Freund-Feind-Verhältnis, das im Osten zum Trauma geworden war. Folglich höhnte man, daß jede Gemeinsamkeit mit dem Bolschewismus nur dessen Geschäfte besorgen könne[31]. Komitee und Offiziersbund wurden zu einer »Verräterorganisation« gestempelt, die »fanatische Kommunisten und Juden« lenkten[32]. Die These des Manifestes, daß die Feindkoalition von Tag zu Tag wachse, nannten die »Mitteilungen des Oberkommandos der Wehrmacht« eine »durch nichts bewiesene Behauptung«[33]. Im geforderten Rücktritt Hitlers erblickten sie Einladung zum Selbstmord.

»Denn wer sollte denn an die Stelle des Führers treten? Etwa«, wie der Aufruf sagt, »eine wahrhaft deutsche Regierung!? Eine Regierung aus Gepreßten und Verrätern als deutsch, wahrhaft und stark zu bezeichnen, ist mehr als lächerlich. Wie sollte denn eine aus dem Chaos hervorgegangene Regierung stark sein? Auch 1918 pries man uns das Paradies auf Erden und gab uns doch nur den Hunger. Wie stellt man sich ein freies, unabhängiges und friedliches Deutschland vor? Es wäre doch nur der klägliche Übergang zu einer Sowjetrepublik; denn wenn die Rote Armee kampflos bis an die deutsche Grenze marschieren könnte, dann würden die Herren Weinert und Pieck schon dafür sorgen, daß aus diesem freien Deutschland nichts würde.«[34] Derartige Worte appellierten nicht nur an Pflichterfüllung und Durchhaltewillen, sondern ebenso an Ressentiments und Abwehrreaktionen. Die Truppe verstand den Hinweis auf 1918. Sie glaubte auch ihrer Führung, daß die Männer des 20. Juli mit der Organisation »Freies Deutschland« unter einer Decke steckten[35]. Was das OKW verkündete, spiegelte weithin dessen Überzeugungen wider[36]. Gewiß blieb ihm bis zu einem bestimmten Grade die ungewöhnliche Erbitterung der Stalingrader Generale, Offiziere und Soldaten begreiflich. Der Untergang ihrer Armee war katastrophalen Führungsfehlern zu verdanken, Fehlern, die niederdrückten und früher schon Kriegsschulfähnriche disqualifiziert hätten. Aber rechtfertigte selbst »Kesselpsychose« das Ausmaß des Abfalls, den die Bewegung »Freies Deutschland« dokumentierte? Durften Niederlagen je Anlaß sein, den Gegner zu unterstützen, ja, Zersetzung zu betreiben? Die Antworten ergaben sich für das OKW von selbst.

Dennoch schien Schmundt, dem Chefadjutanten Hitlers, eine Ergebenheitsadresse geboten, die er selbst abfaßte[37]. Für die ranghöchsten
Soldaten schrieb er: ».. . Wir, die Generalfeldmarschälle der Wehrmacht, sind ernstlich besorgt und erbittert über die Nachricht, daß
der General der Artillerie von Seydlitz-Kurzbach gegenüber unserer
heiligen Sache niedrigen Verrat geübt hat. Damit führte er, im
Dienste des Feindes stehend, einen Dolchstoß in den Rücken der
kämpfenden Front. Wir alle sind von dieser Tatsache tief erschüttert,
daß ein Mann, der aus unseren Reihen hervorgegangen ist, Ihnen,
Führer, die Pflicht der Treue brach. Wir wissen, Führer, daß Sie mit
den Offizieren und Soldaten unserer Wehrmacht sind und daß Sie
selbst davon überzeugt sind, daß wir es hier mit einem Einzelfall zu
tun haben, der die schärfste Verurteilung verdient. Nichtsdestowe-
niger empfinden wir das Bedürfnis, Ihnen zu versichern, daß wir im
eigenen Namen und im Namen aller Offiziere alle Beziehungen
zwischen uns und diesem feigen Verräter abgebrochen haben. Sein
Name sei ewig mit Schande bedeckt.«[38] Keiner der Feldmarschälle
weigerte sich zu unterschreiben. Überredung oder Druck brauchten
nirgendwo nachzuhelfen. Am 19. März 1944 übergab Rundstedt die
Ergebenheitsadresse Adolf Hitler[39]. Das Reichskriegsgericht war,
noch vor Abschluß seiner Untersuchungen, zum härtesten Strafmaß
gegen Seydlitz angehalten.
Bemerkenswert freilich, daß der Bannstrahl nur diesen einen General
traf. Er war, nach Namen und Leistung, der Bekannteste. Schmähun-
gen gegen das halbe Hundert, das Hitler im Dezember 1944 Kampf
ansagte, unterblieben und hätten dem Regime Verlegenheit bereitet[40]. Sie wären zur Sache »vieler Fälle« geworden und riskierten die
Gefahr, daß sogar militärische Laien zu denken anfingen. Auch die
Verfahren gegen alle Beschuldigten des Komitees und Offiziersbundes stagnierten[41]. Die Reichskriegsanwaltschaft schien überlastet
oder unwillig, den Papierwust zügig durchzugehen. 32 Vorgänge
kamen, nach veränderter Zuständigkeit, zum Volksgerichtshof; der
Reichsjustizminister informierte Hitler, daß die Beweise ausreich-
ten, um alsbald Anklage zu erheben, doch Freislers Tod und das
Kriegsende verhinderten Prozesse und Strafurteile.
Allmählich äußerten sich nun auch Rundfunk und Presse über die bis
dahin totgeschwiegene Bewegung »Freies Deutschland«. Der Völki-
sche Beobachter veröffentlichte, mit halbjähriger Verspätung, die

Ergebenheitsadresse der Feldmarschälle[42]. Die Zeitschrift Front und Heimat lieferte den Kommentar »Nicht Nationalkomitee — Sowjetkomitee«[43]: Devise, der selbst etliche Diplomaten zustimmten. Obschon sonst geschmeidiger in ihren Auffassungen und Kombinationen, hielten sie die Gründung des Komitees und Offiziersbundes für ein allzu durchsichtiges Manöver[44]. Kaum einer von ihnen bezweifelte, daß sich Offiziere und Soldaten, wenn sie wirklich mit den Sowjets zusammenarbeiteten, falschen Hoffnungen hingäben. Auch in den Augen der erfahrenen Ostexperten hatte die Bewegung »Freies Deutschland« vorab die deutsche Ostfront moralisch zu zersetzen[45]. Diese Gruppe aber glaubte — bei einer veränderten Lage — ebenso an »andere Aufgaben« des Komitees und Offiziersbundes[46]. Moskau, schien ihr, dachte nicht nur an propagandistische Optionen.

Unterschiedlich endlich auch die Stellungnahmen der westlichen Emigration. Wohl erreichten Lunjowo begeisterte Begrüßungstelegramme aus Mexiko, England und der Schweiz[47]. Wohl sandte Thomas Mann eine vorbehaltlos zustimmende Grußadresse. Man sprach — trotz innerer Bedenken über Risse in der alliierten Koalition — von Auftrieben im Kampf gegen den Nationalsozialismus, doch die Hymnen störte ein Mißton aus London. »Die deutsche Sozialdemokratie«, schrieb Wilhelm Sander, »wird sich an keiner Gemeinsamkeit beteiligen, zu der auch die Generale jener Nazi-Armee gehören, die den deutschen Namen mit Schimpf und Schande bedeckt hat. Ferner wenden wir uns gegen die Formeln vom rechtmäßig erworbenen Eigentum. Wir sind uns der Möglichkeit wohl bewußt, daß unser Kampf um ein sozialistisches Deutschland nicht so bald zum Erfolg führen kann. Wir halten es aber nicht für die Aufgabe der politischen deutschen Emigration, den Forderungen der kapitalistischen Gesellschaftsordnung Ausdruck zu verleihen.«[48]

Diese Absage verurteilte die »Freie Deutsche Bewegung in Großbritannien« zu einer kläglichen Splittergruppe. Nichts vermochte die ideologische Kampfstellung der Exil-SPD zu beirren. Was Sander 1943 aussprach, bekräftigte Erich Ollenhauer im Januar 1945. Wie Sander verwirft er Komitee und Offiziersbund. Kritisch betont er, daß schwarz-weiß-rote Farben die demokratische Front eher verwirrten[49]. »Das wirkliche nationale Interesse des kommenden Deutschlands erfordert nicht die Einheitsfront der ›Freien Deutschen‹, sondern die eindeutige und kompromißlose Kampfstellung und ständige Kampfbereitschaft der deutschen Demokraten gegen den deutschen Nationalismus. Auch der Junker, der heute als deutscher Offizier ›Nieder mit Hitler‹ ruft, muß aus seiner sozialen Machtstellung geworfen werden. Der Rahmen einer wahrhaften Arbeitsgemeinschaft müßte viel enger als der des Nationalkomitees sein, aber das würde nur der Wirklichkeit entsprechen.«[50]

Drückten sich hier nicht Überzeugungen aus, die innerhalb des Nationalkomitees die Kommunisten teilen mußten? Entlarvten solche Sätze nicht die verkrampfte Unnatürlichkeit der sogenannten antifaschistischen Einheitsfront? Wer rückblickend wertet, wird zugeben müssen, daß Ollenhauer wunde Stellen berührt hatte. Im Grunde jedoch zählten die Äußerungen der Sozialdemokratie einstweilen nur als Reaktion, und selbst in dieser Hinsicht erleuchtete sie kaum überwältigende Weisheit. Zunächst galt es, höchst pragmatisch zum Staatsstreich und Umschwung zu gelangen. Zunächst war die Substanz des Reiches zu retten, ohne die auch kein sozialdemokratisches Deutschland gedeihen konnte.

Viertes Kapitel
Organisation, Front- und Lagerpropaganda des Komitees und Offiziersbundes

Nachdem Komitee und Offiziersbund vereinigt waren, beauftragte man die anwesenden Delegationen, weitere Mitglieder unter den Gefangenen anzuwerben. Domäne des Offiziersbundes blieben die vier Offizierslager Jelabuga, Oranki, Susdal und das Lager 150; Domäne des Komitees alle Mannschaftslager: Regelung, die ihm den Löwenanteil sicherte[1]. Bevollmächtigte für die Offizierslager ernannte der Vorstand des Bundes Deutscher Offiziere; Ulbricht oder Weinert bestimmten die Vertreter des Komitees in den Mannschaftslagern. Erfahrungsberichte pflegte man nicht auszutauschen. Die Arbeitsbereiche blieben voneinander abgegrenzt; zumeist wurden sie respektiert[2].

Auch in Lunjowo schien die Bewegung »Freies Deutschland« aus zwei Sektionen zu bestehen. Weinert, Hetz und Einsiedel repräsentierten fünfundzwanzig Mitglieder des Nationalkomitees. Seydlitz, Daniels und van Hooven leiteten den Offiziersbund, dessen Vorstand neunzehn Offiziere umfaßte[3]. Beide Körperschaften waren von den Delegationen gewählt und zu propagandistischer Aktivität ermächtigt worden. Ihr organisatorisches Nebeneinander wurde nicht verwischt, aber in der Praxis so gut wie aufgehoben. Nach der Wahl von Seydlitz und Daniels zu Vizepräsidenten des Nationalkomitees war eine Verschmelzung vorgezeichnet. Handlungsfähigkeit und Frontpropaganda machten sie unabweisbar. Komitee und Offiziersbund schlossen sich zum Plenum und zur obersten Instanz der Bewegung »Freies Deutschland« zusammen[4].

Zu den Vierzig im Haus Lunjowo trat später eine Anzahl freier, nicht-stimmberechtigter Mitglieder, in der Regel Spezialisten verschiedener Fachgebiete. Das Plenum tagte bei allen wichtigen Anlässen, mindestens jedoch einmal monatlich. Für Beschlüsse genügte die einfache Mehrheit[5]. Ein Geschäftsführender Ausschuß hatte die nötigen Unterlagen vorzubereiten. Ihm gehörten Weinert,

Seydlitz sowie die Leiter der Zeitungs- und Rundfunkredaktion an. Zehn weitere Mitglieder wählten Komitee und Offiziersbund paritätisch[6].

Es oblag diesem Ausschuß, über alle Tätigkeiten Bericht zu erstatten und die Beschlüsse des Plenums zu verwirklichen. Zwischen den »Vollsitzungen« durfte er sich zu dringenden Fragen unverzüglich äußern. Seine Richtlinien mußten die Delegationen und Arbeitsgremien befolgen[7]. Darüber hinaus war ihm aufgetragen, Kontakt zu den Frontbevollmächtigten und Sowjetbehörden zu halten, ja, Fachgruppen für Wirtschaft, Sozialpolitik, Kultur und eine sogenannte Operative Abteilung[8] zu bilden: Aufgaben, bei denen Kompetenzstreit drohte, auch wenn über Grundsatzfragen das Plenum entschied.

Daß Ulbricht die Referate des Komitees dirigierte, war bei seiner Einstellung und Mentalität gewiß[9]. Häufig bemühte er sich, im voraus zu erfahren, was der Bund Deutscher Offiziere plante. Oft suchten er und seine Mitstreiter den »rechten Flügel« zu überspielen. Um so notwendiger die wöchentliche selbständige Beratung des Offiziersbund-Vorstandes, in den man keinen der alten Komitee-Offiziere aufgenommen hatte[10]. Zwar wußten sich die Kommunisten des Oberleutnants von Kirschhofer zu versichern, der nach Gründung eines österreichischen Nationalkomitees plötzlich ausschied[11]. Trotzdem zerbrach nicht der Zusammenhalt des Offiziersbundes. All seine Ausschuß- und Redaktionsmitglieder schuldeten dem Vorstand Rechenschaft. Von ihm empfingen sie ihre Direktiven.

Komitee und Offiziersbund waren in einem Haus untergebracht, das Eisenbahnern als Erholungsheim gedient hatte[12]. Der zweistöckige, flach abgedeckte Rohziegelbau lag, unweit der Chaussee Moskau-Leningrad, in nicht reizloser Umgebung an der Kljasma. Zu dem Flüßchen führte ein Steilhang hinab. Hinter dem Haus waren ein Sportplatz und Spazierwege angelegt. Posten hatten Anweisung, sich außerhalb des Blickfeldes zu halten. Wachttürme, sonst Bestandteil normaler Kriegsgefangenenlager, fehlten. Geschickt aufgestellte und mit Stacheldraht bezogene Pallisaden dämpften indes Gefühle der Freizügigkeit. Der Eindruck eines Lagers blieb auch hier. Versuche, diesen Zustand zu ändern, scheiterten an Sicherheitserwägungen[13]. Wiederholt sprachen die Sowjets von der Gefahr überraschender Anschläge.

Seydlitz bewohnte ein schlichtes Einzelzimmer, die übrigen Räume waren mit drei bis vier Insassen belegt[14]. Die Verpflegung unterbot zunächst noch die mancher Gefangenenlager. Erst nachdem massive Beschwerden eine Ablösung der korrupten russischen Küchenverwaltung erzwungen hatten, glichen sich die Rationen langsam denen des Generalslagers an. Brot, Suppe und Kascha (Brei aus Hirse, Graupen o. ä.) waren Norm und Hauptnahrung[15]. Das einzige »Privileg« der Generale: Wochenendaufenthalte in einer Datscha des Fleckens Kunzewo, auch diese Aufenthalte ohne Komfort, doch vermutlich besonders geeignet für geheime Überwacher.

Neben dem Lagerkommandanten Oberst Schostin, ein beliebter, gutmütiger Mann, amtierten eine Ärztin und vier Verwaltungsoffiziere[16]. Dagegen zog ins Erdgeschoß eine zehnköpfige NKWD-Mannschaft ein, die eines ihrer Fenster abblendete: wohl der unvermeidliche Abhörraum, aus dem freilich anfangs kaum Verdächtiges gemeldet werden konnte. Was bewegte, war gebilligt und hatte keine Zweifel zurückgelassen. Vertrauliche Gespräche führte man leise oder noch besser auf den Spazierwegen.

Lunjowo aber beherbergte lediglich einen Teil der Bewegung »Freies Deutschland«. Der andere lebte und arbeitete im dreißig Kilometer entfernten Moskau. Hier schalteten die Zivilisten. Hier waren die Emigranten federführend, die von Fall zu Fall in einem Omnibus herüberkamen, um mit den Soldaten zu diskutieren und Beschlüsse zu fassen[17]. Wenn auch ihr Erscheinen die Isolation der Feldgrauen milderte: alle Offiziere begriffen, daß das Stadtkomitee über längere Hebelarme verfügte[18]. Diese Überzeugung bestätigte die »Undurchsichtigkeit« des Moskauer Apparates. Früh mutmaßte man in Lunjowo, daß von ihm unkontrollierbare Entscheidungen ausgingen[19].

Das Stadtkomitee wirkte in einem unauffälligen Moskauer Gebäude: Sitz des Präsidenten, der Zeitungs- und Rundfunkredaktion[20]. Ihnen beigeordnet: der russische Personalchef Worobjow und als Verbindungsmann zur KPdSU Koslow, zuverlässig abgerichtete Funktionäre, die sich nur an ihre Aufträge hielten[21]. Das Stadtkomitee — sinnigerweise unter einem Dach mit dem Polnischen Komitee der nationalen Befreiung — hieß nach außen hin »UdSSR-Institut Nr. 99«. Dieser Name galt für den Umgang mit Sowjetbehörden. Alle Mitglieder in Moskau besaßen entsprechende

Ausweise. Allen war untersagt, das Nationalkomitee als Arbeits-
platz anzugeben[22].

Weinert und Ulbricht hatten Einzelzimmer. Viele ihrer Tätigkeiten
blieben im dunkeln: gewiß eine unerquickliche Perspektive[23]. Mochte sich Ulbricht in Lunjowo zunächst einordnen, ja, spürbar
zurückhalten: stets suchte er — gemäß seiner Weltanschauung
— nach Schlupfwegen, den Willen der Soldaten zu verbiegen. Jede
marxistische Bekehrung in den Lagern fand seinen Beistand. Jeder
Diversionsakt hinter den deutschen Linien überraschte und beunruhigte ihn am wenigsten.

Durchsichtiger die Arbeit der Zeitungsredaktion, die das viersei-
tige, großformatige Wochenblatt »Freies Deutschland« herausgab.
Sie lenkte, als Chefredakteur, anfangs Rudolf Herrnstadt[24]. Herrnstadt, einst Korrespondent des »Berliner Tageblattes« in Warschau,
verband ein herrisches Wesen mit dünkelhafter Intelligenz. Mühsam nur verbarg er seinen Haß »auf alles Deutsche«. Der elegant
gekleidete Journalist redigierte selbstherrlich. Oft provozierte er
Widerspruch und Konflikte. Um so gewinnender — zumindest
damals — sein Mitarbeiter Alfred Kurella[25]. Kurella war bereits bei
der Werbung um Offiziere als überlegener Kopf hervorgetreten.
Auch jetzt machte der anerkannte Übersetzer asiatischer Lyrik ins
Russische eine undogmatische Geistesart geltend. Er und der zweite
Chefredakteur Willi Bredel, »Frohnatur« und ansteckender Opti-
mist, gewährleisteten eine bessere Zusammenarbeit[26].

Die militärischen Kommentare schrieb Karl Maron, an dessen Person in Lunjowo viel herumgerätselt wurde. Seine Beiträge verrieten,
fernab von kommunistischer Orthodoxie, Beschlagenheit, Scharfblick und Urteilsvermögen. Kaum weniger »liberal« die politischen,
wirtschaftlichen und kulturellen Betrachtungen, die nach Stil und
Argumentation eher an eine bürgerliche Zeitung erinnerten[27]. All
das bedeutete sicher keine Taktik, die das Bewußtsein beherrschte,
daß ideologisch nur für Augenblicke zurückzustecken sei. Artikel
und Appelle spiegelten zu jener Zeit übereinstimmende Interessen
zwischen Moskau und der Bewegung »Freies Deutschland« wider.
In jeder Woche traf man sich in Lunjowo zu einer Arbeitssitzung[28].
Sie entschied über die Beiträge, die zu veröffentlichen waren. Frei-
mütig diskutierte man. Anregungen wurden aufgegriffen, kritische
Einwände berücksichtigt.

Sicher schlossen auch diese Absprachen nicht aus, daß die Moskauer Redaktion weiterhin Texte ummodelte oder gar strich. Im ganzen erschienen jedoch gerade die Artikel der Offiziere in ihrer ursprünglichen Fassung[29]. Erst später akzeptierten die Generale von Daniels und Lenski vorbereitete Manuskripte, die sie schlicht mit ihrem Namen versahen[30], aber diese mitleidig belächelte Art von »Mitarbeit« blieb Ausnahme. Unselbständigkeit und Kommunistenhörigkeit charakterisierten sonst nicht die Spitzen des Bundes Deutscher Offiziere.

Die Nachrichten, auf die sich die Informationen und Kommentare der Zeitung stützten, wurden der Redaktion vom Radio-Abhördienst 205 zur Verfügung gestellt[31]. Dieses Institut, bekannt als Nachfolgeorganisation der Komintern, nahm Sendungen von deutscher und alliierter Seite auf. Wolfgang Leonhard hatte alle wichtigen Materialien für das Organ »Freies Deutschland« zu sammeln[32]. Daß sich die Zeitung ab 1945 radikalisierte, entsprach dem zunehmenden Gewicht des »linken Flügels«. Mehr und mehr war um Zugeständnisse der Kommunisten zu kämpfen. Wie Herrnstadt löste der letzte Chefredakteur Lothar Bolz, ein enger, rückgratloser Geist, Proteste der Offiziere aus[33]. Schließlich erlag das Blatt der »antifaschistischen Einheitsfront« rabiatem Marxismus[34].

Auch zur Rundfunkredaktion gehörten Emigranten und Kriegsgefangene, ihr Leiter: Anton Ackermann[35]. Früh Mitglied der kommunistischen Jugendbewegung, hatte man schon den Dreißigjährigen ins Zentralkomitee und Politbüro gewählt. 1936 kämpfte er im spanischen Bürgerkrieg. Obgleich disziplinierter Funktionär, zählte der kleine hagere Mann zu den eigenwilligen Denkern[36]. Ackermann glaubte, daß von den Erfahrungen der Generale und Offiziere zu lernen sei. Offen und verbindlich, ließ dieser hochbefähigte Kopf in der Rundfunkredaktion weitgehend freie Hand.

Berichte und Kommentare der Emigranten wurden im Stadtkomitee ausgearbeitet[37]. Generale, Offiziere und Soldaten schrieben ihre Beiträge in Lunjowo. Regelmäßig fuhr von der Rundfunkredaktion Hans Mahle hinaus, um Ansprachen und Aufrufe auf Platten zu schneiden[38]. Wann immer Sprecher darauf bestanden, daß nicht korrigiert oder gekürzt werden dürfe, kam ihnen Mahle entgegen[39]. In Lunjowo verfügten die Insassen des Hauses über ein Rundfunkgerät. So konnten sie kontrollieren, ob die Sendungen entstellt oder unverändert ausgestrahlt wurden[40]. Dieses Gerät ermöglichte auch den Empfang deutscher und ausländischer Sender.

Zunächst prüfte der ungarische Kommunist Errö Gerö die eingereichten oder angeforderten Manuskripte: er tat es mit Einfühlungsvermögen und überraschendem Sachverstand[41]. Rundfunkarbeiten waren einer Abteilung der »Glaw PURKKA« (Politische Hauptverwaltung der Roten Armee) vorzulegen: auch sie zeigte erstaunliche Toleranz[42]. Ihr Chef, Oberst Braginsky, ehemals Universitätsprofessor, las rasch und mit Gespür für das Wesentliche. Nie erweckte er den Eindruck, Zensor oder Kleingeist zu sein[43]. Stand er vor kniffligen Problemen, hatte sein unmittelbarer Vorgesetzter, Generaloberst Alexander Schtscherbakow, über Rundfunk- und Zeitungsbeiträge zu entscheiden. Schtscherbakow vertrat das Politbüro und betreute Komitee und Offiziersbund[44].

Auch als das Stadtkomitee Mitte 1944 umzog, wurde die schwarzweiß-rot gestreifte Zeitung weiterhin von »Iskra revoluzii« gedruckt[45]. Der Sender hatte seinen Standort im ersten Fernsehstudio der Sowjetunion am Stadtrand Moskaus[46]. Der schallsichere Sprechraum war durch besondere Vorrichtungen auf die deutschen Wellen eingestellt. Die Sendungen der Emigranten und Feldgrauen konnte man in allen Teilen des Reiches hören. Kontrollen, die jetzt noch unterschlagen hätten, was vorher genehmigt worden war, existierten nicht. Ein Mitarbeiter hatte lediglich Sprechfehler festzuhalten und später zu korrigieren[47].

Alle Sendungen begannen und endeten seit dem 20. Juli 1943 mit den ersten Takten des Liedes »Der Gott, der Eisen wachsen ließ«. Sprecher waren ein Jungkommunist und Emigrant: Wolfgang Leonhard und Fritz Heilmann[48]. Viermal täglich meldete sich die Station »Freies Deutschland«. Später wurden von 10.30 bis 23.15 Uhr sieben Sendungen ausgestrahlt. Zu den Mitarbeitern gehörten im Lauf der Jahre alle herausragenden Mitglieder des Komitees und Offiziersbundes, ihre Hauptthemen: Politik und militärische Fragen. Daneben liefen Sendungen über Dichter und Denker des deutschen Idealismus, die den geistigen Niedergang unter Hitler verdeutlichen sollten. Ihre Redaktion war Alfred Kurella, Fritz Erpenbeck und Dr. Ernst Hadermann anvertraut[49]. Im Gegensatz zu den Soldaten sendete man die Beiträge der Stadtkomitee-Mitglieder anonym. Taktik räumte den Feldgrauen Vorrang ein.

Den Nachrichten und dem Kommentar folgte die Namensdurch-
sage deutscher Kriegsgefangener in der Sowjetunion[50]: sicherstes
Mittel, Hörer im Reich zu interessieren, für die sich oft erst auf
diese Weise »Vermißten«schicksale klärten. Die Nachrichten waren
aus sowjetischen, westeuropäischen und amerikanischen Quellen
geschöpft. Oft vermittelten sie ein objektives Bild. Übertreibungen
russischer Heeresberichte wurden durch nüchterne Kommentare
wettgemacht. Selbst wo Tendenzen verstörten, blieb es leicht
genug, Wehrmacht und Volk eine drohende Katastrophe auszuma-
len.

Autoren der eindringlichsten Kommentare waren Hadermann,
Steidle, van Hooven, vor allem aber die Generale von Seydlitz, Dr.
Korfes und Lattmann[51]. Jeder von ihnen arbeitete heraus, daß
Deutschland den Krieg nicht mehr für sich entscheiden könne.
Jeder beschwor die Nation zu einem rechtzeitigen Verständigungs-
frieden, ohne den Volk und Reich verloren seien. Auch wenn die
Wehrmacht noch Abwehrerfolge errang: alle Offiziere sprachen,
unbeirrt, von sinnlosen Aufschüben. Einzig die befreiende politi-
sche Tat — der Sturz Hitlers — konnte in ihrer Sicht Deutschlands
Niedergang noch verhindern. Nicht weniger eindeutig Korfes'
Polemiken gegen den militärischen Kommentator der deutschen
Seite, Generalleutnant Dittmar[52]. Wie seine Kameraden hielt sich
Korfes an das Gesamtpanorama des Weltkrieges, an Hitlers Strategie und die ungleichen Stärkeverhältnisse. Mit ruhiger Logik entschleierte er Dittmars gepflegte Phrasen. All diese Zeugnisse offen-
barten, was rar geworden schien: angewandten Sachverstand. Liest
man sie heute, beeindrucken Analyse und Prophetie.

Zeitung und Rundfunk unterstützten die Frontpropaganda, doch
Komitee und Offiziersbund mußten insbesondere die Wehrmachtführung gewinnen. Hier winkten — wenn überhaupt — allein entscheidende Erfolge. Hier hatten schlüssige Konzeptionen einen
geordneten Umsturz einzuleiten, der Deutschlands Eigenständigkeit rettete.

Die Vorgeschichte des Offiziersbundes bewies, daß sich gerade in
dieser Frage Fronten befehdeten. Für das Komitee sollte — These
des Manifestes — ein Aufstand aller Kräfte den Abbruch des Krieges erzwingen[53]. Wehrmacht *und* Volk wurden aufgerufen, das
nationalsozialistische Regime zu liquidieren. Man erstrebte die

»breiteste Basis« und schien beim geforderten Umsturz auch das Chaos nicht zu scheuen. Die levée en masse, glaubte man, würde über den Faschismus siegen[54].

Wie zählebig diese Positionen waren, zeigte die erste Vollsitzung des Komitees und Offiziersbundes am 24. September 1943[55]. Abermals bestanden mehrere Komitee-Mitglieder auf ihren alten Thesen, doch auch ihnen konnte der Offiziersbund nun entgegentreten. Operiere man wie bisher — erklärte er —, wären Mißerfolge nicht nur wahrscheinlich, sondern gewiß[56]. Die »Basis« sei und bleibe inaktiv. Der Soldat sähe auf seine Vorgesetzten. Lediglich die Heeresführung könne Wandel schaffen. Sie habe Befehlsgewalt und Überblick; an sie müsse man sich wenden. Würde die Disziplin des Heeres gebrochen, sei ein sinnvoller Umsturz illusorisch[57]. Allgemeine Aufwiegelungen drohten um jeden politischen Ertrag zu prellen.

Nachdem die Sowjets und Emigranten dem Offiziersbund zugestimmt hatten, mußten sich ebenso die noch nicht eingeweihten Komitee-Mitglieder der neuen propagandistischen Konzeption unterordnen[58]. Keine Diskussion vermochte mehr die verabredete Losung umzustoßen. So spiegelte denn die »Einigungs«formel in allem Überzeugungen des Bundes Deutscher Offiziere wider. Zersetzung wurde zum Tabu. Das Gefüge der Wehrmacht mußte unangetastet bleiben. Aufforderungen zu regellosen Aktionen entfielen. Die Spitzen der Armee hatten Hitler zu stürzen und das deutsche Heer geordnet auf die Reichsgrenzen zurückzuführen. Appelle an die Truppe sollten in ihr »Gefühle für das Notwendige« erwecken; sie durften allenfalls die Maßnahmen vorbereiten helfen, die von den höchsten Rängen zu treffen waren.

Auch der Offiziersbund glaubte an keine Aktionen eines einzelnen Kommandeurs. Sie zu erwarten, wäre unrealistisch und zudem nicht Ziel seiner Konzeption gewesen[59]. Koordination in der Verschwörung blieb unerläßlich und Sache mehrerer Truppenführer. Ihre Aufgabe war es, Entschlüsse abzustimmen und ein einheitliches Handeln zu gewährleisten. Wünschten sie Verbindung zu Seydlitz aufzunehmen, boten sich ihnen Möglichkeiten. Dabei hätte der Offiziersbund ein Stillhalteabkommen mit der Roten Armee angestrebt, um die Schlagkraft organisierten Widerstandes zu sichern. Solch ein Abkommen oder gar nur seine Annahme mag sich heute utopisch ausnehmen. Aber wie Mißbrauch zugunsten militärischer Teilerfolge die Sowjets augenblicklich um größere Chancen gebracht hätte, so sprach die Gesamtsituation im Herbst 1943 auch für andere Pläne Moskaus. Wenigstens zu diesem Zeitpunkt wollte es mit Hilfe der Bewegung »Freies Deutschland« den Kampf außerhalb der Sowjetunion vermeiden: ein Konzept, das in Lunjowo russische Generale bestätigten und ebenso Deutschlands Interessen diente[60].

Doch zunächst galt es, überhaupt mit der Frontarbeit zu beginnen. Die Lage auf den Kriegsschauplätzen mahnte zur Eile. Im Osten war »Zitadelle«, die letzte deutsche Offensive, längst blutig gescheitert[61]. Hitlers Panzerwaffe hatte unersetzbare Verluste erlitten. Seitdem band die geschwächten Divisionen ein erbitterter Abwehrkampf, der sie völlig auszuzehren drohte. Die Wehrmacht war auf den Dnjepr zurückgefallen und schien, nach dem Verlust Kiews, auch diese Linie nicht halten zu können. Die Alliierten hatten Sizilien und Teile des italienischen Festlandes genommen. Mussolini war gestürzt, die Achse »Berlin-Rom« auseinandergebrochen. Das Reich stand, schon vor der eigentlichen Invasion, in einem unaufhebbaren Zweifrontenkampf. Bombergeschwader der Engländer und Amerikaner verwüsteten Deutschlands Städte.

Aufbau und Organisation der Frontarbeit waren gleichsam aus dem Nichts zu schaffen. Im Gegensatz zu den Jahren 1941—43 sollte die Propaganda jede der deutschen Heeresgruppen erfassen[62]. Russische Einrichtungen — Stichworte: Lautsprecherwagen und Druckereien — reichten nicht. Raum und Einsatzkräfte stellten vor neue, ungewohnte Probleme. In Moskau und Lunjowo mühte man sich, der ärgsten Widrigkeiten Herr zu werden. Zügig stieg die Zahl der Frontdelegationen des Komitees und Offiziersbundes.

Ihr Wirkungsbereich erstreckte sich 1944 von Lappland bis zum Schwarzen Meer[63]. Die genaue Ziffer der eingesetzten Delegationen ist unbekannt. Oft hatten sie, an verschiedenen Abschnitten auftretend, riesige Frontbereiche abzudecken. Die Delegationen bestanden aus einem Frontbevollmächtigten und mehreren Helfern. Teils in deutschen Uniformen, teils in russischem Wattezeug, trugen sie um den linken Oberarm die schwarz-weiß-rote Binde mit der Aufschrift »Freies Deutschland«. Während der Frontbevollmächtigte die Delegation leitete und ihre Belange gegenüber der Roten Armee vertrat, hatten ihn die Helfer tatkräftig zu unterstützen. Nicht selten rückten sie zu Beauftragten und Vertrauensmännern auf, wirkten sie innerhalb einer Division oder Armee selbständig[64].

Alle Delegationen wählte, nächst dem Geschäftsführenden Ausschuß, das Stadtkomitee aus[65]. Die Kompetenz für das Komitee sicherte Ulbricht, Pieck und Weinert Einflüsse, die auch der Offiziersbund zu spüren bekam. Ablehnungen des Stadtkomitees waren kaum oder erst in wiederholten Anläufen zu überwinden. Die Direktiven, nach denen die Delegationen arbeiteten, folgten zunächst der ausgehandelten Propaganda-Losung[66]. Auch die Emigranten wußten, daß hier »höhere Befehle« galten. Eingehende Richtlinien schlossen jedoch Abweichungen in Einzelfällen nicht aus. Improvisationen mußte man hinnehmen, schon weil es unmöglich war, jeden Einsatz von Lunjowo aus zu steuern.

Problematisch dagegen die weiterlaufende Propaganda der Roten Armee[67]. Obgleich sie gerade mit ihren Appellen an die niedrigsten Instinkte längst Schiffbruch erlitten hatte, wurde sie neben der des Komitees und Offiziersbundes uneingeschränkt fortgesetzt. Wie seit je rief sie auch jetzt zum Überlaufen auf. Die Folge war eine propagandistische Verworrenheit, die Lunjowos Aktivität schweren Schaden zufügte. Versuche, zu einem Gleichklang der Thesen zu gelangen, scheiterten. Die 7. Abteilung der »Glaw PURKKA« ging ihre eigenen Wege: ein widerspruchsvolles Nebeneinander, töricht schon deshalb, weil es den deutschen Frontsoldaten überfordern mußte.

Zudem trafen, in den russischen Feldstellungen, Komitee und Offiziersbund nicht nur auf Wohlwollen[68]. Zwar war die Rote Armee angewiesen, legitimierte Bevollmächtigte und Helfer Lunjowos zu unterstützen, doch Haß und ideologische Engstirnigkeit haben manchen Einsatz der Bewegung »Freies Deutschland« behindert, ja, verfälscht[69]. Feindseligkeit mit Spuren des Mißtrauens und der Verachtung schlug sogar deutschen »Antifaschisten« entgegen. Die Gewalt insbesondere des Rußlandkrieges stimmte wenig versöhnlich. Dafür überraschten und begeisterten Gegenbeispiele um so mehr. Oft drohten auch den Frontbevollmächtigten bei hin und her wogenden Gefechten beklemmende Gefahren. Gegen uneingeweihte oder nervöse Rotarmisten half ihnen nur die Nähe »schützender Eskorten«.

Abwegig schließlich die Frontkurse, mit denen Politruks frisch eingebrachte Gefangene »umschulten«[70]. Mochten sich die Angeworbenen verpflichten, »aus Treue zur deutschen Nation«[71] zu kämpfen: ihnen impfte man marxistisches Gedankengut ein; sie hatten Zersetzung zu betreiben und wurden als Diversionstrupps hinter den deutschen Linien eingesetzt[72]. Dabei war Mißbrauch des Namens »Freies Deutschland« die Regel. Alle Bemühungen, derartige Praktiken abzustellen, fruchteten nicht. Die Frontschulen blieben Ulbricht unterstellt[73]. Er überwachte die Kader und lenkte ihren Einsatz — immer überzeugt davon, daß die allgemeine Propaganda durch Sonderaktionen zu ergänzen sei, wobei Mißbilligung des Offiziersbundes eher ansporrnte als bremste[74]. Die Kurzsichtigkeit dieser Praxis hat sich nur zu bald gerächt. Nicht genug, daß sie den propagandistischen Wirrwarr steigerte, förderte sie die wohl jämmerlichsten Opportunisten. Selten mobilisierte man ähnliche Energien, um Erfolge von vornherein zu unterbinden.

Die meisten Delegationen reisten mit Propagandamaterial ab, das in Lunjowo und Moskau entworfen worden war[75]. Die zentral herausgegebenen Flugblätter enthielten alle Leitlinien für die Frontarbeit. Ging das Material aus, mußten Druckereien der Roten Armee einspringen. Sie setzten und kopierten auch die »operativen« Flugblätter, die Bevollmächtigte an der Front verfaßten. Aufrufe und Zeitungen wurden von russischen Flugzeugen abgeworfen oder durch Spähtrupps und Fronthelfer in den deutschen Linien hinterlegt[76]. Zeitweise schleuderten Katapulte ganze Propagandapacken zu den nahen Adressaten. Daneben aber setzte man — je nach Distanz zur Front — Grabenlautsprecher und Sprech- oder Funkwagen ein[77]. Mit ihnen suchte man durch Ruf-Kontakte die Existenz des Komitees und Offiziersbundes unmittelbar zu beweisen. Die Aufrufe der Bevollmächtigten kündigten Trompetensignale an. Oft schwiegen dann die Waffen, und über das Niemandsland drang die Stimme des Ansagers: »Achtung, Achtung! Hier spricht das Nationalkomitee Freies Deutschland!«[78]

Jeder Appell begann mit einer knappen Lage-Analyse. Auch wo die Sprecher grob vereinfachten, wußten sie gewichtige Argumente auf ihrer Seite. Stets war vom verlorenen Krieg die Rede. Rückzüge, hieß es, hätten Deutschlands Niederlage eingeleitet. Wandte man sich an bedrängte oder besonders dezimierte Einheiten, schilderte man ihnen die Gründe ihrer Rückschläge und Verluste. Nahezu alle Propagandisten wollten — ohne pathetische Floskeln — vorab das politische Bewußtsein schärfen. Die Truppe wurde »zur Vernunft gerufen« und vernahm:

»Deutsche Offiziere und Soldaten! In Eurer Hand liegt das Schicksal der Nation. Legt Euch Rechenschaft darüber ab, daß Hitler mit jedem Tag des Krieges Deutschland tiefer in die Katastrophe führt. Laßt Euch nicht länger von gewissenlosen Abenteurern mit leeren Versprechungen abspeisen. Die Fortsetzung des Krieges kann das Schicksal des Hitlerregimes nicht mehr wenden, sie führt zur Vernichtung unseres Vaterlandes. Kameraden! Ihr kennt die Lage, aber Ihr fragt Euch, was der einzelne daran ändern kann. Kameraden, Ihr einzelnen seid ein Millionenheer! Die drei größten Mächte der Welt könnt Ihr nicht schlagen. Aber Ihr seid eine gewaltige Macht, wenn Ihr Euch gegen den wahren Feind Deutschlands, gegen Hitler, organisiert. Organisation der Frontsoldaten! Organisation gegen Hitler, in allen Einheiten und Rängen der Wehrmacht. Gegen Hitler!«[79]

Derartige Aufrufe, meinte man, beeindruckten noch mehr, wenn ihnen bereits Erfolge unterstellt wurden. So wich die Frontpropaganda nicht vor der Lüge zurück, daß die geforderte Organisation deutscher Soldaten innerhalb vieler Divisionen schon Tatsache sei[80]. Das Gebot laute, sich ihr anzuschließen.

»Organisiert Euch in kleinen Gruppen und kämpft für unsere Losungen: Beseitigung Hitlers durch die Armee! Geordneter Rückmarsch an die Reichsgrenzen! Abschluß eines sofortigen Waffenstillstandes! Mit einem Wort manchmal, mit einer geschickten Kritik kann man einem Kameraden die Augen öffnen. Arbeitet illegal, bis ihr Eure Einheit gewonnen habt. Vom einzelnen zur Gruppe. Von der Gruppe zum Truppenteil. So muß die Erhebung gegen Hitler vorbereitet werden. Ihr könnt sicher sein, daß sich unter den Generalen genügend entschlossene Männer finden, die handeln werden, wenn sie die Fronttruppen auf ihrer Seite wissen. Jeder einzelne kann und muß handeln! Kameraden! Vorwärts für ein freies und friedliches Deutschland!«[81]

So sporadisch zunächst die Frontarbeit: mit dieser Version suchte man sie zu intensivieren[82]. Millionenfach wurden das Manifest und die Zeitung »Freies Deutschland« verbreitet; Aufrufe und Flugblätter — bis Ende September 1943 über zwanzig Millionen Exemplare — bedeckten deutsche Schützenlöcher und Stellungen. Tag und Nacht sprachen Frontbevollmächtigte durch Megaphone oder über Lautsprecher.

Die Truppe — zumeist persönlich apostrophiert — hörte teils still zu, teils feuerte sie aber auch in die Richtungen, in denen sie die Propagandisten vermutete[83]. Manches Flugblatt wurde aufgehoben, gelesen, vielleicht sogar weitergereicht und diskutiert. Eine greifbare Reaktion, die Komitee und Offiziersbund als Triumph hätten feiern können, blieb jedoch von Anbeginn an aus[84].

Propaganda fällt bei schwer ringenden Armeen auf einen unfruchtbaren Boden[85]. Der Soldat hat zu kämpfen und den Gegner zu bezwingen. Erwägungen oder Reflexionen schwächen, ja, zerstören seine Widerstandskraft. An harte, strapazenreiche Pflichten gebunden, hört er — nicht zuletzt aus Gründen der Selbsterhaltung — zu denken auf. Der Krieg wird für ihn zur autonomen Wirklichkeit. Politik ist, in seinen Augen, Sache der obersten Führung, ein fernes, undurchschaubares Terrain. Er folgt nur der Alternative: Sieg oder Niederlage. Schon die überflutende Gewalt des Ringens im Osten erschwerte Propagandaerfolge. Doch zeigte die Truppe ohnehin keine Bereitschaft, der Bewegung »Freies Deutschland« Gehör zu schenken.

Dieser Geist war vom Krieg selbst erzeugt worden; ihn hatten, nach erster Beklommenheit, die Siegesjahre 1939/40 gefestigt. Sicher blieben auch die Blitzfeldzüge von Polen bis Frankreich fragwürdig: Unternehmen, die zu uferlosem Imperialismus anstachelten. In den Kämpfenden riefen sie Stolz und Vertrauen wach. Der Soldat glaubte, daß er für den Bestand des Reiches und ein neues Europa focht. Verdienste schrieb er nicht nur den Spitzen der Wehrmacht, sondern ebenso Hitler und dem Nationalsozialismus zu. Sogar Skeptiker schienen entwaffnet und verstummten. Diesen inneren Aufschwung, Aufschwung des Heeres wie des Volkes, drohte der 22. Juni 1941 auszulöschen. Die unermeßlichen Weiten, in denen der Soldat mit dem nun herausgeforderten sowjetischen Gegner rang; die Unheimlichkeit Rußlands, die bei einem Rückblick auf Karl XII. und Napoleon noch quälender wurde: all das erweckte bange Empfindungen und trübte die gewonnene Zuversicht. Überragende Siege in bisher nicht dagewesenen Feld- und Kesselschlachten ließen jedoch bald das alte Überlegenheitsgefühl zurückkehren. Die Truppe setzte weiterhin auf ihr Glück und verfügte über so starke seelische Kräfte, daß sie selbst die bitteren Rückschläge des Winterkampfes 1941/42 überwand. Hitler und sein Oberkommando, die bisher von Triumph zu Triumph geführt hatten, mochten einen Fehler begangen haben. Die Front war fair genug, ihnen eine neue Chance einzuräumen.

Zudem meinte der deutsche Soldat im Sommer 1941, daß er einem sowjetischen Angriff auf das Reich zuvorgekommen sei[86]. Erfolgreich erzogen, im Bolschewismus eine bedrohliche Macht zu erblicken, empfand er dessen Gegensatz zu Europa um so mehr, als der Kampf in Rußland eine erschütternde Realität enthüllte. Zu ihr führte keine Brücke des Verstehens: nie sollte Moskaus Kommunismus Deutschland und den Kontinent entstellen. Entscheidend wirkte jedoch die Erbarmungslosigkeit des Ringens: sie tilgte Fragen nach den Ursachen dieses Waffenganges und bestärkte den bedingungslosen Gehorsam, der ohnehin ein revolutionäres Aufbegehren unterband. Die Niederlage von Stalingrad traf eine Armee. Für die Masse der Feldgrauen wurde es nicht zum verstörenden Trauma[87]. Auch als die Wehrmacht — gezwungen, vom Angriff zur Defensive zu wechseln — Schritt um Schritt zurückzuweichen begann, galt uneingeschränkt vorgeschriebene Pflichterfüllung[88]. Wohl hatte die Truppe im Osten nun zunehmend Anspannungen und Krisen durchzustehen. Wohl sah oder hörte sie, daß Deutsche in der Sowjetunion Verbrechen begingen, mit denen die ganze Nation schuldig wurde. Doch wie ihr bewußt blieb, daß Volk und Reich auf dem Spiel standen, so fehlten ihr Überzeugungen, die um höherer Gebote willen zu Opfern bereit gewesen wären[89]. Selbst wo Übergriffe empörten, weigerte sie sich, innerlich für eine Niederlage einzutreten. Diese Niederlage hieß bedingungslose Kapitulation oder Deutschlands Ende, Schrecken, dem das Risiko des Sieges vorzuziehen war und der erst recht an Adolf Hitler fesselte[90].

Noch aber war vom Frontsoldaten der Krieg nicht verlorengegeben. So unvorhersehbar seine Ergebnisse, zumeist eine vage Vision der Zukunft: die Truppe glaubte, daß dem Kampf sinnvolle Ziele gesetzt seien. Trotz Anfechtungen vertraute sie dem Obersten Befehlshaber: er mußte, nach Eid und Gewissen, seine Verantwortung kennen. Damit stellte der Soldat — tragischerweise, aber

selbstverständlich — auch Hitler unter Maximen, die seit je den
Gehorsam der Armee allein rechtfertigten. Halt und Vorbild
schließlich boten ebenso die Truppenführer. Ihr Einsatz verpflichtete vollends zum Zusammenhalt. Sicher erlag hier der Soldat
zunehmend Mißverständnissen. Schon plagten seine Kommandeure
Bedenken und Zweifel, Regungen des Zwiespalts, die zu unterdrücken waren, doch gerade der Offizier hatte so lange zu kämpfen,
wie es die politische Führung befahl. So begegneten Komitee und
Offiziersbund scharfer, ja, schneidender Ablehnung[91]. Durchweg
verachtete die Truppe Lunjowos »Verrat«, der nur dem Gegner
nutzen konnte. Überwiegend blieben ihr die schwarz-weiß-roten
Farben Gimpelfang. Niemand glaubte, daß sich zu diesem Symbol
Kommunisten bekennen konnten. Viele vermißten die Namen von
Paulus und der meisten Stalingrader Generale: für sie Kennzeichen
eines »freien Deutschland«, in dem lediglich Unwürdige oder
Gepreßte am Werke waren. Das Ostheer meinte, über die Methoden der Sowjets im Bilde zu sein.
Der Offiziersbund setzte nicht auf die Truppe, sondern auf die
höhere Führung. Sofort schrieben Seydlitz und Daniels an Generaloberst Model und Feldmarschall von Manstein, um sie zum Abfall
von Hitler zu bewegen[92]. Die Briefe bilden den Auftakt zu zahlreichen weiteren Schreiben und stellen Kernstücke der Offiziersbund-
Aktivität dar. Seydlitz und Daniels wissen: die deutsche Generalität
ist vorab militärischen Gedanken zugänglich. Eindringlich widerlegen sie, daß Deutschland noch Zeit habe, Raum verlieren könne und
sich defensiv behaupten werde. Hitlers Strategie, erklären sie,
mache alle Anstrengungen hinfällig. Die Zeit arbeite für den Gegner. »Es ist richtig«, so Seydlitz an Model, »daß der Weg zum Reich
dem russischen Heere Opfer kosten wird. Aber das deutsche Ostheer wird noch schwerere Einbußen erleiden. Die Ausfälle der Russen sind leichter zu ersetzen, unsere aber nicht. Die Gefahr besteht,
daß sich der Krieg den Weg zum Reiche bahnt. Die deutsche
Wehrmacht kann sie verhindern, aber nicht durch die Fortführung
des aussichtslos und sinnwidrig gewordenen Krieges, sondern durch
die Verweigerung des Gehorsams Adolf Hitler gegenüber. Das
Vertrauen in die jetzige deutsche politische und militärische Führung ist bereits auf das schwerste erschüttert . . . Alle Hoffnungen
auf die Unfehlbarkeit Adolf Hitlers werden furchtbar enttäuscht

werden. Wenn die Wehrmacht an ihm festhält, so ist Deutschlands Zukunft trostlos und verzweifelt . . . Darum, Herr Generaloberst, handeln Sie nach Ihrer besseren Einsicht. Sie, wie alle Befehlshaber der deutschen Wehrmacht, tragen die Verantwortung für das Schicksal Deutschlands in ihrer ganzen Schwere. Zwingen Sie Adolf Hitler zum Rücktritt! Räumen Sie den russischen Boden und führen Sie das Ostheer an die deutsche Grenze zurück. Mit diesem Entschluß werden Sie die politischen Voraussetzungen für einen ehrenvollen Frieden schaffen, der dem deutschen Volke die Rechte einer freien Nation erhält. Solche Tat wird bei Beendigung des Krieges für die Gestaltung des deutschen Schicksals von entscheidender Bedeutung sein. Das ist mehr, als wir in der heutigen Lage erhoffen können. Es geht aber alles verloren und jede Hoffnung wird zunichte, wenn Adolf Hitler mit Ihrer Hilfe den Krieg fortsetzen kann und das deutsche Volk mit sich in den sicheren Untergang reißt.«

Seydlitz und Daniels — in dem Willen einig, den Zusammenhalt der Wehrmacht zu bewahren — konnten mit ihren Briefen schwerlich übertreiben. Längst meldete sich Krebs auch im militärischen Bereich. Stalingrad hatte Hitler weder belehrt noch umgestimmt. Starrsinn wurde Prinzip, fanatischer Wille zum Wundermittel[93]. Ob Donez-Gebiet oder Dnjepr-Bogen, ob Krim oder Nikopol: nirgendwo gesteht der Diktator eine sinnvolle, kräfteschonende Verteidigung zu. Überall befiehlt er: Stehenbleiben, keinen Schritt zurück! Und dabei weiß namentlich Manstein, fähigster Heerführer der Wehrmacht, stets das Richtige und Notwendige. Kühl legt er Hitler dar, daß er an jedem Krisenpunkt nur die Alternative habe, entweder die begehrten russischen Wirtschaftsquellen mitsamt dem Heer einzubüßen oder durch bewegliche Kampfführung vorübergehende Verluste wieder wettzumachen. Sein Rat kommt aus Unruhe, Sorge und realistischer Beurteilung der Lage, doch keine Mahnung verfängt. Hitler hypnotisieren unhaltbare Linien[94]. Die gewaltige zahlenmäßige sowjetische Überlegenheit ist ihm Bluff. Er befiehlt, sogenannte »Feste Plätze« einzurichten, rasch umgangene Stützpunkte, in denen zusätzlich Divisionen sinnlos verbluten. Die »operative Abhängigkeit vom Gegner« wird Gesetz und zerbricht jede Defensivstrategie. Was bleibt, sind Versuche, Hitlers Eingebungen um die schlimmsten Folgen zu bringen. Manstein und andere erkennen, daß der Phantast von Rastenburg zumindest als Feldherr zurücktreten muß. Seine Krieg»führung« droht — naheliegende Einsicht — das Reich auch politisch aller Chancen zu berauben. Die Heeresgruppenbefehlshaber des Ostheeres dringen auf eine Reform der militärischen Spitzengliederung. Nicht der Dilettant, sondern ein Fachmann soll führen, aber Hitler — gereizt, daß sein Nimbus verblaßt — weist selbst Andeutungen dieser Reform zurück. Die Rote Armee hat freie Hand, immer ärgere Krisen auszulösen.

Trotzdem fanden auch die Briefe der Generalität des Offiziersbundes kein Echo. So treffend, ja, hellsichtig Seydlitz' und Daniels' Analysen: die Heerführer im Osten reagierten nicht[95]. Daß sie, militärisch auf abschüssiger Bahn, politisch verantwortlich sein sollten, ging ihnen zu weit. Ein Putsch bedeutete für sie Bürgerkrieg und zerriß die Fronten, die Stalins Armeen von Deutschland trennten: Argument schon gegenüber Abgesandten des Widerstandes. Den Umsturz hatten — wenn überhaupt — andere zu wagen. Manstein wollte sich stets loyal der *legalen* Regierung zur Verfügung stellen. Noch aber glaubten die Wehrmachtspitzen selbst im militärischen Meinungsstreit mit Hitler an einen erträglichen Ausgang des Krieges. Gelang es, die angloamerikanische Invasion in Frankreich zurückzuschlagen, hofften sie, ein Remis an der Ostfront zu erzielen. Ob Hitler — nach allen abschreckenden Erfahrungen — der Mann war, solch ein Remis zuzulassen, verdrängten sie, von der Möglichkeit, daß *er* es politisch nutzen konnte, ganz zu schweigen. Die alliierte Forderung bedingungsloser Kapitulation wurde zur unüberwindlichen Sperre für Staatsstreichpläne[96]. Kampf bis zur Ermattung der Gegner blieb Devise. Auch die Feldmarschälle und Generalobersten ächteten Komitee wie Offiziersbund als Inkarnation des Landesverrates[97].

Unter diesen Umständen hatte es der Diktator leicht, belehrend auf die Truppe einzuwirken[98]. Die »Mitteilungen des Oberkommandos der Wehrmacht« mußten ihr nicht nahegebracht werden; sie schienen Empfindungen des Frontsoldaten widerzuspiegeln. Nie brauchten sich Stäbe und Nachrichtenoffiziere lange mit der Bewegung »Freies Deutschland« zu befassen. Nichts ließ darauf schließen, daß sie erfolgreich war oder je sein würde. Die Anordnung, gegnerisches Propagandamaterial abzugeben, befolgte man anstandslos. Zu Bergen türmten sich Aufrufe, Flugblätter und Handzettel bei den Feindbearbeitern der Stäbe. Oft wurde das eingesammelte Material bereits an Ort und Stelle zur Belehrung der Truppe verwandt. Die Herausgabe einer rasch entworfenen Tornisterschrift erübrigte sich. Disziplin und Geist der Truppe waren so eindeutig, daß — von grundsätzlicher Widerstandshaltung abgesehen — auch sachliche Thesen keine Gefahren heraufbeschworen[99].

Wenn die Frontarbeit scheiterte, so bot Lagerpropaganda keinen Ausgleich. Der Appell an die Spitzen des kämpfenden Heeres blieb entscheidend. Die Wehrmacht*führung* hatte zum Staatsstreich auszuholen; sie mußte die Wende in der Erkenntnis wagen, daß Hitler den verlorenen Krieg nicht abbrechen konnte und wollte. Nur wenn es gelang, sie zu überzeugen, war die wichtigste Aufgabe erfüllt. Dieser Aufgabe gegenüber wäre sogar auf jede Lagerpropaganda zu verzichten gewesen. Die Masse der Kriegsgefangenen verhalf nirgendwo zu größerem Gewicht. Was der Rang- und Namenlose dachte, interessierte weder Heerführer noch Kommandeure. Quantität wog Qualität nicht auf, ja, machte Qualität nicht besser[100]. Das galt bereits für die ehrgeizig überspannte Frontarbeit, die sich eher verzettelte als konzentrierte. Allein Paulus und die abseits stehende Stalingrader Generalität konnten der geltenden Konzeption noch Schubkraft geben.

Sicher hatten sich Komitee und Offiziersbund um die deutschen Kriegsgefangenen zu kümmern. Ihre Nöte bedurften der Fürsprache und des zusätzlichen Schutzes, zumal Hitlers Reichsregierung die Haager Landkriegsordnung gegenüber Sowjetrußland nicht anerkannte[101]. Doch ein *politisches* Engagement in den Lagern war auch unter diesem Gesichtspunkt nicht vonnöten. Agitation gegenüber Mannschaften förderte schwerlich die eigene Sache, sondern rief eher Spannungen und Feindseligkeiten wach. Zudem wurden in Lunjowo nie Kontrollorgane für alle Gefangenenlager zugelassen[102]: Tatsache, die schon moralische Prämissen verhöhnte.

Trotzdem veranlaßten insbesondere Komitee und Offiziersbund zu Werbekampagnen. Bereits ihre bloße Existenz löste Prozesse aus, die eigenem Gesetz, totalitärer Dynamik gehorchten. Die Ideologie, vom Bekehrungsdrang beherrscht, war nicht zurückzustauen. Obgleich Lunjowos Delegationen nur wenige Lager betreten durften[103], erfaßte die Sowjets bald ein Zahlenrausch. Die Propaganda konnte nicht weit genug reichen. Selbst das entfernteste Kriegsgefangenenlager hatte Aktivgruppen zu bilden und der Bewegung »Freies Deutschland« Solidaritätsadressen zu schicken, die ebenso überflüssig wie fragwürdig waren[104].

Denn die Szene zeigte von Anfang an kaum Lichtblicke, geschweige Glanzlichter; erst Deutschlands näherrückende Kapitulation brachte der Lagerpropaganda bescheidene, unwesentliche Resultate[105]. Sowenig die Spitzen des Offiziersbundes zum Marxismus gedrängt wurden: in den Lagern überwogen arge, abschreckende »Werbungs«-methoden. Wie seit je blieb Einfühlung die schwächste Seite. Nichts dämpfte die Verbohrtheit der Agitatoren, die überzeugt waren, alle Weisheiten gepachtet zu haben. Zwang entsprach ihrer Weltanschauung, einäugigem Fanatismus.

Von vornherein meinten sie, sich missionarisch durchsetzen zu müssen[106]. Die Masse der Gefangenen wurde als Feindblock eingeschätzt, der um jeden Preis aufzusprengen war. »Umschulungs«vorträge hielten sich an feststehende, emsig wiedergekäute Formeln. Meetings und Zirkel folterte das trübste Konzept: Stalins Marxismus. Dessen Voraussetzungen — wundester Punkt universalistischer Heilslehren — waren selbstverständlicher Glaube, Zweifel an den verallgemeinerten Teilwahrheiten böse Häresie. Wo Wirklichkeiten irritierten, half dialektisches Denken, mit dem man im Heute das Morgen erkennen wollte. Die Weltanschauung, gemäß ihren Grundthesen »schlüssig«, mußte einleuchten und war anzunehmen. Folgerichtig wurde Zusammenarbeit als Unterwerfung verstanden und selbst der zaghafteste Einwand als »faschistische Heuchelei« gebrandmarkt. Diskussionen drohten zur Kampfansage zu werden und hatten allenfalls den Gegner zu demaskieren. Wenn — nach der Maxime Rosa Luxemburgs — zur Freiheit immer die Freiheit des Andersdenkenden gehört: die gehandhabte Ideologie verleugnete sie. Über Politik wie Wissenschaft entschied eine irrtumsfreie Führung, Orthodoxie gegen Ketzerei. Das geistige Leichentuch, das die Sowjetunion seit Jahrzehnten bedeckte, fiel auch über die Kriegsgefangenenlager.

Nicht als ob der deutsche Gefangene durchweg ohne Aufgeschlossenheit gewesen wäre[107]. Auch wo er nicht durch das apokalyptische Grauen Stalingrads gegangen war, hatte er sich hier und da vom

Nationalsozialismus abgekehrt. Oft erfüllten ihn dessen offenbar gewordene Verbrechen mit Scham und Widerstandswillen, aber die Lagerpropaganda ließ keine befreiende, ungefährliche Aussprache zu. Die Mehrheit der Politruks scheute sich, ja, war unfähig, auf das Hitler-Reich ohne verstörende Geschichtsklitterungen einzugehen. Stets forderte sie zunächst Bekenntnisse zum Kommunismus, die man innerhalb der Lager verwarf[108]. Gewiß fesselte die marxistische Theorie gerade Angehörige der jüngsten Jahrgänge. Turmhoch schien ihre Ratio den verschwommenen NS-Mythen überlegen. Mancher verfiel, in neuer Begeisterung, der Heilslehre[109]. Doch diese Anfälligkeit blieb begrenzt, wenn nicht Ausnahme. Zumeist entsetzte der absolute Geltungswille des materialistischen Weltbildes. Die Schäbigkeit des »Wer nicht für uns ist, der ist gegen uns« verprellte.

Die agitierenden Antifaschisten vermochten sich selbst am wenigsten zu ändern. An Aufträge und Lügen ihrer Weltanschauung gebunden, verbiestert und spießig, konnten sie trennende Gräben nur vertiefen[110]. Hochmütig leugneten sie die Möglichkeit, daß der Gefangene Hitler ohne Ideologie bekämpfen könne. Eifernd ertrotzten sie Rückfälle in Denkformen, die der Krieg längst ad absurdum geführt hatte. Die Konsequenz der Gefangenen hieß: Verfemung des Komitees und Offiziersbundes. Beide galten als Schuldige und Schrittmacher des empörenden, regelwidrigen Gesinnungsdrucks. Auch jene, die zu ehrlichen Auseinandersetzungen bereit gewesen wären, weigerten sich, mit »Hilfsorganen des Bolschewismus« zusammenzuarbeiten[111]. Auch ihnen gegenüber nutzte es den Kommunisten nichts, daß sie »recht« hatten oder »recht« zu haben glaubten. Ihre Methoden machten sie unglaubwürdig. So verführerisch Schlagworte wie »Antikapitalismus« und »Neue Ordnung« gerade für Nationalsozialisten, die wieder Funktionen und Befehlsgewalt witterten: zahllose Gefangene entdeckten keine Unterschiede zwischen der braunen und roten Diktatur.

Hinzu kam, daß Hunger, Korruption und Ausbeutung in den Lagern unüberwindliche Ressentiments erzeugten[112]. Schon das Elend hinter Stacheldraht genügte vielen, sogar überzeugten Sozialisten, um über den Kommunismus das Todesurteil zu fällen. Erfahrungen jenseits der Wachttürme bekräftigten diesen Urteilsspruch. Ganz Rußland erschien als ein einziges, riesiges Gefangenenlager:

101

fortdauernde Knechtschaft des Menschen durch Menschen. Die weitaus besseren Lebensbedingungen aller Funktionäre aber isolierten den Politruk vollends von der Masse. Mochten materielle Privilegien im Sowjetsystem wurzeln: sie zerstörten, wie die würdelose Spitzelei, jedes Vertrauen. An politischer Aktivität haftete der Verdacht des Opportunismus. Ihn bestätigten — oft genug — die »weltanschaulichen« Übertritte. Dominierten als Motive nicht Hunger oder die Absicht, der Sklavenarbeit in Fabriken, Steinbrüchen und Wäldern zu entgehen, so Furcht vor Verfolgung und angedrohtem Karzer. Und ob man angeblich begangene Kriegsverbrechen oder Parteimitgliedschaften hervorzerrte, nach denen Heimkehr allein noch bei politischem Einsatz möglich sei: kein Mittel wurde verschmäht, um wertlose Entscheidungen zu erpressen[113].

All das mußte herausfordern, Groll und Verachtung schüren. Der Mißbrauch jammervoller Lebensumstände gedieh zum Aberwitz. Gewiß waren generelle Anklagen ungerecht. Wie kein Lager ganz dem anderen glich, so erweckte auch nicht jeder Politruk Abscheu[114]. Es gab verlogene und aufrichtige Antifaschisten, Fanatiker und Männer der Toleranz. Es herrschten Gesinnungszwang und der Wille, bei Not zu helfen; unsinnig namentlich der Vorwurf, daß Leiden und Sterben in den Lagern die Bewegung »Freies Deutschland« zu verantworten habe. Doch der geschundene, hungrige Kriegsgefangene erhob den Vorwurf. Für ihn zählte, was er an Düsterem sah und erlebte. Daß bereits Debatten über den Nationalsozialismus Spannungen auslösen konnten, bestritt er und wollte er nicht erproben. Hier fehlten Abstand, Überblick und Antrieb, das Dritte Reich vor der Zeit zu »bewältigen«. Die »Normerfüllung«, die zum Egoismus anstachelte und Schwächere zerbrach, blieb die größte, unmittelbare Bedrängnis; kaum weniger drückend der sogenannte »Lageradel«, die neue Herrenschicht: Verfechter selbstsüchtiger Interessen oder puren Machtstrebens.

Um so glühender der Haß auf die bedenkenlosen Agitatoren[115]. Dieser Haß, den rüde Worte der Agitation förderten, schwelte weiter. Proselyten — gelehrige Schüler der Meister — vergifteten die Atmosphäre. Freunde und einstige Kameraden wurden zu Feinden, Widerspenstige eingeschüchtert, angeschwärzt, bestraft. Soweit kein Kleinkrieg tobte, ertrug der »Plenni« stumpf die propagandistischen Litaneien. Apathisch billigte die Masse »Resolutionen«, die, stets im voraus abgefaßt, einstimmig zu verabschieden waren, doch auch sie spiegelten weder eigene noch antifaschistische Überzeugungen wider. Körperlich und seelisch erschöpft, lebte der Gefangene für die Heimkehr. Was ihn bewegte, entwertete die Gegenwart[116]. Damit erwuchsen der oberflächlichen politischen »Sollerfüllung« zuletzt keine Probleme mehr. Phantastische Erfolgsmeldungen zierten manchen Rechenschaftsbericht[117]. Die Zeitung »Freies Deutschland« druckte sie ab. In Lunjowo las man sie ohne Illusionen.

Im Gegensatz zu den Mannschaftslagern leisteten etliche Offiziersgruppen anhaltend Widerstand, vorab der Isolierblock VI des Kamalagers von Jelabuga, Sammelpunkt »unverbesserlicher Faschisten«[118]. Häufig entwürdigend behandelt und haltlos beschuldigt, wurden die Offiziere dieses Blocks geradezu zwangsläufig zur Steifnackigkeit getrieben[119]. Russische Aktionen trafen auf Gegenaktionen. Hungerstreiks wechselten mit Insubordinationen und kaum verhüllten Sabotageakten. Schläge und Arrest waren an der Tagesordnung[120], ebenso »Verträge« zwischen dem deutschen Blockältesten und russischen Lagerkommandanten: Triumphe, die das Selbstgefühl der isolierten Gemeinschaft hoben. Das Ethos der Zusammengesperrten verbot, an politische Diskussionen auch nur zu denken. Die Geschlossenheit der Abwehrfront stand über allem. Kein Offizier des Blocks VI zögerte, im Komitee und Offiziersbund infame Gegner zu erblicken, Söldlingsorganisationen im Dienst Moskaus[121]. Agitation erinnerte an Demütigungen und blieb Symbol der Ehrlosigkeit.

Propagandisten, die aufzutreten wagten, boykottierte man. Wies man sie nicht aus dem Block, hemmte eisiges Schweigen ihre Reden[122]. Halt, ja, »Gefühle der Freiheit« vermittelte nur unverbrüchlicher Zusammenhalt. Gewiß hegte man selbst hier, in der bewußt bejahten Isolation, Vorbehalte gegenüber der Idee und Führung des Nationalsozialismus[123]. Mancher Glaube war erheblich erschüttert, so daß es schmerzlich berührte, an das weitere Schicksal Deutschlands denken zu müssen. Doch Zweifel wichen der Gewißheit, daß ein siegreicher Bolschewismus dem eigenen Land »den Todesstoß versetzen würde«[124]. »Gesunder Menschenverstand« verlangte, eine »deutsche Haltung« zu zeigen — mochten die Folgen sein, wie immer sie wollten[125]. So brach sich von neuem eine gewaltsame, magische Zuversicht ihre Bahn. Wer nach dem 20. Juli 1944 an das Attentat auf Hitler glaubte, war bereits des Landesverrats schuldig[126]. Nachts sangen die Unentwegtesten weißgardistische Freiheitslieder, in die außerhalb des Isolierblocks russische Warnsalven einfielen[127].

Auch in anderen Offizierslagern regten sich ähnliche Widerstände[128]. Denn allzu oft drohten politische Aktivisten, daß lediglich Mitglieder der Bewegung »Freies Deutschland« heimkehren würden. Allzu oft belohnten sie Gewonnene mit Lagerfunktionen und Vergünstigungen, die wie überall jede Solidarität augenblicklich zerbrachen. Erst recht erbitterten jene, die sich nach deutschen Frontniederlagen zum Offiziersbund bekannten. Gegen sie setzten viele Wundergläubigkeit oder Parolen, die eine stete Opposition wachzuhalten suchten. Nicht nur in einem Lager widerriefen Offiziere Beitritte zur Bewegung »Freies Deutschland«. Noch verhaßter Meetings zu Greueltaten-Prozessen und zur Wiedergutmachungsarbeit. Da warnten provozierende Selbstanklagen und überwog der Wille, keinen freiwilligen Schritt zu tun[129]. Schuld belastete, in den Augen vieler, auch sowjetische Kommandeure. Mehr und mehr »reizten« bei alledem radikalisierte Werbetrommler, Elemente, die zugleich besonnenen »Antifaschisten« zu schaffen machten. Der Bevollmächtigte des Offiziersbundes hatte Ende 1944 im Lager 27/1 Krasnogorsk »rein marxistische Einstellungen« zurückzudrängen, für ihn als Vertreter des rechten Flügels eine nahezu »aussichtslose Aufgabe«. »Nach vergeblichen Bemühungen« um eine gemeinsame Arbeitsbasis erklärte er sich für beurlaubt, stellte er seine politische Tätigkeit ein[130].

Trotz aller Hindernisse aber kam schließlich besonders die Werbung des Bundes Deutscher Offiziere voran. Sicher standen die Lunjowoer Generale und Offiziere vor schwierigen Aufgaben. Häufig mußten sie erst das Vertrauen zurückholen, das kommunistische Agitatoren vorher zerstört hatten[131]. Wo sie indes die militärische und politische Lage nüchtern analysierten, wußten sie in dem Maße zu überzeugen, in dem sich Deutschlands Niedergang immer deutlicher abzeichnete. Und würdigten sie die Gewissensqualen, die Fahneneid und Sippenhaftung verursachten, so war vollends ein spürbarer Abstand zum Gesinnungszwang markiert[132]. Möglich, daß selbst jetzt noch »glatte Opportunisten« der Bewegung »Freies Deutschland« beitraten. Keine Werbung zerstreute auch die Bedenken, die sich aus der Realität sowjetischer Gefangenenlager ergaben. Allmählich aber verfingen die Appelle der geschicktesten Redner, den Kampf gegen Hitler und das NS-Regime zu unterstützen. Die Macht der Kriegstatsachen half ihnen, sogar gegenüber Einfältigen.

Langsam wuchsen die Mitgliederziffern, vor allem wenn es gelang, höhere Dienstgrade mit Einfluß zu gewinnen[133]. Mitte Juni 1944 waren im Lager 150 — einem Lager »mit relativ geordneten Zuständen« und einer »vernünftigen, gerechten russischen Lagerleitung« — von knapp 3 000 Offizieren 1 000 im Bund Deutscher Offiziere organisiert[134]. Später, vom Zusammenbruch der Heeresgruppe Mitte bis zur Kapitulation im Mai 1945, stieg noch die Zahl der Beitritte an[135]. Zuverlässige Angaben über andere Lager fehlen. Zu den Mitgliedern gehörten vorab Stabsoffiziere älterer Jahrgänge, Reserveoffiziere und Beamte. Aktive Offiziere der unteren und obersten Ränge waren dagegen kaum oder nur schwer zu überzeugen[136].

Die Bewegung »Freies Deutschland« wies in den Lagern organisatorisch unterschiedliche Formen auf. Auch wenn generell das Komitee die Mannschaften und der Offiziersbund die Offiziere repräsentierte, konnte das Motto »Einheitsfront« Zuständigkeiten einschränken und verwischen. Im »Muster«lager Krasnogorsk bot sich, nach Weisungen Lunjowos, 1945 folgendes Bild: Lagergruppe der Mannschaften mit eigenem Aktiv, Lagergruppe der Offiziere mit eigenem Aktiv. Über beiden der sogenannte »Dreierkopf«, bestehend aus dem Bevollmächtigten des Nationalkomitees als Vorsitzendem (verantwortlich für die einzuhaltende politische Linie), einem Vertrauensmann der Mannschaften und dem Bevollmächtigten des Bundes Deutscher Offiziere[137].

Werbung und politische Aktivität nahmen insbesondere ab Mitte 1944 zu[138]. Zahlreiche Aktivs wurden gebildet. Rechenschaftsberichte, die über Resolutionen und Kulturarbeit zu informieren hatten, gingen im Moskauer Stadtkomitee ein[139]. Wenn sie der gewünschten Norm entsprachen, bekam sie — vor dem Abdruck — auch das Haus Lunjowo zu sehen. Dessen Aktivität blieb auf wenige Lager beschränkt[140]. Bewußt verhinderten die Russen Begegnungen mit der sowjetischen Wirklichkeit. Nie erfuhren Komitee und Offiziersbund die Zahl aller deutschen Kriegsgefangenen[141]. Wohl durften von Zeit zu Zeit besonders »zuverlässige« Leute zu Rundfunkaufnahmen nach Moskau fahren. Anträge auf Besuche von Kolchosen, Industriewerken und fernen Lagern aber wurden hinhaltend beantwortet und dann abschlägig beschieden. Praktisch war das Haus Lunjowo noch hermetischer als andere Lager von der Außenwelt abgeschnitten[142].

So zählte jede Hilfe innerhalb des zugestandenen Tätigkeitsbereiches doppelt. Hier erweckten vor allem die Appelle der gefangenen Wehrmachtgeistlichen Genugtuung, die im Zeichen des Glaubens gegen Hitler auftraten[143]. Stalingrad hatte besonders die Pfarrer tief erschüttert. Seelsorger ihrer Divisionen bis zum bitteren Ende, war ihnen tausendfaches Verenden zum Beweis dafür geworden, daß »wir von den zehn Geboten buchstäblich leben und im Ungehorsam gegen sie sterben«[144]. Gespräche mit Generalen und Offizieren löschten Zweifel über die Gewissenlosigkeit der obersten Führung. Nicht minder quälte, was nach sicheren Nachrichten in den Konzentrationslagern des Reiches geschah[145]. Auch die Pfarrer der sechsten Armee wollten sich zu den Gegnern Hitlers bekennen.

Die Geistlichen wußten, daß nur »einmaliger Notstand« ihren Widerstand rechtfertigte[146]. Allein pervertierte Obrigkeit, die das *Ganze* bedrohte, trieb sie zum Aufbegehren. Die meisten von ihnen waren Lutheraner, staatsfromm oder loyale Staatsdiener, aber selbst als unfreiwillig Revoltierende fühlten sie die Pflicht zu handeln, weil Schweigen verstrickte und schuldig machte[147]. Viele erinnerten sich an Versuche der NS-Machthaber, das Christentum durch politischen Glauben zu ersetzen: Lektion schon des Kirchenkampfes in den dreißiger Jahren[148]. Gleich den Soldaten begriffen sie, daß Hitler und dessen Regime Treueschwüre brach. Eine widergöttliche Ordnung durfte — Überzeugung aller — das eigene Volk nicht in den Abgrund reißen[149]. Jede Überlegung sprach für das Hauptziel des Komitees und Offiziersbundes.

Namentlich die Geistlichen beherrschte der Wille, ihrem Land Ehre zurückzugewinnen[150]. Auch oder gerade die Verbrechen der Nationalsozialisten forderten christlichen Widerstand, doch Kumpanei mit Kräften des Atheismus entfiel[151]. Hier waren die Fronten hinreichend, ja, von vornherein geklärt. Ulbricht hob ungeschminkt die taktische Bedingtheit des gemeinsamen Weges hervor[152]. Weinert formulierte warnend, daß nur eine strikt geistliche Kirche aller Garantien ihrer Rechte versichert sein könne[153]. Erst recht verteidigten die Geistlichen ihren Glauben. Keiner von ihnen überschritt Grenzen zu einem Pseudo-Christentum[154]. Besannen sie sich auf Grundlagen ihrer Theologie, schien ihnen bereits bei den religiösen Sozialisten eine erhebliche Gefährdung vorzuliegen[155]. Aber so aufmerksam sie Ulbrichts und Weinerts Worte beachteten: noch blieb eine bolschewistische Omnipotenz abzuwenden[156]. Was galt, war der Zusammenschluß all derer, die guten Willens waren und wußten: Hitler ist Deutschlands nächstes Unglück. Hitler führt in den Untergang und fesselt an einen Eid, in dem er frevlerisch Gott zum Schutzherrn angerufen hat[157]. Diese Einheitsfront indes konnte und mußte gelingen. Denn hatte nicht schon das Erlebnis der NS-Diktatur gegenseitige Vorurteile getilgt? Hatten nicht viele eindrucksvolle Begegnungen gezeigt, daß man zu einem fruchtbaren Miteinander fähig war und bleiben sollte?[158] In den Konzentrationslagern war Platz für Christen, Konservative, Liberale und Männer der Linken. Jetzt mußte vor allem der Kampf für ein neues Deutschland zu gemeinsamem Einsatz verpflichten[159].

Auch die Sowjets erkannten, daß harsche Antichristlichkeit verprellen mußte. Sie ließen jede Freiheit und schienen um einen Burgfrieden bemüht, der Auseinandersetzungen »bis auf weiteres« vertagte[160]. Blieb diese Haltung symptomatisch? Sie orientierte sich am Pakt von 1942, mit dem Stalin der russisch-orthodoxen Kirche wieder Rechte zugestanden hatte[161]. Vielleicht sollte dieser Friedensschluß nur alle geistigen Widerstandskräfte der herausgeforderten Sowjetunion zusammenfassen. Im Krieg gewährte er den Gläubigen Erleichterungen, die nicht zu leugnen waren und beeindruckten[162].

So wurde schließlich auf der zehnten Vollsitzung des Nationalkomitees, die nahezu hundert Geistliche versammelt sah, ein »Arbeitskreis für kirchliche Fragen« gegründet[163]. Das Plenum bestätigte am 16. Juni 1944 dessen Mitglieder: je drei Wehrmachtpfarrer der evangelischen und katholischen Konfession[164]. Ein Aufruf, der alle Christen verpflichtete, »den Verführern und Verführten Gottes Gericht und Gottes Gebot zu bezeugen«, erreichte die Front und mehrere Kriegsgefangenenlager[165].

Sonntag um Sonntag ergänzten nun Predigten das Programm des Senders »Freies Deutschland«. Sie hielten sich an Bibeltexte und mieden politische Agitation[166]. Doch das Denken der Pfarrer zielte ebenso auf die Zeit nach Ende des Krieges. Man wollte ein kirchliches Leben auch unter einer mit Kommunisten gebildeten Regierung sichern. Artikel und Denkschriften dokumentierten den Emigranten und Sowjets, was sie von den Konfessionen zu erwarten hätten. Offen bekannten sich die Geistlichen zu ihren Vorstellungen »von Freiheit der Kirche und des Glaubens«[167]. Unter dem Postulat einer Demokratie forderten sie Aufbau der konfessionellen Schule und Jugendarbeit, ungehinderten Religionsunterricht und Selbständigkeit der kirchlichen Presse[168]. Andere Momente waren: Freigabe des Eigentums der Inneren Mission, Wiedereröffnung der theologischen Schule Bethel. Um diesen Forderungen Nachdruck zu verleihen, stellte man den kirchlichen Widerstand in Deutschland dar[169]. Er sollte erst recht verdeutlichen, »wovon die Konfessionen nicht abzugehen« gedachten[170].

Beitritt und Proklamation der Geistlichen mußten die Bewegung »Freies Deutschland« stärken. Das traf um so mehr zu, als die Wehrmachtpfarrer zu einer Zeit hervortraten, zu der Lunjowo politisch schon ausgeschaltet schien. Doch wenn es nun auch gelungen war, eine weitere Fraktion ins eigene Lager zu ziehen: entscheidend blieb, nach wie vor, die Arbeit an den Fronten. Dort hatten Komitee und Offiziersbund Gefolgschaft anzustreben, wenn sie ihr Hauptziel nicht verfehlen wollten. Nur ein Umschwung auf der anderen Seite war als wirklicher Erfolg zu werten.

Fünftes Kapitel
Von Teheran bis Tscherkassy

Obwohl gerade der Offiziersbund an seine Propaganda-Losung glaubte, waren ihr bisher greifbare Erfolge versagt geblieben[1]. Die Heeresführung zeigte keine Reaktion; der Frontsoldat antwortete mit Ablehnung und Schweigen. Mehr und mehr enthüllte sich Hitlers militärischer Dilettantismus. Beängstigend stieg die Zahl der Opfer eines Abwehrringens, dem nun schon starre Verteidigungsstrategie jeden Sieg entzog. Trotzdem triumphierten Treue und Gehorsam, wuchs das Mißverhältnis zwischen Illusion und Wirklichkeit ins Abnorme[2]. Sicher erfüllte die Wehrmacht — ein Millionenheer — nicht durchweg jene glutvolle nationalsozialistische Gesinnung, die ihr Hitlers Regime andichtete oder einzuimpfen suchte. Man tat seine Pflicht, fraglos, voller Hingabe, durchdrungen vom Recht des Reiches. Man focht jedoch auch mit innerer Qual und an dem Wissen leidend, daß es ein heilloser Kampf war, in dem man nur um der Heimat willen nicht erlahmen durfte. Hier ließ die Propaganda namentlich des Offiziersbundes zeitweise aufhorchen[3].

Aber wie selten waren unabhängig Denkende, geschweige mutig Handelnde, die das Joch des Gewohnten abschüttelten! Was nahezu unumschränkt galt, war das Gesetz des Krieges: diesem Gesetz gehorchten alle. Der Soldat des Rückzuges trotzte auch düsteren Situationen. Umgangen und eingekesselt, bewegte ihn keine Politik, sondern der Wille zum Durchbruch um jeden Preis. Berichte über angebliche Überläufer durften nicht täuschen. Die Rote Armee machte nur unfreiwillige Gefangene. Bekannten sie sich mit aufbewahrten Flugblättern zur Bewegung »Freies Deutschland«, geschah es überhastet und aus Gründen des Opportunismus[4]. Nie ersetzten solche »Triumphe« die gelenkte Aktion einer Verschwörung. Und Lunjowos Erwiderung auf die Mitteilungen des OKW's zu Komitee und Offiziersbund?[5] Sie hatte die verlogenen

Sprüche der deutschen Führung eindrucksvoll zerpflückt, doch kein Argument änderte die Haltung der Truppe und ihrer Kommandeure. Unvermindert tobten neue Schlachten auf dem östlichen Kriegsschauplatz.

Der ausbleibende Erfolg fing an, die Bewegung »Freies Deutschland« zu bedrücken[6]. Waren die eigenen Motive nicht so überzeugend, daß sie auch die Heerführer verstehen mußten? Konnten sie übersehen, daß Stalingrad weitere Rückschläge eingeleitet hatte? Welcher Glaube hinderte sie, der Vernunft und unabweisbaren Einsichten zu folgen? Derartige Fragen bewegten sich im Kreis; Ratlosigkeit lähmte oder verstörte. Gewiß hielt der Offiziersbund zu seiner Propaganda-Losung. Diese Losung, kaum zwei Monate alt, schien weder hinreichend erprobt noch eindeutig widerlegt. Andererseits hatten in den Herbstmonaten 1943 die Kommentare von Lattmann und Korfes bewiesen: Deutschlands Lage war durch die kraftvollen Gegenschläge seiner Feinde immer aussichtsloser geworden[7]. Die höchsten Erwartungen wurden fragwürdig, wenn nicht zuschanden. Schrittweise radikalisierten sich die Auffassungen im linken Flügel des Komitees.

Weinert und die Emigranten hatten wohl nie recht an einen Aufstand der Heeresführung geglaubt. Schon auf der ersten Sitzung mit dem Offiziersbund erwogen sie, ob nicht »bei weiterem (?!) negativen Verhalten der Befehlshaber« bessere Wege zur raschen Beendigung des Krieges einzuschlagen seien[8]. Nun sahen sie zunehmend ihre ursprünglichen Thesen bestätigt, nach denen die Masse des Volkes Hitler stürzen mußte. Ende Oktober 1943 wandte sich Weinert an die deutschen Soldaten. In einem Flugblatt legte er ihnen dar, daß es bald keine anderen Möglichkeiten als ehrenvolle Kapitulation und Gefangenschaft mehr gäbe[9]. Denn die Kommandeure »haben nicht zur rechten Zeit gehandelt. Sie haben die beste Gelegenheit zur Rettung verpaßt. Sie haben es zugelassen, daß Hunderttausende von Euch zwecklos verbluten . . .«. Weinerts Appell — Eingeständnis propagandistischer Fehlschläge — verriet Ungeduld: unverhüllt drängte er, zu Taktiken zurückzukehren, mit denen die Kommunisten vor und nach der Gründung des Nationalkomitees gescheitert waren. Allein noch schien es, als sei dieser Appell nur vorgeprellt. Offiziell stand man zur Losung des Bundes Deutscher Offiziere. Es blieb Aufgabe der Heeresführung, durch einen Staatsstreich den Umschwung einzuleiten. Wenn auch das Komitee schon andere Taktiken erörterte[10]: Seydlitz schärfte den Offiziersbund-Delegationen ein, jeden zersetzenden Einfluß auf die Wehrmacht zu vermeiden[11].

Trotzdem sollte sich der linke Flügel in Kürze durchsetzen. Zunächst berichteten Frontbevollmächtigte über Mängel propagandistischer Arbeit. Einsiedel und Wolf erklärten, daß die eigene Propaganda mengenmäßig nicht ausreiche, um mehr als einzelne Truppenverbände zu erreichen[12]. Nirgendwo habe sie auch die Flut der russischen Flugblätter zurückgedrängt, deren Tenor zur schlimmsten Hypothek geworden sei. Derartige Handikaps forderten Verdichtung und Koordination der Frontarbeit, doch Einsiedel und Wolf unterbreiteten Vorschläge für eine Überläuferpropaganda. Einsatz vor Melitopol hatte sie davon überzeugt, daß mit der Erhebung deutscher Heerführer nicht zu rechnen war[13]. Damit aber drohe die Losung »Geordneter Rückmarsch« illusorisch zu werden, zumal die Kriegslage kein Zuwarten mehr gestatte. Längst sei — so insbesondere Einsiedel — die Substanz der Truppe angetastet. Soweit sie zahlenmäßig nicht in fühlbarer Unterlegenheit fechte, würde ihr in überdehnten, ja, widersinnigen Stellungen Unmögliches abverlangt. Erst recht müsse ihr ein weiterer Rußlandwinter neue unabsehbare Opfer und Strapazen auferlegen: Gründe genug, um fortan direkt an die Truppe zu appellieren. Kaum weniger abwegig die bisherige Losung für Einheiten, die Hitlers dilettantische Strategie immer häufiger in Kessel zwinge. Hier habe der Soldat allein noch die Wahl: entweder Untergang oder Rettung durch Übertritt auf die Seite des Nationalkomitees.

Einsiedel, Wolf und das Komitee verkannten nicht die abschreckenden Schattenseiten russischer Kriegsgefangenschaft[14]. Obgleich »Zersetzung« bei ihnen kaum Skrupel wachrief, wußten oder ahnten auch sie, daß namentlich die ersten Sammellager bittere Entbehrungen mit sich brachten, doch im besinnungslosen Widerstand erblickten sie jetzt größere Gefahren. Kämpfe die umgangene und eingeschlossene Truppe bis zuletzt, so gerate sie vollkommen abgerissen, demoralisiert und erschöpft in die Hände der Sowjets. Stalingrad mahne, solche Zusammenbrüche zu vermeiden. Diese Argumentation übersah den Durchhaltewillen des deutschen Ostfrontkämpfers, der, wie einst die sechste Armee, davonzukommen trachtete. Dagegen war ihr Hinweis schwer zu widerlegen, daß rechtzeitige Kapitulationen Leben an der Front und hinter Stacheldraht erhalten hätten. Entscheidend freilich blieb der größere Aspekt. Wenn Hitler einen unerbittlichen Kampf führte, der im totalen Untergang enden mußte, wenn er ohne oppositionelle Gegenwehr Volk und Wehrmacht seinem Wahnwitz opferte, dann war der Abbruch des Krieges mit *allen* Mitteln zu ertrotzen. Sicher könne diese Taktik, so hieß es, auch Ordnungen zerbrechen, auf die eine neue Staatsgewalt nicht verzichten dürfe. Solange aber der deutsche Diktator wüte, seien so viele Menschen wie möglich aus dem Sog der Katastrophen zu retten.

Derartige Beschwörungen galten vor allem dem Offiziersbund, und er weigerte sich, den beredt vorgetragenen Thesen nachzugeben[15]. Nicht als ob er jede Debatte von vornherein abgelehnt hätte! Mehr als das Komitee erschütterte ihn der Ablauf eines militärischen Geschehens, das ärgste Prognosen und Befürchtungen übertraf. Rückzüge hatten, ohne Aufenthalt, mit Niederlagen gewechselt. Das Ostheer wurde von der Roten Armee und einer geistlos gewordenen Führung zerrieben[16]. Längst, schien es, bot sich nur noch die Chance, in einen makaberen Wettlauf um den Zerfall der Wehrmacht einzutreten. Und im Grunde hatte man schon erste Konsequenzen gezogen. Als Ende November 1943 die 123. Infanterie-Division auf der Insel Chortiza im Dnjepr ausgemacht worden war, suchte man die Einheit »geschlossen auf die Seite des Nationalkomitees zu bringen«[17]. Solche Versuche unterliefen die geltende Konzeption[18], doch eine generelle Überläuferpropaganda blieb den Generalen und Offizieren unerträglich. Wieder regte sich die Furcht vor regelloser Auflösung. Wieder hielt man zur Einsicht, daß weder dem Komitee noch der Sache Deutschlands mit einer Unzahl von Kriegsgefangenen gedient sei. Gewiß strafte eigenes Erleben die Goebbels-Propaganda Lügen: der sowjetische Stacheldraht hatte seine Schrecken verloren. Gewiß traf auch die deutsche Führung Schuld, wenn in Stalingrad von 92 000 Überlebenden 85 000 durch Entkräftung und Seuchen dahingerafft worden waren[19]. Aber kannte die Wehrmacht diesen Tatbestand? Und selbst wenn sie ihn kannte: konnte für die Truppe russische Kriegsgefangenschaft verlockend sein? Gab es sichere, nachprüfbare Garantien, die Appelle zum Überlaufen rechtfertigten? Hart prallten die Meinungen im

Haus Lunjowo aufeinander. Eine Einigung schien unmöglich oder wollte hinausgeschoben sein.

Da brachen die Ergebnisse der Teheraner Konferenz den zähen Widerstand[20]. Obgleich der Ablauf dieser Konferenz verborgen blieb[21], ergänzten bald deutliche Kommentare das offizielle Kommuniqué. So schrieb die »Iswestija«, daß nun die Alliierten nicht ruhen würden, bis ganz Deutschland besetzt und seine Wehrmacht in die Gefangenschaft abgeführt sei[22]. Die Töne des sowjetischen Regierungsorgans wirkten ernüchternd. Man wußte: die große Koalition konnte ihren Entschluß verwirklichen. Ja, rüstete sie sich, das Reich vollkommen niederzuringen, war die bisherige Konzeption der Bewegung »Freies Deutschland« hinfällig geworden. Reservate, mit denen Lunjowo auf deutsche Handlungsfähigkeit abzielte, schienen nicht mehr zu zählen.

Während der Offiziersbund noch beklommen abseits stand, reihte sich Generalmajor Lattmann bereits in die Front des Komitees ein[23]. Der Erdrutsch war ausgelöst. Lattmann, vor Jahren bekannter Lehrgangsleiter der Artillerieschule Jüterbog, hatte zuletzt eine Panzerdivision kommandiert. Einst gläubiger Nationalsozialist, haßte er seit Stalingrad Hitler glühend[24]. Jetzt riß sein Wille, Deutschland um jeden Preis von verbrecherischer Herrschaft zu befreien, Seydlitz, Korfes und den Offiziersbund-Vorstand über abschreckende Barrieren. Am 5. Januar 1944, während der nächsten Vollsitzung, konnte Weinert offiziell verkünden, daß »als Losung nur in Betracht komme: Einstellung des Kampfes, Übergang auf die Seite des Nationalkomitees«[25].

Die neue Konzeption wurde im Haus Lunjowo für die Generale und Offiziere zur »schwersten Belastung«[26]. Obgleich sie sich bis zuletzt gesträubt hatten, triumphierte nun eine Parole, die den Zusammenbruch ihrer Welt widerspiegelte. Niemand von ihnen wollte die Wehrmacht zersetzen. Jeder sah voraus, daß Überläuferpropaganda vollends von den Kameraden trennte, die man für einen Umsturz ohne Chaos zu gewinnen suchte. Brachen sämtliche Dämme, war auch der künftige Aufbau bedroht, der nur an gültige, hier jedoch verabschiedete Werte anknüpfen durfte. Das belastete und trieb in eine elende Verstrickung. Seydlitz schwankte und erwog zurückzutreten. Andere fühlten, daß die Grenze patriotischen Widerstandes erreicht sei. Aktivität begünstigte fortan vor allem die Gegner des

Reiches. Aber hatte man nun nicht auch mit doppelter Anstrengung das eigene jammervoll verlassene Volk zu retten? Mußte sich nicht oppositioneller Kampf in dem Maße radikalisieren, in dem Hitler immer weiter, unangefochten in die Katastrophe führte? Man begriff: im Grunde konnte nur ein Selbstopfer die eigene Haltung sühnen, doch ebenso begann man einzusehen: ein gewissenloses, unbelehrbares Regime hatte alle Gesetze gebrochen. So bejahte man schließlich, was noch lange quälende Empfindungen erweckte. Dabei half nüchterne, kühle Abwägung der Lage. Die Generale und der Offiziersbund bezweifelten nicht, daß die Alliierten entschlossen waren, bis zum vollständigen Sieg zu kämpfen; ihre Machtfülle mußte, früher oder später, die bereits angeschlagene Wehrmacht bezwingen. Seit Stalingrad aber erfüllte sie die Gewißheit, daß auch Hitler den Krieg bis zuletzt fortsetzen werde; er wollte — wenn überhaupt — erst »fünf nach zwölf« die Waffen verstummen lassen. Konnten sie diese nun apokalyptische Entwicklung ablaufen lassen, ohne sich und ursprünglichen Zielen untreu zu werden? Mußten sie nicht gerade ihr mit allen Kräften in den Arm zu fallen versuchen? Vernunft gebot, den Vernichtungswillen beider Seiten zu brechen oder zumindest um die furchtbarsten Auswirkungen zu bringen.

Mit der Losung »Rettung durch Übergang auf die Seite des Nationalkomitees« nahm die Bewegung »Freies Deutschland« eine andere Bedeutung an. Bis Ende 1943 verhieß ihre Propaganda noch einen erträglichen Friedensschluß. Jetzt rief sie ohne politische Garantien zum Abfall von Hitler auf. Dieser Wandel wog schwer, ohne daß seine Ursachen ganz erkannt worden wären. In Lunjowo hatte keine Argumentation die Hintergründe der Vollsitzung vom 5. Januar 1944 ausgeschöpft.

Militärisch betrachtet, hatte der Hinweis des Komitees recht, daß die *deutsche* Führung alle Hoffnungen verspielte. Obwohl schon der blutig gescheiterte Angriffsschlag »Zitadelle« eine elastische Verteidigung nahelegte, wurde weiterhin gegen mahnende Realitäten gehandelt[27]. Die Ergebnisse ließen nicht auf sich warten. Durchbrüche trieben die deutsche Mittel- und Südfront zurück. Erst nach mehreren Monaten war die Truppe am Dnjepr kurz zum Stehen gekommen. So sehr indes all diese Kämpfe wirklichkeitsnahe Entschlüsse verlangten, so wenig war Hitler zur beweglichen Defensive zu bekehren. Auch jetzt triumphierte, auf höchsten Befehl und hinab bis zum Bataillon, Halten um jeden Preis. Das deutsche Ostheer verlor Raum *und* Substanz. Solch ein Starrsinn blieb um so unbegreiflicher, als die bevorstehende Invasion im Westen erst recht die »stärkere Kampfform« forderte. Statt die Krim zu räumen und auf die Linie Nikolajew-Kiew zurückzugehen, mit der man 200 Kilometer Frontlänge eingespart und endlich ausreichende Reserven gewonnen hätte, wurden die Schlachten des Winters im erreichten Stellungsverlauf angenommen[28]. Die Folge war abermals eine Verteidigung, die sich um alle Aussichten betrogen sah. Wieder zerbrach die Front. Während die Rote Armee Leningrad freikämpfte und bei der Heeresgruppe Mitte Gomel fiel, klaffte nördlich von Kiew eine operative Lücke, die nicht geschlossen werden konnte. Damit war auch die Verteidigung des Dnjeprs aus ihren Angeln gehoben. Die Sowjets, weit überlegen, stürmten bis Shitomir. Der gesamte deutsche Südflügel hing an seidenen Fäden.

Mit diesem offenbar unaufhaltsamen Ablauf sank Deutschlands politisches Prestige. Mit ihm schmolzen zahlreiche Divisionen der Wehrmacht zu schwachen Kampfgruppen zusammen. Doch Führungskunst bei den Armeen wußte noch immer Krisen zu meistern und dem Gegner einen hohen Blutzoll abzufordern[29]. Wie oft war die Front nach den gewaltigen russischen Offensiven aufgerissen und zersprengt! Stets aber hatte sie sich wieder geschlossen und zu neuem Kampf gestellt. Auch Ausbrüche aus Kesseln, schien es, konnten nicht entmutigen. Wo es gelang, in einem erträglichen Stärkeverhältnis anzutreten, vermochte die Truppe sogar Abwehrsiege zu erringen. Hätte man sie von ganz oben her sinnvoll geführt, wäre ihre Schlagkraft so leicht nicht zu erschöpfen gewesen. Was sie leistete und aushielt, überstieg ohnehin jede Norm, ja, verführte Hitler wie dessen Berater vollends zur Leichtfertigkeit. All das konnte freilich nirgendwo darüber täuschen, daß die Wehrmacht in dem ungleich gewordenen Ringen einmal erlahmen mußte. Da Italien als Bundesgenosse ausgefallen war und die Hilfe der Ungarn, Rumänen und Finnen kaum noch entlastete, focht das deutsche Ostheer praktisch allein auf dem riesigen Kriegsschauplatz. Trotzdem stellte es nach wie vor einen Faktor dar, mit dem die Sowjets um so mehr rechneten, je näher der Kampf den Reichsgrenzen kam[30].

So ließ sich gewiß bestreiten, daß die Wehrmacht untauglich

geworden sei, einen »geordneten« Staatsstreich der Heeresführung abzusichern. Auch die bisherige Frontarbeit rechtfertigte schwerlich den verordneten Wechsel in der propagandistischen Konzeption. Drei Monate Probe waren selbst bei Erfolglosigkeit keine Zeit. Damit bleibt als Motiv vor allem die Konferenz von Teheran, und sie sprach das politische Machtwort. Nur ihr Ergebnis kann die neue Taktik der Bewegung »Freies Deutschland« erklären.

Teheran war, seit dem Manifest der Kriegsgefangenen, nicht die erste Konferenz der Alliierten. Um erhebliche Gegensätze zu vermindern, die nicht zuletzt die Gründung des Nationalkomitees ausgelöst hatten, waren ihr bereits im Oktober 1943 Beratungen der Außenminister vorausgegangen[31]. Deren Treffen — Teilnehmer: Molotow, Eden und Hull — durfte der Kreml als verheißungsvollen Auftakt werten. Zum ersten Mal verlor die Koalition Züge ihrer »Seltsamkeit«[32]. Hull legte Pläne zur Entmachtung Deutschlands vor, die Molotow als »Minimalprogramm« entzückten[33]. Einmütig beschloß man die künftige Unabhängigkeit Österreichs, Deklaration, die Lunjowo zu dem Bekenntnis zwang, daß Österreichs Volk über seine Zukunft selbst entscheiden müsse[34]. Unklarheiten hatte dagegen Deutschlands »territoriale Gestalt« nach der jetzt gemeinsam angestrebten Kapitulation des Reiches hinterlassen. Hier wurden bis auf Ostpreußen, das dem neuen Polen zufallen sollte, keine bindenden Beschlüsse gefaßt[35]. Hüben wie drüben waren alle Vorstellungen entweder zu nebelhaft oder einander entgegengesetzt. Immerhin trennten sich die drei Außenminister in gutem Einvernehmen. Das ärgste Mißtrauen schien beseitigt[36]. Die Sowjets gaben hinsichtlich des Komitees und Offiziersbundes beruhigende Erklärungen ab[37]. Auch Eden und Hull glaubten, Rußlands Furcht vor einem Separatfrieden der Westmächte zerstreut zu haben.

Dennoch bedeutete das Moskauer Treffen nur den Ansatz zu jenem umfassenden Übereinkommen, das Stalin mit Großbritannien und den Vereinigten Staaten anstrebte. Gewichtige Probleme waren ungelöst geblieben. Die Zweite Front — dringend notwendige Entlastung für den Kampf im Osten — hatte sich noch immer nicht eingestellt[38]. Ebenso erbitterte Londons und Washingtons Unwille, die sowjetische Westgrenze des Hitler-Stalin-Paktes anzuerkennen. Wie schwierig hier eines Tages Verhandlungen ausfallen würden, hatte in Moskau gerade Eden gezeigt. Er befürwortete einen osteuropäischen Föderationsplan, der als abermaliger »cordon sanitaire« Rußland herausforderte und daher auch von Molotow schroff abgelehnt worden war[39].

So setzte der Kreml seine tastenden Versuche mit der deutschen Seite fort. Wieder bemühte sich in Stockholm Edgar Clauss um ein Gespräch[40]. Komitee und Offiziersbund sollten ihre bisherige Arbeit nicht unterbrechen. Wenn auch Weinerts Appell — Konsequenz des Außenminister-Treffens — die deutsche Heeresführung warnte: für Lunjowo galt »Geordneter Rückmarsch, Abschluß eines Waffenstillstandes«, die Konzeption, die Wehrmacht und Reich zu erhalten suchte[41]. Gewiß sprach Clauss gegenüber Peter Kleist nun von einem letzten Versuch Stalins mit Hitler[42]. Seine mysteriöse Mission eignete sich jetzt, wenn überhaupt, nur noch als Druckmittel auf die Westmächte. Hitler hatte schon 1942/43 befohlen, alle Friedensfühler aus dem Osten zu »ignorieren«[43]. Wie hätte dessen Mentalität ein Jahr später Verhandlungen zugestehen können? Steifnackigkeit gehörte zu seiner »Mission«. Diplomatische Lösungen waren, in seinem Fall sogar plausibel, außer Kurs gesetzt; Militarismus der Staatsführung hatte ziellos, verbohrt jede Politik verdrängt. Doch der Schatten einer möglichen deutsch-russischen Verständigung sollte weiterhin auf London und Washington fallen. Moskau wünschte deutlich zu machen, daß sie ihrem Verbündeten unzureichend entgegengekommen waren. Die Sowjetunion, die unter den härtesten Bedingungen kämpfte, ja, die Hauptlast des Krieges trug, verlangte größere Konzessionen.

Folglich hatte die Teheraner Konferenz Restgegensätze auszuräumen und eine Verständigung über den Kriegsfortgang zu erreichen: wichtigste Aufgaben der Staatschefs, die sich Ende November 1943 in Persiens Hauptstadt versammelten[44]. Edgar Clauss übertrieb, wenn er unterstellte, daß die »amerikanische Festung« gefallen sei, nachdem die Sowjets mit dem Nationalkomitee gedroht hätten[45]. Aber auch wer diese unkontrollierbare These ablehnt, kann in ihr richtige Fingerzeige schwerlich übersehen. Das Haus Lunjowo hatte — eines seiner Zwecke — als Katalysator gewirkt und das unbedingte Einverständnis zwischen Moskau und den Westmächten beschleunigt. Jetzt wurde Tatsache, was die Sowjetunion anstrebte. Roosevelt und Churchill versprachen, für 1944 und zwar im Westen, die immer wieder geforderte Zweite Front[46]. Beide gestanden dem Kreml Ostpolen, das Baltikum, Bessarabien, den eis»freien« Hafen Königsberg und das nördliche Ostpreußen zu. Der neue polnische Staat sollte — als Kompensation — nächst Südostpreußen Pommern und Schlesien erhalten[47]. Deutschlands Zerstückelung wurde prinzipiell bejaht, auch wenn in diesem Fall Stalins Unerbittlichkeit schwankte[48]. Die Westmächte stellten sich, für die Zukunft, auf Rußlands osteuropäische Vormachtstellung ein. Das Reich, das besetzt und dessen »militärischer Machtapparat zerschlagen« werden sollte, war zum Objekt der Großmächte geworden. Einen Frieden des Ausgleichs durfte es nicht mehr erwarten.

Mit Recht konnte der Kreml über die Teheraner Konferenz Genugtuung empfinden. Sie hatte Stalins Wünsche erfüllt. Die Allianz — lange voller Spannungen — war zusammengewachsen. Wenn sie sich aber wie nie zuvor gefestigt hatte, so war die deutsche Karte aus dem russischen Spiel zu ziehen. Berlin vermochte bei dem Teheraner Ausverkauf nicht länger mitzubieten. Kleist hörte in Stockholm von Clauss: das zögernde Deutschland habe alle Chancen eingebüßt[49]. Komitee und Offiziersbund aber mußten in die Front einschwenken, die der Wille einte, Wehrmacht und Reich niederzuwerfen. Dies dokumentierte deutlich die neue propagandistische Losung: Rettung durch Übergang auf die Seite des Nationalkomitees. Sie dachte nicht länger an ein unabhängiges Deutschland und deckte sich mit den Beschlüssen der alliierten Mächte.

Gleichwohl besaß die Bewegung »Freies Deutschland« für Moskau noch ihren Wert: Propaganda hatte weiterhin den Kampf der Sowjets zu unterstützen[50]. Lunjowo dagegen sah sich um seine besten Ziele geprellt. Auch die Hoffnung, daß eine erfolgreiche Fronde noch immer Deutschlands Schicksal wenden könne, schien eitel, Torheit, Illusion[51]. Man kannte nun die Entschlossenheit der Verbündeten, empfand die Schwäche der eigenen Sache und fühlte bereits das niederdrückende Zu spät. Man wäre, bei voller Aufklärung über das Teheraner Treffen, betroffen, ja, ratlos gewesen[52], aber fehlte der neuen Propaganda nicht ohnehin jeder Werbeeffekt, wenn sie lediglich noch die bedingungslose Kapitulation einzuleiten hatte?

Trotzdem bejahten Emigranten wie Soldaten weitere Frontappelle.

In der einen oder anderen Weise, sagten sie sich, würden auch künftig Deutsche existieren. Das Volk durfte nicht ausgelöscht werden. Hier schlug der Kreml-Diktator sogar eher versöhnliche Töne an. Hitler indes — im Wahn des Martyriums der Selbstvernichtung befangen — war zum schlimmsten Werkzeug des Feindes geworden. Ungerührt gab er die Nation dem Verderben preis. Diese sittliche Fessellosigkeit tilgte alle oppositionellen Vorbehalte. Kämpfte das geschlagene Reich weiter, stiegen seine Menschenverluste ins Ungemessene. Inaktivität besiegelte vollends Deutschlands Untergang.

Rasch nahte der erste Anlaß, die neue propagandistische Losung zu erproben. Ende Januar 1944 waren bei Tscherkassy am Dnjepr mehrere deutsche Divisionen eingeschlossen worden[53]. Wieder hatte Hitlers Halsstarrigkeit Zehntausende in eine Falle getrieben, die ihnen zum Verhängnis werden konnte. Die Heeresgruppe Süd, im Norden fast schon umgangen, kämpfte um ihr Überleben. Versuche, die bis Shitomir vorgestoßenen Sowjets in den Flanken anzufallen, hatte der starke Gegner vereitelt. Watutins 1. ukrainische Front schwenkte nach Süden, zum Stoß in den Rücken der deutschen Heeresgruppe. Nur mit Mühe gelang es improvisierter Abwehr, russischen Angriffen bei Berditschew-Bjelaja Zerkow standzuhalten[54].

Obgleich diese Angriffe vor allem die Heeresverbände um Tscherkassy bedrohten, blieben sie an ihre Abschnitte am Dnjepr gebunden. Unbeirrt sollten sie den Anschluß zur benachbarten ersten Panzerarmee wahren, die weit vorgestaffelt das Donezgebiet zu verteidigen hatte, doch der Verlust Kirowograds gefährdete die Abwehr auch im Süden[55]. Als die Sowjets bei Bjelaja Zerkow zu Durchbrüchen ansetzten, war über ihre Absichten nicht länger zu rätseln. Nur der sofortige Rückzug nach Südwesten konnte die gesamte deutsche achte Armee dem russischen Würgegriff entziehen. Hitler klammerte sich indes an die Kohlengruben um Kriwoi Rog, die bei einer Zurücknahme der achten Armee von der ersten Panzerarmee hätten geräumt werden müssen. Jede Ausweichbewegung verbot er. Am 28. Januar 1944 trafen im rückwärtigen Gebiet der achten Armee Stoßkeile der Sowjets aufeinander. Zwei Korps, unter ihnen die SS-Panzerdivision »Wiking« und die SS-Freiwilligen-Brigade »Wallonien«, wurden abgeschnitten[56].

119

Die Heeresführung, aufgeschreckt, befahl sofort Gegenmaßnahmen. Diesmal durfte die eingeschlossene Truppenmasse nicht erdrosselt werden. Die Luftwaffe sollte, mit allen verfügbaren Maschinen, den frontnahen Kessel versorgen. Generalfeldmarschall von Manstein, Oberbefehlshaber der Heeresgruppe Süd, mobilisierte für das Entsatzunternehmen neun Panzerdivisionen[57], aber tiefer Schlamm, örtliche Krisen und Reservemangel verhinderten den geballten Einsatz dieser Streitmacht. Verspätet und nacheinander angesetzt, bezwang sie nirgendwo ganz den zähen, übermächtigen Gegner[58]. Wenn auch die angreifende Truppe Risiken wagte, die oft genug nur russische Führungsfehler rechtfertigen konnten: zehn Kilometer vor dem Kessel war ihre Kraft erschöpft, mußte sie, heftig bedrängt, selbst zur Verteidigung übergehen. Die beiden umklammerten deutschen Korps wurden unter pausenlosem Feuer immer enger um Korsun zusammengedrängt[59]. Fast auf die Stunde nach einem Jahr drohte sich Stalingrad zu wiederholen.

Anfang Februar erschien bei Seydlitz — in der Datscha von Kunzewo — Generaloberst Alexander Schtscherbakow, Mitglied des sowjetischen Kriegskabinetts und Leiter der Politischen Hauptverwaltung der Roten Armee: Auftritt des bisher höchsten russischen Funktionärs, den der deutsche General zu Gesicht bekam; Signal für eine offenbar ungewöhnliche Aktion[60]. Schtscherbakow informierte Seydlitz über die Frontlage und fragte ihn, ob der neue Kessel wieder bis zum letzten verteidigt würde. Der General verwies auf Hitlers Strategie und hielt es für möglich[61]. Darauf folgte die Frage, ob er persönlich mithelfen wolle, die eingeschlossene Truppe zur Übergabe zu bewegen und ihr das furchtbare Schicksal der sechsten Armee zu ersparen. Seydlitz, an entsetzliches Erleben erinnert, gab sein Einverständnis. Der bislang größte Einsatz des Komitees und Offiziersbundes konnte beginnen.

Der 2. ukrainischen Front Koniews sind, als Bevollmächtigte Lunjowos, Oberst Steidle und Major Büchler zugeteilt[62]. Um ihre ersten Aufrufe zu unterstützen, Aufrufe, mit denen sie Kontakt zu den deutschen Korps gewinnen sollen, spricht Seydlitz über den Sender »Freies Deutschland« zu den fünf eingekesselten Divisionen[63]. Sein Appell, zunächst nüchterne Situationsanalyse, fordert sie auf zu kapitulieren; er gibt Garantien für das Leben sämtlicher Offiziere und Soldaten, für Verpflegung, Bekleidung, Unterkunft und Heimkehr nach dem Krieg, kurz: Zusagen aller Erleichterungen des Gefangenenloses »im Rahmen des Menschenmöglichen durch die russische Armee«. Als Bedingung nennt Seydlitz »festes Zusammenbleiben der Truppe unter ihren Führern«[64]. Wenig später rollt er mit Korfes, Hadermann und Major Lewerenz in einem Waggon an die Front General Koniews[65].

Noch vor Ankunft dieser Delegation schicken die Sowjets einen Parlamentär zu den eingeschlossenen Divisionen. Er überbringt, am 8. Februar, ein Ultimatum Marschall Schukows[66]. Der russische Generalstabsoberst wird korrekt empfangen, angehört und zurückgeleitet; doch die umklammerten Korps lassen das Ultimatum unbeantwortet. Komitee und Offiziersbund sind am Zuge.

Zu Tausenden wirbeln ihre Flugblätter auf die deutschen Stellungen herab[67]. Lautsprecherpropaganda ertönt rund um den Kessel. Russische Jagdflugzeuge werfen Briefe von Seydlitz und Korfes an die ihnen bekannten Truppenführer ab[68]. Weitere Schriftstücke übergeben zurückgeschickte Kriegsgefangene ihren Kommandeuren[69]. Den Nachrichtenstellen des Kessels wird ein Code übermittelt, der Verbindungen mit den Bevollmächtigten erleichtern soll[70]. Dann wendet sich Seydlitz über den Äther an die eingeschlossenen Verbände. Wie alle Akteure beschwört er sie, den sinnlos gewordenen Kampf einzustellen, ein neues Stalingrad zu vermeiden und auf die Seite des Nationalkomitees überzugehen[71]. Wenn es noch Rettung gebe, so nur durch diesen Übergang. Abermals wiederholt Seydlitz die sowjetischen Zusagen; seine Stimme, oft spürbar erregt, wird gehört, Funker antworten mit »Verstanden«, aber Erfolge bleiben aus[72].

Mochten viele Flugblätter unbeachtet vermodern: die Briefe hatten ihre Empfänger erreicht[73]. Lieb und Stemmermann, die Kommandeure der unglücklichen Korps, hielten sie für echt. Alle Schreiben erwähnten Tatsachen oder Vorgänge, die lediglich Seydlitz und Korfes hervorzuheben vermochten. Zahlreiche Meldungen brachten weitere sichere Indizien[74]. So herrschte auch bald Gewißheit darüber, daß keine Fiktion des Gegners vorlag[75], doch wie sollten die Generale dem Inhalt der Briefe begegnen? Lieb und Stemmermann waren zu erfahren und sachverständig, um die düster gewordene Situation zu verkennen[76]. Obwohl Funksprüche über Entsatzangriffe vorlagen und weiterhin eingingen, hatten diese Angriffe beide Korps nicht befreien können. Im Gegenteil: unter fühlbarem Mangel an Verpflegung und Munition wuchs im Kessel stündlich die Not. Allein kühnen Vorstößen und raschen Umgruppierungen blieb es zu danken, daß der russische Einschließungsring nicht längst mehr als 50 000 deutsche Soldaten erdrückt hatte[77]. Gelang es, mit Bruchteilen zu entkommen, so war viel gelungen.

Und der militärischen Lage entsprachen jetzt die seelischen Belastungen. Führung und Truppe hatten seit Stalingrad mit verzehrender Hingabe gefochten. Ein Jahr der härtesten Rückzugsschlachten war von ihnen durchgestanden worden, ohne daß ein Zusammenbruch des Heeres die sowjetischen Offensiven gekrönt hätte[78]. Wohl waren die deutschen Divisionen der südlichen Ostfront angeschlagen, gebrochen oder zermürbt aber waren sie nicht. So überragend indes ihre Leistungen, so verlustreich gerade die Herbst- und Winterkämpfe, die oft schon die letzte Substanz antasteten. Der »Ostwall« am Dnjepr — vielumraunt — erwies sich als Lüge, auch westlich des Flusses, über den die Sowjets nicht hinwegkommen sollten: Abnutzungsschlachten mit unlösbaren Aufgaben[79]. Wieder unterband Kräftemangel jede Möglichkeit, sich in der Tiefe zu gliedern und Frontlücken durch eigene Angriffe zu schließen. Das Gefühl der Überlegenheit begann zu erlöschen. Selbst Abwehrerfolge weckten keine Siegesstimmung mehr. Immer abwegiger und unbegreiflicher berührten die Befehle von oben. Immer gewaltsamer suchte unbedingte Pflichterfüllung lähmende Zweifel zu überdecken. Der Kampf gegen Feind, Klima, Strapazen und Hitlers Strategie schien nun endlos, ja, war zur Hölle geworden. Hier zeigte der Soldat eine gewisse Bereitschaft, die Argumente der Bewegung »Freies Deutschland« anzuerkennen. Denn mehr und mehr drohte er an sich selbst und dem Kriegsgeschehen irre zu werden.

Aber sah andererseits die Truppenführung, an ihre begrenzten Abschnitte gefesselt, die Lage im großen richtig?[80] Überschaute sie das Ganze, in das sie wie eh und je kaum Einblick erhielt? Hatte der Eid aufgehört zu binden, sobald es schlecht um die eigene Sache stand? Fragen über Fragen. Einige beantwortete der Gegner: sein Ziel, die bedingungslose Kapitulation des Reiches, verbot Schwankungen und zwang zu weiterer Gegenwehr. Dieses Ziel machte auch glauben, daß nur Hitler Deutschland vor einem chaotischen Ende bewahren könne. Doch alle quälenden Gedanken überwog die Verachtung, die der »Dolchstoß« des Komitees und Offiziersbundes ausgelöst hatte[81]. Wußten beide überhaupt, was sie der Truppe antaten, wenn sie hinter den russischen Linien auf sie einwirkten? Kannten sie die Folgen? Gehorsam bei Befehlen zur Übergabe setzte voraus, daß jede Chance zu entrinnen geschwunden sein mußte[82]. Der deutsche Soldat fürchtete die sowjetische Kriegsgefangenschaft mehr als den Tod. Viele hatten die Bilder erschlagener und verstümmelter Kameraden vor Augen, die in die Hände der Russen gefallen und von ihnen zurückgelassen worden waren. Derartige Traumata entschieden. Was auch der Feind und dessen Büttel versprachen: die Fronttruppe war überzeugt, daß sowjetischer Stacheldraht Genickschuß, Tod und Verderben bedeutete[83]. Sie verlangte — Richtlinie für alle Kommandeure — Rettung durch Ausbruch nach Westen[84].

Nichts nutzte, angesichts solcher Haltung, Seydlitz' Mahnung, an das Beispiel Yorcks[85] und das Leben deutscher Soldaten zu denken. Diese Soldaten nahmen eher die größten Gefahren auf sich, als ihm, dessen Rolle ihnen unverständlich war, zu vertrauen. Jede Propaganda, die zur Gefangenschaft bekehren wollte, blieb ihnen Gimpelfängerei[86]. Erst recht mußten sich die miteingeschlossenen SS-Verbände allen Appellen versagen. Wohl richtete Korfes einen Brief an Gruppenführer Gille, Kommandeur der SS-Division »Wiking«. Gille las, daß, wenn er freiwillig die Waffen strecke, alle eingeleiteten Verfahren gegen ihn und seine Truppe niedergeschlagen würden[87]. Doch konnten solche »Zusicherungen« verfangen und auch nur für Augenblicke überzeugen? Hier banden dunkle Verstrickungen vollends an den Führer und Feldherrn Adolf Hitler.

So endete die Aktion des Komitees und Offiziersbundes mit einem Fiasko. Statt sich — wie erhofft — geordnet gefangen zu geben, brachen in der Nacht zum 17. Februar 1944 die beiden deutschen Korps mit der blanken Waffe durch die sowjetische Front[88]. Der Angriff, der bald die vorderste Entsatztruppe erreichen sollte, traf nach verlustreicher Bereitstellung auf einen völlig überraschten Feind. Seine erste Gegenwehr war schwach. Planmäßig folgten der voranstürmenden Infanterie das zweite und dritte Treffen: etwa 40 000 Mann fluteten nach Westen. Die Freiheit, offizielles Parolewort des Tages, schien für sie nahe, doch die Abschnitte, in denen sie ihre Kameraden vermuteten, hielt der Gegner[89]. Wütend schlug nun sein Panzer-, Pak- und Artilleriefeuer in die anrennende Truppe. Jede Ordnung zerbrach. Waffen und Geräte verkamen, Verwundete blieben liegen; erschreckend stiegen die blutigen Ausfälle an. Verzweifelt erhob sich die aufgesplitterte Masse der Soldaten, um mit letzter Energie dem drohenden Untergang zu entgehen. Nur Restgruppen aller Divisionen gelang der endgültige Durchbruch. Nahezu frosterstarrt und verhungert, demoralisiert und waffenlos, sammelten sich schließlich 20 000 nicht mehr einsatzfähige Überlebende in den Auffangräumen. Tausende von Toten — darunter General Stemmermann — kennzeichneten auf dem Schlachtfeld den Weg der davongehasteten Kolonnen. Wenigstens 15 000 Gefangene ergänzten die Beute des Siegers[90].

Gewiß ergaben sich viele dieser Gefangenen mit Flugblättern in der Hand, aber auch sie ergaben sich nur, weil sie nicht mehr hatten entkommen können[91]. Niemand durfte die 15 000 als Erfolg der Bewegung »Freies Deutschland« feiern, und kein Frontbevollmächtigter verspürte Neigung zu frisierten Bilanzen[92]. Jeder Gefangene fühlte sich auf der falschen Seite gerettet.

Tief bedrückte der Fehlschlag Komitee und Offiziersbund[93]. Durften sie — nach Bestätigung untergründiger Skepsis — überhaupt noch Resultate erhoffen? Wurden nicht alle Appelle zu sinnlosem Aufwand, wenn die Truppe — selbst in katastrophaler Lage — blutiges Gemetzel dem Übertritt auf die eigene Seite vorzog? Was dachte und empfand der deutsche Soldat? Vergeblich suchte man nach den Gründen seiner Pflichterfüllung, die nicht mehr die der gesunden Einsicht sein konnte. Bestürzt begann man zu ahnen, daß blinder Gehorsam Deutschlands Untergang unabwendbar machte[94].

Kein Zweifel: Lunjowo und das deutsche Ostheer schieden unüberbrückbare Gräben. Hier die Überzeugung, daß der Krieg für das Reich verloren und selbst bei bedingungsloser Kapitulation augenblicklich zu beenden ist; daß Hitler Wehrmacht und Volk in den totalen Zusammenbruch treibt und russische Gefangenschaft als rettende Alternative gilt. Dort der Glaube, daß gekämpft werden muß, bis der Vernichtungswille unerbittlicher Gegner erlahmt ist; daß allein der »Führer« die Niederlage abwenden kann und sowjetischer Stacheldraht als Perspektive ausscheidet. Betrachtet man diese

Faktoren, suchten Komitee und Offiziersbund auf Gewalten einzuwirken, die nicht zu beirren waren, ja, auch nur Ansätzen zur
Vernunft spotteten. Das Ringen an den Fronten gehorchte eigenen
Gesetzen, dem Unstern der Zerstörung und Besinnungslosigkeit.
Um so gespenstischer die Überlegungen, mit denen sich Komitee
und Offiziersbund plagten. Weinert meinte zu wissen, daß die neue
Losung vor allem deshalb nicht überzeuge, weil der deutsche Soldat
noch Illusionen über Hitler hege[95]. Das traf zu, aber war Gläubig-
keit zu erschüttern? Alle Beschwörungen kamen aus der Sowjetunion, deren Wirklichkeit abstieß und die Deutsche nicht zu ändern
vermochten. So fehlten — unaufhebbare Paradoxie — auch rationa-
len Argumenten Kraft und Eindringlichkeit. Noch unsinniger die
Absicht, fortan ausschließlich um die Mannschaften in der Wehrmacht zu werben. Möglich, daß einige Gefangene »zugaben«, lediglich ihre Offiziere hätten sie zu sinnlosem Widerstand gezwungen.
Wenn jedoch Heinrich Homann, selbst Major, derartige Aussagen
aufgriff und das Offizierkorps verunglimpfte, so mußte er vollends
in die Irre gehen[96]. Aufwiegelung gegen Vorgesetzte traf, namentlich bei der kämpfenden Truppe, auf schneidende Verachtung und
verfehlte erst recht ihre Adressaten[97]. Wie früher Wagner und ähnliche Politruks mußte die Bewegung »Freies Deutschland« mit Dif-
famierungen der Offiziere scheitern.
So jammervoll der Mißerfolg von Tscherkassy: ihm folgten — noch
niederdrückender und verwirrender — nun Ereignisse, unter denen
die Einheitsfront der Kommunisten und Soldaten auseinander-
brach.
Den Auftakt bildete eine Tass-Meldung. Sie erwähnte die künftige
Westgrenze der Sowjetunion und weitgehende Entschädigungen
für Polen[98]. Jede Ungewißheit schwand, wer die Kosten tragen
sollte. Russische Pressekommentare sprachen von großen Gebieten
der deutschen Ostprovinzen. Ein Schock des Entsetzens lähmte in
Lunjowo Generale und Offiziere[99]. Territorien, die gerade ihnen
unantastbar schienen, wollte man vom Reich losreißen. Kein Wech-
selfall des Krieges — glaubten sie — konnte diese Übereinkunft der
Teheraner Konferenz rechtfertigen. Zwar wies Weinert darauf hin,
daß er stets ein bitteres Ende prophezeit habe, wenn sich der Bewegung »Freies Deutschland« Erfolge versagten[100]. Doch Thesen der
Linken, nach denen Polens Sicherheit die Annexion Ostpreußens,

Pommerns und Schlesiens erfordere[101], reizten den Offiziersbund auf. Er bestritt Polens Ansprüche und verwarf strategische Gesichtspunkte. Ihm waren alle »Gründe« Vorwände, die »politische Gebietserweiterungen« bemäntelten. »Daß Deutschland«, hieß es in einer seiner Stellungnahmen, »für das von Hitler begangene Unrecht zahlen muß, ist selbstverständlich. Aber wenn Unrecht mit Maßnahmen gesühnt werden soll, die das deutsche Volk als *Vergeltung* statt Wiedergutmachung empfinden müßte, so wird eine Befriedung und Beruhigung Europas in weite Ferne gerückt. Den Verlust der Heimat, die man zwangsweise verlassen muß, vergißt ein Volk nicht, vor allem aber nicht die Ausgesiedelten ... Auch ein demokratisches Deutschland würde schwer mit solchen Gefühlsmächten zu ringen haben und der weiterlebenden Erinnerung kaum oder erst nach langer Zeit Herr werden können.«[102] Hier verlief ein deutlicher Trennungsstrich, mehr noch: ein Bruch, den ideologische Redereien nur vertieften. Die Offiziere fühlten sich verletzt, gedemütigt, düpiert. Sie blieben unwillig, gleich den Marxisten Grenzen zwischen einem sozialistischen (!) Deutschland und Polen für »unwesentlich« zu halten. Lunjowos Sektionen waren gespalten.

Ein Versuch, Aufbau und Organisation der Bewegung »Freies Deutschland« zu straffen, konnte den Entfremdungsprozeß nicht aufhalten[103]. Eher trug er dazu bei, ihn zu beschleunigen. Obschon alle Organe — Vorstände, Ausschüsse und Plenum — formal nach demokratischen Grundsätzen gebildet waren, vermißten die Spitzen des Offiziersbundes klare Befugnisse und Richtlinien. Was längst unzufrieden stimmte, veranlaßte zu einer Denkschrift der Generale[104]. Ihr Entwurf regte an, die politischen, militärischen, wirtschaftlichen und kulturellen Ressorts streng voneinander zu scheiden. Er wollte im Präsidium nur noch Generale und Reichstagsabgeordnete (also von den Emigranten Pieck und Ulbricht) vertreten sehen[105]. Die Aufgaben in Deutschland, so der Haupttenor, verlangten eindeutige Direktiven. Die Denkschrift umging das leidige Problem der künftigen deutschen Ostgrenze. Ebenso mied sie — trotz Anspielungen — das Wort »Schattenkabinett«[106].

Der Entwurf, zutreffend in vielen Absätzen, »riskierte« die Interpretation, daß »eine Plattform sicherer Mitbestimmung« angestrebt wurde, die nicht jeden Einsatz hinfällig machen sollte. Das aber setzte im Grunde ganz andere Gewichte voraus. Weinert, Pieck und

Ulbricht lehnten denn auch die Gedanken des Offiziersbundes aufs strikteste ab. Geschickt gaben sie vor, daß die Zeit für Reorganisationen noch nicht gekommen sei[107]. Trotzdem glaubten die Generale, ihren Entwurf den Russen zuleiten zu sollen. Melnikow empfing und las ihn, doch statt sachlich zu antworten, rüffelte er die unwillkommenen Autoren. Brüsk forderte er Seydlitz auf, »das Papier des Offiziersbundes« zurückzuziehen und sich vor dem Geschäftsführenden Ausschuß wegen »Verletzung demokratischer Prinzipien« zu entschuldigen[108]. Die unangenehme Erklärung fiel kurz aus, aber der General — und nicht nur er — war drastisch belehrt.

Melnikows Reaktion konnte kaum verwundern. Man wünschte sich nicht länger gegenüber Gruppen festzulegen, deren politische Bedeutung ohnehin mehr und mehr verblaßte. Der Krieg arbeitete für den linken Flügel, die kommunistischen Antifaschisten. Was indes Melnikows ungewöhnliche Schroffheit auslöste, könnten auch schon Ahnungen gewesen sein, daß innerhalb des Bundes Deutscher Offiziere Sabotageakte drohten.

Wirklich plante sie ein Mann, der, früher angeblich nur Jurist des Verwaltungsdienstes, als Oberleutnant in russische Gefangenschaft geraten war: Hans Huber. Bereits 1943 formierte er im Lager Jelabuga Zellen, die auf eine Obstruktion der Antifa-Arbeit abzielten[109]. Er gewann mehrere Offiziere, unter ihnen Hauptmann Stolz, der sich besonders willig zeigte. Mit der Delegation des Lagers Jelabuga gelangte Huber selbst nach Lunjowo[110]. Trotz eifriger Bemühungen wählte man ihn nicht in den Vorstand des Offiziersbundes. Auf Betreiben von Korfes gehörte er zum Mitarbeiterstab des Hauses. Durch verschlüsselte Texte in Zeitung und Rundfunk informierte er Himmlers Gestapo über Komitee und Offiziersbund[111]. Daneben suchte er Gegensätze zwischen den Generalen und Emigranten zu schüren, um die Bewegung »Freies Deutschland« von innen her zu zersetzen. Zudem dachte er — für ihn wohl kein utopisches Projekt — an eine Aushebung des Hauses Lunjowo durch deutsche Luftlandetruppen[112].

Huber gestand, Empfangsbestätigungen von deutscher Seite erhalten zu haben[113]. Im Vorstand des Offiziersbundes saß Hauptmann Stolz, sein alter Vertrauter von Jelabuga. Weitere Tests hatten bei Generalleutnant Rodenburg Erfolg, der — gegen seinen Willen in

Lunjowo — zumindest für hausinterne Sabotage aufgeschlossen war[114]. Rodenburg erbitterte die »Unsinnigkeit der Zersetzungspropaganda«. Mitte Januar 1944 hatte er Seydlitz geraten, »den ganzen Krempel den Russen vor die Füße zu werfen«[115]. Vorbehaltlos unterstützte er Hubers Absicht, die Generale mit ihrer Denkschrift in eine von vornherein erwartete Niederlage zu treiben. Nach Rodenburg war Huber nicht nur Initiator, sondern auch Hauptverfasser des abgekanzelten Papiers[116]. So fraglich Teile dieser Lesart, der andere Zeugnisse entgegenstehen: Ablauf und Ende der Denkschrift-Affäre waren zu Hubers Zufriedenheit ausgefallen. Danach freilich wurde ihm der Boden zu heiß. Von Seydlitz für die nächste Frontdelegation vorgesehen, sann er auf Flucht durch Überlaufen[117].

Als im April 1944 Major Bechler, Hauptmann Stolz und Leutnant Dr. Wilimzig zur Leningradfront aufbrachen, trat Huber — vermutlich aus Nervosität leichtsinnig geworden — an Wilimzig heran[118]. Huber drängte ihn, zu den deutschen Linien zu fliehen und über eine angegebene Telefonnummer die Gestapo zu informieren. Wieder erklärte er, hier »Verbindungen« zu haben. Wilimzig ging zum Schein auf Hubers Antrag ein, unterrichtete aber einen Kameraden, dem er weitere Schritte überließ. Er selbst hielt sich vorerst zurück, da er angesichts der phantastisch anmutenden Aufschlüsse an Hubers Zurechnungsfähigkeit zweifelte. Die Frontdelegation belehrte ihn eines Besseren. Stolz gab sich als Vertrauter Hubers zu erkennen — entschlossen, dessen Anweisungen zu befolgen[119]. Da verhinderte Wilimzig des Hauptmanns Überlaufen, indem er die gesamte Delegation sabotierte. Der sowjetische Frontkommandeur brach ihren Einsatz ab. Lunjowo verstieß Wilimzig »wegen politischer Unzuverlässigkeit« aus den Reihen des Offiziersbundes[120].

Die Ahnungslosigkeit im Vorstand des Bundes Deutscher Offiziere hielt indes nicht lange an. Denn zur gleichen Zeit, als Wilimzig in Moskau über Hubers Umtriebe berichtete, offenbarte sich in Lunjowo sein Vertrauensmann zufällig dem von Huber ebenfalls abgetasteten Zahnarzt Dr. Zimmermann[121]. Nach Rückruf der Leningrader Frontdelegation zögerten beide nicht, ihre Kenntnisse und Mutmaßungen dem völlig überraschten Lattmann mitzuteilen. Es war der letzte Moment. In der Nacht zum 7. Mai 1944 wurde Huber von einem sowjetischen Offizier aus dem Bett geholt und verhaftet[122]. Gewiß konnte Generalmajor Lattmann bei den nun einsetzenden Untersuchungen des NKWD sein Protokoll vorlegen: Beweis für die »Wachsamkeit« des Offiziersbundes[123]. Doch was half es? Die Sabotage, im Kreis um Seydlitz nicht nur versucht, mußte den Bund Deutscher Offiziere belasten.

Die Vertrauenskrise äußerte sich jetzt in einer gründlichen »Reinigung« des Offiziersbundes. Die Sowjets schoben Oberstleutnant Bechly sowie die Leutnante Dr. Greifenhagen und Dr. Wieder ab — sämtlich Männer, deren konservatives Profil dem linken Komitee-Flügel längst ein Dorn im Auge war[124]. Abrufe ergingen an alle Frontdelegationen des Bundes Deutscher Offiziere: ausnahmslos, schien es, unterstellte man ihnen Sabotageabsichten. Langsam erstarb in Lunjowo jener Freimut, der bisher die Mitarbeit der Soldaten gekennzeichnet hatte. Zunehmend kamen rein marxistische Vorstellungen auf, denen gegenüber sich selbst die Generalität nicht mehr durchzusetzen vermochte[125].

So war, nach allen Rückschlägen in Lunjowo und an den Fronten, allein die Hoffnung auf einen innerdeutschen Staatsstreich geblieben. Nur mit ihm konnte sich noch die Waagschale zugunsten des Offiziersbundes und seiner Ziele heben, aber hatte nicht — quälende Frage — auch dieser Staatsstreich längst alle Chancen eingebüßt? Und vor allem: würde ihn die Wehrmachtführung je wagen?

Sechstes Kapitel
Der 20. Juli 1944 und die Bewegung »Freies Deutschland«

Was kaum noch erwartet wurde, geschah am 20. Juli 1944. Oberst Graf Stauffenberg unternahm, im Rastenburger Führerhauptquartier, ein Bombenattentat auf Hitler. Die innerdeutsche Fronde erhob sich, um ein schmachvolles Regime abzuschütteln und Deutschland vor der Katastrophe zu retten. Als die ersten Nachrichten Lunjowo erreichten, beherrschten Erregung und Genugtuung die Szene[1]. Das Haus »erbebte in seinen Grundfesten. Alles strömte zusammen«. Die Mißerfolge und Affären der letzten Monate verblaßten. Spontan feierten Offiziersbund wie Komitee Stauffenbergs Tat als Auftakt zur Umkehr des Reiches.

Nichts aber schien für die Bewegung »Freies Deutschland« kennzeichnender, als daß sie über die meisten Männer der Fronde rätselte[2]. Nie hatte sie zu ihnen Kontakte knüpfen können. Sicher, schon 1943 war man dabei, mit Briefen an jene heranzutreten, bei denen man Opposition vermutete. Doch diese Briefe wurden zu sinnlosem Aufwand, weil die Sowjets sie nicht weitergeleitet hatten[3]. So suchte man nun über den Äther auf das deutsche Volk einzuwirken. Seydlitz, Daniels, Einsiedel und Emendörfer beschworen die Nation, sich beherzt hinter Stauffenberg zu stellen[4]. Auch Weinert und Erpenbeck riefen alle Stände auf, ohne Vorbehalt dem Gebot der Stunde zu folgen. »Wir wissen nicht, wer sie (die Attentäter) waren. Aber wir heißen die Aktion Stauffenbergs willkommen und unterstützen sie mit unserer ganzen Kraft.«[5] Der Jubel des ersten Augenblicks wich indes bald bitterer Enttäuschung[6]. Kaum zwei Tage währte die Hoffnung, daß der heißersehnte Umschwung nahe sei, dann sprachen Presse und Rundfunk von einem mißglückten Attentat. Statt der Fronde triumphierten Folter und Schafott, statt des Waffenstillstandes Maßnahmen der Vergeltung, mit denen das NS-Regime Kampf bis zum Exzeß erzwang. Wieder hatte Hitler überlebt. Abermals siegte seine Magie über die nun tödlich bedrohte Nation. In Lunjowo hielt Anton Ackermann den Nekrolog auf die Verschwörer[7]. Ackermann, KPD-Emigrant, pries Stauffenbergs Tat als einen Versuch, der seiner Einmaligkeit wegen nicht hoch genug zu veranschlagen sei. Uneingeschränkt lobte er den Mut der ganzen Fronde. Kritisch wertete er die »fehlende breite Basis im Volk«: Vorwurf, der kaum traf, ja, abwegig war, weil eine levée en masse den Staatsstreich von vornherein gerichtet hätte[8].

Ackermanns Rede blieb noch maßvoll, eine würdige Manifestation, doch nach ihr drängten sich extreme Thesen nach vorn. Der linke Flügel ließ seine Maske fallen. Rudolf Herrnstadt deklarierte, daß mit den Kräften des 20. Juli die letzte Hürde für den kommunistischen Vormarsch beseitigt sei[9]. Abgesandte Moskaus gestanden: die Sowjetunion brauche das Nationalkomitee nicht mehr, um Hitlers Deutschland endgültig zu bezwingen[10]. Milde wich der Anmaßung, zu der Triumphe gerade Russen verführen.

Äußerungen von seiten der Emigranten, daß die Zukunft nicht Junkern und Generalen, sondern dem sozialistischen Fortschritt gehören werde, waren bereits Stauffenbergs Attentat vorausgegangen[11]. Damals suchte sie Weinert noch zu entschärfen, indem er von »unverbindlichen Meinungen« sprach, die nicht skeptisch stimmen, geschweige beunruhigen sollten. Jetzt — nach der unterdrückten Juli-Erhebung — spiegelten sie gewünschte Überzeugungen und die wirkliche Lage an den Fronten wider.

Moskau hatte aufgehört, kommende Verluste zu fürchten. Stalin durfte hoffen, bis ins Reich zu gelangen[12]. Überragende Siege beflügelten die Rote Armee. Konzentrische Offensiven hatten die Heeresgruppe Mitte[13], aber auch andere Verbände der deutschen Ostfront vernichtend getroffen[14]. Die Kämpfe näherten sich Ostpreußen und Rumänien, mit dessen Abfall zu rechnen blieb. Und Amerika und England hatten Wort gehalten: am 6. Juni 1944 waren ihre Invasionsarmeen an den Küsten der Normandie gelandet[15]. Die alliierte Luftwaffe zerbombte, mit ungeheurer Überlegenheit, Stellungen und Etappengebiete der deutschen Verteidiger. Unaufhaltsam reiften Durchbrüche in die Tiefe Frankreichs heran. Hitler und dessen OKW konnten keine sinnvollen operativen Entschlüsse mehr fassen. Unwiderruflich hatte sich das Schlachtenglück von ihnen abgekehrt.

Diese hoffnungslose militärische Situation sollte, in russischer Sicht, auch einer deutschen Fronde keine Chancen gewähren. Was am 20. Juli zum Staatsstreich trieb, war den Sowjets nicht länger willkommen. Jetzt wollte der Kreml den vollen Sieg. Eine antinationalsozialistische Gewalt, die um Waffenstillstand bat und deren Wehrmacht die Rote Armee im östlichen Polen festhielt, drohte zum Hindernis zu werden. Da sollten, nach einem absehbar gewordenen Feldzug, lieber Sowjetdivisionen in Räume einbrechen, die Moskau dann mit eigenen Konzepten umzuformen vermochte. Möglich, daß auch ein gelungener Staatsstreich die Besetzung des Reiches nicht abgewendet hätte. Aber eine deutsche Umkehr im Juli 1944 mußte das bolschewistische Rußland eher aufschrecken als beglücken.

Hatten unter diesen Umständen Komitee und Offiziersbund noch Einflüsse geltend zu machen? Wenn sie je eine politische Bedeutung besaßen, so war sie nach dem Ende der Fronde dahingeschwunden. Und die Frontpropaganda, deren Losung kaum Vorbehalte mehr beschweren konnten? Gewiß wurde sie weiterhin in dem Glauben bejaht, daß Aufrufe wenigstens im Endstadium Widerhall fänden[16]. Gewiß operierten gerade jetzt Diversionstrupps, die im Namen der Organisation »Freies Deutschland« aufzutreten wagten[17]. Doch wie nun alle Propaganda den militärischen Operationen nachhinkte, so verlor sie auch für die Sowjets ihren Rang. Nie erreichte der Offiziersbund wieder die alte Zahl seiner Delegationen[18]. Erst recht mobilisierte Moskau nicht jene gerüchteumwitterte »Seydlitz-Armee«, die, ursprünglich als bescheidene deutsche Legion geplant, schon im Herbst 1943 abgelehnt worden war[19]. So verblieb allein die Möglichkeit, sich den Siegern von morgen anzugleichen. Nur der Übertritt in dessen Lager schien noch Mitwirkung zu garantieren.

Die kommunistischen Emigranten brauchten sich nicht nach der Stunde auszurichten. Von jeher gefügig, betraten sie erneut den festen ideologischen Boden, den sie zeitweise in verwirrendem Ausmaß hatten verlassen müssen. Wenn es auch ihnen Mühe bereitete, die Annektion der deutschen Ostprovinzen hinzunehmen[20]: sie konnten erwarten, fortan Maximen ihrer Partei und Weltanschauung verwirklichen zu können. Deutschland würde, früher oder später, Experimentierfeld des Kommunismus sein. Von März bis August 1944 tagte in Moskau eine Kommission führender KPD-

Mitglieder, um Aktionsprogramme für die Zukunft zu erarbeiten und abzustecken[21]. Ihre Analysen zielten auf einen »Block kämpferischer Demokratie«, doch dieser Slogan hieß »Herrschaft der Kommunisten« oder »Revolutionäre demokratische Diktatur des Proletariats« über rasche Etappen.

Sicher wünschte die Kommission verschiedene Parteien und Gewerkschaften, aber mit dem eindeutigen Vorbehalt, daß sie zu »Schulen des antifaschistisch-demokratischen Bewußtseins« wurden. Wo Hindernisse drohten, suchte man sich zu vergegenwärtigen, wie die eigene Macht zu sichern sei. Ulbricht bestritt der innerdeutschen Opposition jeden politischen Führungsanspruch. Nichts gedachten er und andere länger dem Zufall zu überlassen. Frieden, Freiheit, Arbeit, Ernährung und »eine wahrhaft gerechte Verteilung der Lasten des Wiederaufbaus und der Wiedergutmachung« sollte und konnte nur die KPD gewährleisten. So geheim die Tagungen der Kommission, ihre Diskussionen und Beschlüsse: es blieb Sache der Generale und Offiziere zu erkennen, daß jetzt dem linken Flügel Vorrang, ja, Federführung gebührte. Das Pendel war zugunsten radikaler Elemente ausgeschlagen.

Die gescheiterte Juli-Erhebung raubte dem Bund Deutscher Offiziere nahezu alle Trümpfe[22]. Was anschließend im Reich geschah, zwang zu dem Schluß, daß Volk und Nation der Machtlosigkeit zusteuerten. Insofern wäre es ratsam gewesen, mit der Omnipotenz jener kommunistischen Gruppen zu rechnen, auf die von nun an die Sowjets ihr Interesse konzentrierten[23]. Die Mehrheit des Offiziersbundes indes war unfähig, einen Gesinnungswandel zu vollziehen. Sie kannte lediglich die »Ideologie«, Deutschland zu retten. Ihr gegenüber stellte sie andere Pläne zurück. Diese Mehrheit einte gewiß die Vorstellung, daß der Nationalsozialismus einem demokratischen Rechtsstaat zu weichen habe[24]. Doch vor dem Sturz Hitlers sah sie sonst nur im »Einheitsblock vom Marxisten bis zum Konservativen« ein Modell für die Zukunft.

Daß derartige Ziele nicht utopisch schienen, hatten gerade die kommunistischen Emigranten bekräftigt[25]. Wenn sie 1941/42 eine abstoßende Hetzpropaganda betrieben, so hatten sie sich später in Partner verwandelt, die lebhaft um den Anschein bürgerlicher Provenienz bemüht waren. Immer wieder erklärten sie, daß allein die Einheitsfront aller Antifaschisten enges Parteidenken überwinden könne[26]. Mit Absagen an den Klassenkampf suchten sie sich als national empfindende Deutsche auszuweisen. Obschon sie zögerten, ihren Begriff von Demokratie näher zu definieren — eine mehrfach angeregte Zeitungsseite über dieses Thema kam nie zustande —, sollte das neue Reich eine parlamentarische Republik sein[27]. Deutschland sei, meinten sie in Lunjowo, und zwar auch beschwichtigend, für den Kommunismus noch nicht reif. Die Offiziere waren beeindruckt und fingen an, ihre Partner und die Sowjetunion mit anderen Augen zu betrachten. Während einzelne Stimmen Stalins Rußland zum demokratischen Staat stilisierten[28], verwahrte sich Seydlitz im Rundfunk gegen die Annahme, der Bolschewismus solle anderen Völkern aufgezwungen werden[29]. Finnland — 1944 nach seinem Abfall von Hitler glimpflich davongekommen — schien solch eine Sicht zu bestätigen, ebenso später Beneschs wiedererstandene Tschechoslowakei. Und nicht genug, daß man nun Parallelen zur Tat Yorcks in Tauroggen zog; fortgesetzt erinnerte man auch an Rapallo und den Pakt zwischen Reichswehr und Roter Armee, kurz: an Verträge, die Moskaus Bündnistreue belegten[30].

Doch wie immer die Offiziere ihre Position begründeten: gegenüber den Theorien des Marxismus blieb es bei ausgeprägter Distanz. Gewiß war man bereit, sich mit ihnen auseinanderzusetzen[31]. Vorträge von Arnold, Varga, Lukács und Zaisser boten Anregungen und zugleich werbenden Weltanschauungsunterricht, aber ungeschminkt polemisierte man gegen den historischen Materialismus, der Ideen kaum Rang zuerkannte und jede Epoche nur als Vorstufe sozialistischer Ordnung wertete. Die Offiziere — unter ihnen gebildete, wohlgewappnete Köpfe — weigerten sich, doktrinär zu erblinden und zum Kommunismus überzutreten[32]. Weder huldigten sie dialektischem Denken noch den sozialrevolutionären antiwestlichen Thesen, mit denen sie — wenn überhaupt — in die Nähe eines »Nationalbolschewismus« gerückt wären[33]. Die Folge war, daß die Entwicklung im Anschluß an den 20. Juli über den Bund Deutscher Offiziere hinwegschritt. Nicht nur stagnierte er jetzt nach sowjetischer Auffassung politisch; im Licht ihrer Optik mußte er bereits unbrauchbar geworden sein. Konsequent hielt sich Moskau an die letzte wesentliche Aufgabe, die der Bewegung »Freies Deutschland« noch verblieben war. Entschlossen ergänzte es die kommunistische Sektion um die Soldaten, die für den künftigen deutschen Machtapparat geeignet schienen, und deren Weg führte über die Antifaschule von Krasnogorsk[34].

Obgleich man Meldungen nicht erzwang, sah das Haus Lunjowo alle Absolventen dieser Schule »nachdrücklich herausgestellt«[35]. Vorträge und Seminare der Umschulungsstätte umspannten Fachgebiete von erstaunlicher Vielfalt. Ausgesuchte Politruks, unter denen Zaisser hervorstach, unterrichteten über dialektischen und historischen Materialismus, über Ökonomie, Imperialismus und die Geschichte der Arbeiterbewegung[36]. Was sie lehrten, duldete keine Einwände, allenfalls aufklärende Nachhilfe. Die Hüter der Grals-lehre verlangten, ob in Repetition oder Selbstkritik, unbedingte Treue zur verabsolutierten Partei. Mit einem Schlußeid voller Drohformeln entließ man die Zöglinge aus der Schule. Hunderte von Kriegsgefangenen wurden unterwiesen, auf die Leitsätze des Stalinismus verpflichtet[37]. Schon vor dem 20. Juli 1944 kehrten Komitee-Mitglieder als Kommunisten nach Lunjowo zurück[38].

Die Motive dieser Konversionen blieben schillernd und übersprangen nicht nur im Fall des Grafen Einsiedel Welten. Opportunismus wie Geltungssucht lagen nahe und waren kaum auszuschließen. Sicher rieb sich manches Komitee-Mitglied an der Mentalität des Offiziersbundes[39]. Dessen »rein pragmatische Ziele« befriedigten immer weniger. Das mochte Grund oder Vorwand sein, oft aber quälten auch Fragen des Völkerringens, auf die lediglich der Marxismus Antwort zu wissen schien. Ordnete er nicht mit bestechender Ratio eine widerspruchsvolle Welt? Wies er nicht in Analyse und Prophetie klare Marschrouten? Hier wurde verheißen, daß es Wahrheit und eine Lehre gab, die Kopf und Herz befriedigte. Hier winkte Glück im Einsatz für eine Zukunft, die den Menschen erst auf Gipfelhöhen heben sollte. Derartige Momente zählten um so mehr, als mangelnde Bildung und die Passivität selbständig Denkender den kommunistischen Sog begünstigten. Gerade die Jüngeren wollten wieder glauben und zu einer Gemeinschaft gehören. Ihr Fortschrittsrausch übersah den Despotismus der neuen Lehre und das Zwangskorsett, in das sie — vom Nationalsozialismus enttäuscht — nun abermals schlüpften. Ihr Glaube war der Glaube frischer, unverbrauchter Proselyten. Mit ihm steigerten sie das Gewicht des linken Flügels, der »aussichtsreichsten Kräfte und

Ideen«. Ernüchterung hatte, wie bei jeder Überspanntheit, erst später eine Chance.

Der 20. Juli 1944 bewies die Isolation der Bewegung »Freies Deutschland« gegenüber dem Widerstand im Reich. Aber stimmte die Bewegung nicht wenigstens mit dessen Plänen überein? Hatte auch dieser Widerstand Kontakte zu Lunjowo angestrebt? Begrüßte er Komitee und Offiziersbund als Helfer im Kampf gegen Hitler?

Wie die Frontsoldaten bezweifelte anfangs der innerdeutsche Widerstand die Existenz des Nationalkomitees[40]. Beck, Goerdeler und Moltke mißtrauten den Nachrichten russischer Sender. Die Vorstellung, daß bewährte Generale und Offiziere auf sowjetischer Seite agitierten, schien haltlos, absurd. Unsicherheiten und Zweifel sind bis zum Ende geblieben. Die Männer des 20. Juli wollten nicht glauben, daß insbesondere die Opposition von Seydlitz eigenem Willen folge[41]. Erst nachdem das OKW zu anderen Erkenntnissen gelangt war, wich auch bei den Verschwörern die größte Skepsis[42]. Etliche Briefe und Flugblätter verblüfften durch Detailkenntnis oder enthielten Wendungen, die man kannte und kaum gefälscht sein konnten. Allmählich regten sich Aufmerksamkeit und Anteilnahme. Zunehmend beachtete die Fronde Komitee und Offiziersbund[43].

Lunjowo brauchte den innerdeutschen Widerstand nicht anzustacheln. Längst hatte er zu Anschlägen ausgeholt. Seine Schwächeperiode, Spiegelbild der Erfolge Hitlers, schien überwunden[44]. Seit Beginn gerade des Rußlandkrieges war der Wille zu entschiedener Opposition gewachsen. Leidenschaftlich wehrten sich die Besten gegen Maßnahmen, mit denen Hitler der Armee jede Ehre nahm, gegen Kommissar-, Kriegsgerichtsbarkeitsbefehl und die Massenmorde an Juden im Rücken der Truppe[45]. Erbittert geißelten sie des Diktators menschenverachtende Führungsmethoden, die alle Gesetze der Strategie mißachteten und denen Hunderttausende sinnlos zum Opfer fielen. Die Verschwörer wußten, daß der Krieg verloren und die Zeit gekommen war, der Würdelosigkeit unbedingten Gehorsams ein Ende zu machen. Glühend hofften sie auf einen mutigen Schritt des Generals Paulus, ja, auf flammende Anklagen aus dem Kessel an der Wolga, allen voran die Offiziersfronde um Oberst Henning von Tresckow bei der Heeresgruppe Mitte[46].

Diese Fronde begriff, daß militärische und politische Verantwortlichkeit nicht länger zu trennen waren. Ihr Ziel, die Rettung des
Reiches, verdrängte jeden Vorbehalt und mobilisierte einen entschiedenen Machtwillen. »Wir dürfen«, so Tresckow, »nicht fak-
keln, nicht straucheln«. Hitler war in seinen Augen einer der größten Verbrecher der Weltgeschichte, die Existenz von Millionen
auch den Tod einiger Unschuldiger wert. »Wie einen tollwütigen
Hund müssen wir ihn zur Strecke bringen.«[47] Versuche, den Diktator umzustimmen oder lediglich in Haft zu nehmen, lehnte Tresckow ab. Der Umschwung forderte, wie er meinte, angemessene
Mittel. Bereits der »eidfreie Zustand«, der die Armee zugleich
beschwichtigen und mitreißen sollte, verbot Schwankungen und
Halbheiten. Am 13. März 1943 — nach Absprachen mit Opposi-
tionszentren in Berlin — wagte diese Offiziersfronde auf Hitler ein
Bombenattentat, das nur an abnormen, nicht berechenbaren Zufäl-
len scheiterte[48].

Sicher hätte ein gelungenes Attentat im Frühjahr 1943 dem Reich
die besten außenpolitischen Trümpfe gesichert, doch zugleich wäre
es, auch in der Fronde, auf zwiespältige Empfindungen gestoßen.
Noch war trotz allen Wissens, daß Volk und Reich dem Untergang
zusteuerten, der vorsätzlich angestrebte Tyrannenmord umstrit-
ten. Goerdeler zögerte, Legalitätsbedenken aufzugeben und von
einer Vernunftgläubigkeit abzulassen, mit der er den Diktator zu
bekehren hoffte[49]. Moltke und dessen Kreisauer Kreis bejahten erst
spät und widerstrebend Attentate. Er und seine Freunde glaubten,
daß der Kampf im Zusammenbruch enden müsse, damit ein von
Dolchstoßlegenden unbelasteter Neuanfang möglich sei[50]. Auch als
Stauffenberg seinen Gewaltanschlag plante, hatte er Bedenken Zau-
dernder abzuwehren[51], aber blieben Komitee und Offiziersbund für
die Fronde bedeutungslos?

Generell war von der Bewegung »Freies Deutschland« ausgesprochen, was sich der innerdeutsche Widerstand selbst sagte. Schwerlich waren Lunjowos militärische Erkenntnisse zu widerlegen. Die
Stalingrader, »durch eine Hölle gegangen«, argumentierten im
Namen ihrer toten Kameraden[52]. Sie beschworen Deutschlands
aussichtslose Lage und mahnten als Patrioten, daß nur baldige
Umkehr vor totaler Vernichtung bewahre, einer Vernichtung, die
unfehlbar hereinbreche, da Hitler niemals bereit sei, »den Weg, der

allein zum Frieden führen kann, freizugeben«. Sie forderten bis Anfang 1944 den geordneten Rückmarsch und mit ihm eine Entscheidung, der auch ein siegreicher Widerstand nicht ausweichen konnte. Daß diese Losung hinter der sowjetischen Front laut wurde, sollte einem neuen Deutschland zugleich Verständigungsmöglichkeiten im Osten andeuten.

Ideell einte denn auch 1943 der Wille, Hitler und dessen Regime durch eine gelenkte Erhebung zu beseitigen. Viele Offiziere des 20. Juli begegneten der Bewegung »Freies Deutschland« zunächst nicht ohne Sympathie[53]. Zwar fürchtete Beck, daß Seydlitz »mit seiner Tätigkeit« Deutschland zu sehr auf die russische Linie festlege[54], doch Goerdeler widersprach dieser Auffassung. In einem Gespräch äußerte er: »Seydlitz legt uns nicht fest, jedenfalls wird man es immer korrigieren können, und daß er offen gegen Hitler auftritt, ist nur zu begrüßen.«[55] Nüchtern reagierte Ulrich von Hassell, der als Berufsdiplomat vor allem die außenpolitische Szenerie abzuschätzen suchte. Hassell fand, daß sich Stalin zunehmend von den Amerikanern differenziere[56]. »Sein deutsches Befreiungskomitee«, schrieb er Mitte August 1943, »bedeutet als solches nichts, ist aber als Symptom wichtig.« Die Chancen, die Lunjowo andeutete, hatte in seiner Sicht ein »anständiges staatsbewußtes« Deutschland schon deshalb aufzugreifen, weil ihm das Unheil einer Verständigung Hitlers mit Stalin unvorstellbar blieb[57]. Ähnliche Gedanken bewegten Werner Graf von der Schulenburg, Deutschlands letzten Botschafter in Moskau, und Ewald von Kleist-Schmenzin, einen der unerbittlichsten Gegner des Nationalsozialismus[58]. Für Schulenburg ermunterte das Nationalkomitee die innerdeutsche Fronde zur Hinwendung nach Osten; Kleist-Schmenzin empfand die Bewegung »Freies Deutschland« als Helfer im Kampf gegen Hitler, schätzte sie auch als Druckmittel gegenüber den Westmächten. Erst recht meinte Tresckow auf die Suggestivfrage »Verständigung mit den Sowjets also?« noch Ende Januar 1944: »Wenn ein so vorbildlicher Offizier wie Seydlitz, ein Edelmann ohne Fehl und Tadel, sich dazu hergab, müßte es auch für uns möglich sein, dort anzuknüpfen und auf diesem Wege zu retten, was sich retten läßt!«[59]

Derartige Reaktionen zeigten freilich nicht alle Verschwörer. Wie lange dem Staatsstreich, so versagte sich Moltkes Kreisauer Kreis taktischen Finessen[60]. Er ging eher vom sicheren fürchterlichen

Ende aus und konzentrierte seine Energien auf die Zukunft, für die er detaillierte Grundsätze und Programme erarbeitete. Ihm schien die Gründung und Aktivität des Nationalkomitees ebenso problematisch wie undurchsichtig. Nichts vermochte, in seiner Optik, die Bewegung »Freies Deutschland« zu wenden. Zwar glaubte noch im Berliner Bendler-Block Oberst i. G. Mertz von Quirnheim — Schwager des Generalmajors Korfes — an eine »ernste Zusammenarbeit« zwischen den Sowjets und der Seydlitz-Gruppe[61]. Aber sonst galt wohl auch hier das Urteil Stauffenbergs. Er äußerte sich »scharf ablehnend« und bekannte, daß er nur wenig von Proklamationen hinter Stacheldraht halten könne[62].

Trotzdem blieben, bis zum 20. Juli, übereinstimmende Tendenzen. Wenn das Manifest eine Demokratie forderte, die nichts mit der Ohnmacht des Weimarer Regimes gemein haben dürfe[63], so gab diese Devise auch Ziele der Verschwörer wieder. Ob Hassell ein vorläufiges Staatsgrundsetz[64], Goerdeler eine ausgereifte Verfassung[65] und die Kreisauer eine föderative Ordnung[66] entwarfen: überall hatte das Volk sein Schicksal selbstverantwortlich zu meistern. Der Erneuerungsversuch sollte »in ganz andere Lebensschichten reichen als die ›Revolution‹ von 1918 und 1933«[67]. Dabei dachte man, weitere Analogie, an die Einheit aller Kräfte. Reichwein bemühte sich, kommunistische Zellen für den Putsch zu gewinnen[68]. Beck betonte, »daß man nach der zu erwartenden Endkatastrophe eine antinazistische Einheitspartei gründen müsse, die von der äußersten Rechten bis zu den Kommunisten reiche — denn auf die Zuverlässigkeit der Kommunisten in nationalen Grundfragen könne man sich, wie er es in Oberschlesien erlebt habe, verlassen«[69]. Auch hinsichtlich der Wirtschaftsordnung stimmte Lunjowo teilweise mit dem innerdeutschen Widerstand überein. So vage im Manifest Formeln wie »Wiederherstellung und Erweiterung der politischen Rechte und sozialen Errungenschaften der Schaffenden« oder »Freiheit der Wirtschaft, des Handels und des Gewerbes«[70]: sie schlossen, bei rechtzeitigem Umsturz, Gemeinsamkeiten nicht aus. Goerdeler hob, in allen Entwürfen, den Arbeiter auf Ehrenplätze. Moltke und seine Freunde wünschten Mitbestimmung der Lohnabhängigen, Neuordnung von Kapital und Arbeit[71]: Programmpunkte, die sogar den Beifall der Emigranten und Jungmarxisten gefunden hätten.

Doch nicht Fragen der Zukunft bestimmten die Haltung der Verschwörer gegenüber Komitee und Offiziersbund. Zuletzt überwogen Abkehr, Unverständnis, Divergenzen. Probleme des Staatsstreiches, außenpolitische Ziele und Lunjowos Zersetzungspropaganda schufen unüberbrückbare Gegensätze.

Die Bewegung »Freies Deutschland« kämpfte offen. Volk und Wehrmacht erreichte sie lediglich mit propagandistischen Appellen. Dieser Weg wurde prinzipiell bejaht[72]. Weniger denn je fürchteten Komitee und Offiziersbund, daß die Motive ihres Handelns mißdeutet werden könnten. Was sie lenkte, »mußte« ebenso dem Ostheer zugänglich sein. So empört sie Vorwürfe der Feindbegünstigung oder des Landesverrats zurückgewiesen hätten: den Hochverrat ertrugen sie. Die Gesetze der NS-Diktatur verdrängten Widerstand aus der Legalität. Die innerdeutsche Fronde hatte sich dagegen zu tarnen, wenn nicht zu verleugnen[73]. Sie lebte hautnah zum Volk und wußte, daß dieses Volk noch immer Hitler anhing oder dessen Führung vertraute. Auch die Armee mußte sie durch einen Putsch gleichsam überrumpeln. Gewissenlosigkeit der Staatsspitzen und Revolte lagen außerhalb soldatischen Denkens. Gewiß blieb es der innerdeutschen Fronde unbenommen, wie sie taktisch verfahren wollte. Ermutigungen — selbst von der »Feind«seite her — stärkten die Verschwörer, doch Massenaufwiegelung konnten sie nicht als Hilfe empfinden[74]. Zersplitterte und zusammenhanglose Aktionen vermochte das NS-Regime mühelos niederzuschlagen. Wollte man Hitler und sein System beseitigen, verfing allein der abgeschirmte Staatsstreich einer handlungsfähigen Minderheit. Dieser Staatsstreich wurde angestrebt und auch am 20. Juli 1944 in Szene gesetzt[75]. Als Hebel diente »Walküre«, das Stichwort für Aufstände von Fremdarbeitern. Das Ersatzheer marschierte nur, wenn man ihm unverfängliche Befehle gab[76].

Nie wurden zudem die Verschwörer müde, den Tatbestand des Hochverrats zu umgehen oder zumindest einzuschränken[77]. Immer wieder suchten sie Möglichkeiten »erlaubter Einwirkung« auszuschöpfen[78]. Selbst dem 20. Juli war die Aufgabe zugewiesen, einen »ordentlichen legitimen Umschwung« herbeizuführen[79]. Zwang nicht die Volksmeinung zu dieser Taktik, so die Unverbrüchlichkeit des Legalitätsprinzips, in dem ein überpersönlicher Ordnungswille geachtet wurde. Sicher begriff schließlich auch der innerdeutsche Widerstand, daß ihm das kodifizierte Recht jede Vollmacht für den Umsturz versagte. Irdische Normen wichen Satzungen des Gewissens[80]. Trotzdem belasteten hier die Verschwörer weiterhin Konflikte, die Komitee und Offiziersbund längst überwunden hatten[81]. Verstöße gegen die Legalität schienen der Fronde nur im engsten Kreis tragbar. Noch in den ersten Aufrufen wollte sie von einem SS-Putsch sprechen, um den eigenen Staatsstreich zu rechtfertigen und abzusichern[82].

Nicht minder schwer wogen Unterschiede in der außenpolitischen Konzeption. Sowenig auch bei ihr die Bewegung »Freies Deutschland« an Vorschriften dachte[83]: die erste Propaganda-Losung ließ Chancen gegenüber der Sowjetunion durchblicken. Melnikow hatte, in seinem Gespräch mit den Generalen, ein deutsch-russisches Bündnis verlangt[84]. Der innerdeutsche Widerstand wertete Komitee und Offiziersbund als »Fürsprecher einer Ostlösung«[85]. Doch die Opposition fühlte antitotalitär und verwarf die Welt des Kommunismus[86]. Ihre Erhebung sollte politische Freiheitsideen wiedererwecken und suchte Rückhalt vor allem im Westen. Nur eine Anlehnung an England und Amerika bot ihr Gewähr, das Reich zu erhalten und dem drohenden sowjetischen Übergewicht zu widerstehen. Daß eine solche Allianz Aussichten besaß, glaubte insbesondere Carl Goerdeler[87]. Konnte es — seine Frage — Ziel der antibolschewistischen Westmächte sein, Rußland übermächtig werden zu lassen und Europas Kräftegleichgewicht zu zerstören? Auch vorübergehende Bündnisse vermochten »naturgegebene Gegensätze« nicht aufzuheben. Allein mit einem unversehrten Deutschland war der Kommunismus und die Hegemonie der Sowjetunion abzuwehren. Um so mehr setzte Goerdeler auf einen Frieden, der das Reich »als europäische Grenzmark« erhielt[88]. Machtinteresse und Vernunft forderten einen maßvollen Ausgleich. Was Goerdeler bewegte, erfüllte Beck, Hassell[89] und sogar die Sozialisten. Selbst ihnen widerstrebte es, sich an die Sowjetunion zu binden[90]. Die Westlösung blieb als Pflicht und Notwendigkeit innerhalb der Fronde unumstritten.

England und Amerika aber beharrten auf bedingungsloser Kapitulation. Für sie war, was die Verschwörer eher verdrängten, Hitlers Herausforderung zu vermessen; sie wünschten kein Deutschland, das seinen Großmachtstatus noch einmal mißbrauchte. In starrer

Marschroute erstrebten sie die Zerstückelung des Reiches. Ihr Kampf wurde, mit leidenschaftlich geschürtem Moralismus, zum Kreuzzug der Weltzivilisation gegen Mächte der Finsternis; zu ihnen gehörten ebenso die Männer der Opposition, nun Repräsentanten verhaßt gewordener Herrenschichten. Wenn die Sowjets an Englands und Amerikas Bündnistreue gezweifelt hatten: die Konferenzen von Moskau und Teheran dämpften das Mißtrauen des Kremls. Alle Versuche des innerdeutschen Widerstandes, die Haltung der Westmächte zum Staatsstreich zu erkunden, trafen auf Fronten des Schweigens[91]. Kein Wort des Zuspruchs drang mehr über die Grenzen.

Es war allein diese Sackgasse, die zu anderen Überlegungen nötigte. Widerwillig erwogen die Verschwörer Möglichkeiten einer Verständigung im Osten. Adam von Trott zu Solz betonte, daß das russische *und* deutsche Volk mit der »bürgerlichen Ideologie« gebrochen hätten[92]. Beide Völker neigten in seinen Augen zu einer radikalen Lösung ihrer sozialen Probleme. Trott verwies auf die gesteigerte kommunistische Untergrundtätigkeit und registrierte, ganz im Gegensatz zu den Westmächten, »konstruktive Ideen und Pläne« aus dem Osten[93]. Seine Denkschriften sandte er Allen Welsh Dulles, Roosevelts Schweizer Sonderbeauftragten: nochmaliger Appell an Washington und London, der Fronde beizuspringen und nicht den Sieg der Demokratien zu verspielen. Hassell gestand, daß es eigentlich nur noch einen Kunstgriff gebe: »entweder Rußland oder den Anglo-Amerikanern begreiflich zu machen, daß ein erhalten bleibendes Deutschland in ihrem Interesse liegt«[94]. Zwar ziehe er bei diesem Mühlespiel das westliche Spiel vor, aber zur Not nehme er auch die Verständigung mit Rußland in Kauf. Schulenburg plädierte erst recht für Kontakte zum Kreml. Er schätzte Deutschlands Aussichten gegenüber Stalin »überraschend hoch« ein[95]. Wie Trott hatte er von den Stockholmer Gesprächen zwischen Kleist und Clauss Kenntnis erhalten. Hassell und Goerdeler vernahmen, daß er bereit sei, sich im Osten durch die Frontlinien schleusen zu lassen. Schulenburg mußte jedoch sein problematisches Unternehmen, die Probe aufs Exempel nicht wagen. Sämtliche Erwägungen der Ostlösung blieben halbherzig, fruchtlos, eine rasch verdrängte Episode. Es gab, innerhalb der Fronde, keinen entschiedenen Willen, Deutschlands Zukunft auf einen Pakt mit

142

der Sowjetunion zu gründen[96]. Das Druckmittel eines Wechsels zum Kreml verlor in dem Maße seine Anziehungskraft, in dem die Lage des Reiches düsterer wurde. Trotz aller Aussichtslosigkeit klammerten sich die Verschwörer an den Westen. Europäisches Denken schien ihnen mit Bolschewismus unvereinbar. Bis zur Juli-Erhebung waren sie entschlossen, eher in Frankreich zu kapitulieren als die Ostfront zu öffnen.

Um so mehr mußten sie schließlich Lunjowos Zersetzungspropaganda seit Anfang 1944 verwerfen[97]. Die Opposition brauchte — generell — eine intakte Armee, um ihr letztes Machtmittel in der Hand zu behalten. Nie beabsichtigte sie, mit ihren Plänen die kämpfende Truppe zu beschweren oder deren Zusammenhalt zu erschüttern. Widerstand war nur von Spitzengruppen zu verantworten; sonst galten Einordnung und Gehorsam. Trotzdem ist die Bewegung »Freies Deutschland« in der äußersten Konsequenz dem innerdeutschen Widerstand nur vorangegangen. Längst quälten auch ihn Zweifel, ob es für eine gelenkte Erhebung nicht schon zu spät sei[98]. Ein praktischer Zweck, so Stauffenberg nach der geglückten alliierten Invasion, wäre »kaum noch ersichtlich«[99]. Tresckow erwiderte, »daß die deutsche Widerstandsbewegung vor der Welt und vor der Geschichte den entscheidenden Wurf« wagen müsse. »Alles andere ist daneben gleichgültig.«[100] Die Verschwörer wollten, von den militärischen Zusammenbrüchen alarmiert, die Westfront preisgeben und nach dem Putsch angloamerikanische Luftlandetruppen herbeirufen[101]. Ja, am 20. Juli trieben sie ihren Staatsstreich trotz des lebenden Hitler und gegen die Gefahr eines Bürgerkrieges voran[102]. Mochte der innerdeutsche Widerstand bemüht sein, »unerläßliche Prinzipien« zu retten oder hochzuhalten: auch für ihn hatten Grundsätze nationaler Kriegführung zu existieren aufgehört. Die Bedrängnis des Reiches zwang, von ihnen Abschied zu nehmen. Die Erhebung, um viele Monate überfällig, stand unter dem Diktat der Katastrophe. Doch die verhängnisvolle Dynamik am 20. Juli war nicht zu weissagen, geschweige vorauszusetzen, und was die Verschwörer Engländern und Amerikanern zubilligten, suchten sie der Roten Armee solange wie möglich zu verwehren. Im Osten empfanden sie jede Zersetzung »als unerträglich«. Hier sollte die Wehrmacht notfalls sogar weiterkämpfen, um Mitteleuropa vor russischem Einmarsch zu bewahren. Dieses Ziel trennte vollends von den Überläufer-Appellen der Kriegsgefangenen[103]. Die außenpolitische Adresse der Fronde entschied.

Eine Verbindung zum Komitee und Offiziersbund ist nie zustande gekommen[104]. Die Verschwörer wußten auch nicht, wie sie die Sektionen in Lunjowo hätten um Rat angehen sollen. Trotts Reisen nach Schweden dienten allgemeiner Information[105]. Obschon gewillt, auch mit der Bewegung »Freies Deutschland« zusammenzuarbeiten und Kontakte zu Moskau zu knüpfen, schreckten ihn Warnungen eines Freundes in der Gestapo, das Komitee sei von Spitzeln unterwandert, Anspielung auf Huber und dessen Helfer? Major Joachim Kuhn — Mitwisser der Verschwörer und nach dem 20. Juli Überläufer — steckten die Russen in ein abgelegenes Offizierslager[106]. Es blieb bei wechselseitiger Isolation.

Und die kommunistische Untergrundbewegung in Deutschland? Auch zu ihr fand man nie unmittelbar Zugang[107]. Wohl gelang es dem Nationalkomitee, die illegale Saefkow-Bästlein-Gruppe und andere Organisationen im mitteldeutschen Raum für die Losung »Einheitsfront aller antifaschistischen Kräfte« zu gewinnen[108]. Die Thesen vom kommenden sozialistischen Räte-Deutschland wichen einem Programm, das sich trotz einiger Abschwächungen eng an das Manifest anlehnte. Zu keiner Zeit aber kamen Abgesandte über die Linien, um in Moskau oder Lunjowo Weisungen für die agitatorische Tätigkeit zu empfangen[109]. Der Sender »Freies Deutschland« stellte die einzige Brücke dar. Innerdeutsche »Aktionseinheiten« im Sinne des Nationalkomitees mußten selbständig operieren.

Sowenig die Bewegung »Freies Deutschland« Stauffenberg und dessen Verbündete beeinflussen konnte, im eigenen Lager durfte sie bald nach dem Attentat auf Hitler einen Erfolg verbuchen. In der ersten Augusthälfte war Generalfeldmarschall Paulus dem Bund Deutscher Offiziere beigetreten[110].

Der Schritt des stets zögernden Feldherrn mußte überraschen. Paulus hatte in Stalingrad mehrmals die Entscheidung verfehlt, die ihm herausfordernde Umstände abverlangten. Man kannte seine militärischen Fähigkeiten, aber auch die Schwächen seines Charakters. Selbst im September 1943 hatte er sich dem Ruf versagt, mit dem Seydlitz an ihn herangetreten war. Nirgendwo zierte der Glanz seines Ranges die Appelle und Flugblätter, die zum Sturz Hitlers aufriefen. Eindeutig hatte der Feldmarschall jede Aktivität abgelehnt und seitdem im Generalslager 48, später auf einer Datscha bei Moskau gelebt[111]. Dort, unter Generalen und Adjutanten, beharrte er darauf, daß Kriegsgefangenschaft keinen politischen Widerstand erlaube, analysierte er die Kriegslage allenfalls als Nur-Militär, »operativ, strategisch«. Ruth von Mayenburg — österreichische Emigrantin, die ihn besuchte — erfuhr, daß er von »Propaganda über die Front hinweg« nichts halte. Danach bat er um französische Pastellfarben für seine Laienmalereien und um ein Reitpferd. Niemand hatte in Lunjowo mehr mit Paulus gerechnet[112]. Und insgeheim wehrte man sich auch gegen ihn. Zu stark waren die Ressentiments, die gerade er bei den radikalen Elementen erweckte.

Möglich, daß Paulus seine Zurückhaltung erst aufgab, als ihm eine sowjetische Delegation suggerierte, er wäre der wichtigste Garant einer erneuerten deutsch-russischen Zusammenarbeit und könnte dem Reich die alten Grenzen am ehesten erhalten, doch ebenso mochte Paulus Deutschlands hoffnungslose militärische Lage belehrt haben[113]. Nach der geglückten alliierten Invasion und dem Desaster der Heeresgruppe Mitte war auch für ihn das Ende absehbar geworden. Prophetie hörte auf, Glücksfall zu sein. Tief beeindruckten jetzt Aufschlüsse gefangener Kommandeure über Zustände innerhalb der Wehrmacht. Empörend wirkten Berichte über Greueltaten des NS-Regimes. Der 20. Juli aber hatte dem Feldmarschall gezeigt, daß man sogar im Reich den einzigen Ausweg in der Beseitigung Hitlers erblickte. Dieses Ereignis legitimierte seinen offenen Widerstand. Paulus wurde willens, antinationalsozialistische Kräfte anzuspornen und eine Schlußkatastrophe vermeiden zu helfen.

Am 8. August 1944 unterzeichnete der Oberbefehlshaber der sechsten Armee einen vorbereiteten Appell »An die kriegsgefangenen deutschen Offiziere und Soldaten und an das deutsche Volk«[114]. Es war ein ungewöhnlicher Tag. Während in Berlin ein Feldmarschall der Juli-Erhebung, Erwin von Witzleben, am Wippgalgen stranguliert wurde, trat nun in sowjetischer Gefangenschaft ein zweiter mit einem beschwörenden Aufruf hervor. Knapp verweist der Appell auf die russischen Siege und den alliierten Durchbruch im Westen. Wenige Sätze deuten den bevorstehenden Zusammenbruch an. »In diese Lage ist Deutschland trotz des Heldentums seiner Wehrmacht und des ganzen Volkes durch die Staats- und Kriegführung

Adolf Hitlers geraten. Dazu kommt, daß die Art, wie ein Teil seiner Beauftragten im besetzten Gebiet gegen die Bevölkerung vorgegangen ist, jeden wirklichen Soldaten und jeden wirklichen Deutschen mit Abscheu erfüllt und uns in der ganzen Welt schwerste Vorwürfe zuziehen muß. Wenn sich das deutsche Volk nicht selbst von diesen Handlungen lossagt, wird es die volle Verantwortung für sie tragen müssen. Unter diesen Umständen halte ich es für meine Pflicht, vor meinen kriegsgefangenen Kameraden und vor dem ganzen deutschen Volk zu erklären: Deutschland muß sich von Adolf Hitler lossagen und sich eine neue Staatsführung geben, die den Krieg beendet und Verhältnisse herbeiführt, die es unserem Volke ermöglichen, weiter zu leben und mit unseren jetzigen Gegnern in friedliche, ja freundschaftliche Beziehungen zu treten.«

Mit Paulus war der höchste deutsche Offizier in sowjetischer Kriegsgefangenschaft Mitglied des Bundes Deutscher Offiziere geworden. Trotz aller Vorbehalte schien diese Tatsache noch bedeutsam genug, um sie mit propagandistischen Effekten auszustatten. Seydlitz begnügte sich mit einer tiefen Genugtuung, die im Augenblick auch bittere Gefühle zurückdrängte[115]. Die Emigranten dagegen entfachten einen Wirbel, der über ihre wahren Empfindungen täuschte[116]. Pieck eilte aus Moskau herbei, mit der Formel »Unser Freund — der Herr Paulus« die nun geschlossene Einheitsfront zu rühmen. Leutselig feierte er eine »gute Gemeinsamkeit«.

Einheitsfront oder Gemeinsamkeit waren indes nur noch Fassade. Schleichende Gegensätze, die den Zusammenhalt der Bewegung »Freies Deutschland« bedrohten, ließen sich nicht länger überdecken. Und auch der Beitritt von Paulus erlaubte keine Illusionen mehr. Gewiß hatte der deutsche Soldat auf manchem Flugblatt nach dem Namen des Generalfeldmarschalls gesucht. Ihn aber, der vielleicht nachdenklich gestimmt hätte, fand er nicht. Jetzt hatte Paulus gegen Hitler aufzubegehren gewagt, und wie immer folgte sein Entschluß langwieriger Überlegung. Doch als walte ein dauerhaftes Verhängnis über dem unglücklichen Oberbefehlshaber einer verratenen und hingeopferten Armee, kam auch dieser Entschluß wieder viel zu spät.

146

Siebentes Kapitel
Ende und Auflösung

Sicher hätten erfolgreiche Appelle jetzt noch die Agonie des Reiches und der Wehrmacht verhindern können. Aber schon die »25 Artikel zur Beendigung des Krieges« deuteten an, daß »die Gefahr der Zerstückelung Deutschlands« zugenommen habe[1]. Das lag vier Monate zurück. Politische Garantien konnte keine Propaganda mehr geben. Trotzdem mobilisierte die Bewegung »Freies Deutschland« erneut ihre Energien. Nun fand sie, neben Paulus, sogar weitere Gefolgschaft. Was anspornte oder aufschreckte, waren die Zusammenbrüche im Zentrum der deutschen Ostfront: eine Tragödie, die das Ende einläutete.

Diesmal hatte Hitler einer ganzen Heeresgruppe befohlen, riesige Frontbögen zu verteidigen, die sich sowjetischen Angriffen geradezu anboten[2]. Abermals hatte er Warnungen vor dem erkennbaren feindlichen Aufmarsch in den Wind geschlagen. Der Gegner, erklärte er, werde nicht die Heeresgruppe Mitte, sondern den Nachbarn im Süden angreifen. Jede Bewegung und Umgruppierung blieb daher untersagt. Der irreal gewordene Kampfauftrag lautete weiterhin auf starres Halten. Reserven wurden den bedrohten Armeen zusätzlich entzogen. Der Feind massierte eine achtfache Übermacht. Am 22./23. Juni 1944 erhoben sich vier sowjetische »Fronten« zum Sturm auf die deutschen Linien.

Die Wucht ihrer Offensiven zerschmetterte den großen Halbkreis der »Mitte«[3]. Die verdünnten Dämme brachen. Der angreifenden Infanterie folgten Panzerverbände. Mit atemberaubender Geschwindigkeit stießen sie durch die geschlagenen Breschen. 4 500 Feindmaschinen — böseste Überraschung des Unternehmens — beherrschten den Himmel und kämpften deutsche Artillerie-Stellungen nieder. Hitler verbot selbständige Entschlüsse und befahl, Witebsk, Orscha, Mogilew und Bobruisk als »Feste Plätze« zu verteidigen, aber der Gegner ließ sich, dieser Stützpunkte sicher, nicht bremsen und vollendete die Tragödie. Seine ins Hinterland getriebenen Keile zersplitterten die 3. Panzer-Armee, die 4. und 9. Armee. Das Ringen um Handlungsfreiheit kostete — von neuem — wertvollste Zeit und doppelte Verluste. Nur Reste konnten entrinnen. Die Masse wurde eingekesselt und erlag der sowjetischen Umklammerung. Anfang Juli waren 28 deutsche Divisionen vernichtet[4]. 350 000 Mann — Hunderttausend mehr als in Stalingrad — blieben auf den Kampfstätten Weißrußlands.

In allen Fällen dieses tragischen Schlachtgeschehens hatte der deutsche Soldat erbittert gefochten[5]. Sein Pflichtbewußtsein stützte der Wille, sowjetischer Gefangenschaft um jeden Preis zu entgehen. Wo er die Waffen streckte, war er völlig erschöpft oder von einer hoffnungslos gewordenen Lage bezwungen. Nirgendwo hatten Komitee und Offiziersbund das Ringen auf dem Kriegsschauplatz beeinflußt[6]. Auch Diversionsakte unter russischem Befehl erzielten keinen nennenswerten Erfolg; sie konnten den von der deutschen Führung heraufbeschworenen Zusammenbruch allenfalls hier und da beschleunigen[7].

Trotzdem hatte das Ende der Heeresgruppe Mitte erstmals ein Nachspiel. Sicher war Generalleutnant Vincenz Müller, stellvertretender Führer des XII. Korps der nahezu zerriebenen 4. Armee, gleich anderen Generalen zunächst in sowjetische Kriegsgefangenschaft geraten[8]. Auch er hatte bis zuletzt ausgehalten und sein abgeschnittenes Korps in immer neuen Anläufen zu retten versucht. Jetzt aber, in russischem Gewahrsam, richtete er sofort einen Appell an die noch eingeschlossenen Verbände[9]. »Unsere Lage ist nach wochenlangen schweren Kämpfen aussichtslos geworden . . . Schluß mit dem Blutvergießen! Ich befehle daher, daß ab sofort der Kampf eingestellt wird. Es sind örtlich jeweils Gruppen von hundert und mehr zusammenzufassen, unter Führung von Offizieren oder älteren Unteroffizieren. Die Verwundeten sind im Anschluß zu sammeln.«

Rasch folgte Müllers knappem Befehl ein eingehender Aufruf. In ihm äußerten siebzehn Generale, was ihnen zuvor wohl unvorstellbar schien[10]. Ihr Dokument vom 22. Juli 1944 glich keinem Flugblatt, sondern eher einer Denkschrift, aber es arbeitete schonungslos die Gründe der Niederlage heraus und forderte, nun Gewalt gegen Gewalt zu setzen und den Krieg mit dem Sturz des nationalsozialistischen Regimes zu beenden. »Wartet nicht, bis Hitler Euch zugrunde richtet! Auftreten gegen Hitler ist Auftreten für Deutschland!«

Seydlitz hatte — noch in dem Glauben, Müller habe schon vor der Gefangennahme gehandelt — bereits den Befehl des Generals gewürdigt[11]. Jetzt begrüßte er erst recht den »Aufruf der Siebzehn«. Nicht nur war er ohne Mithilfe des Offiziersbundes abgefaßt worden; lückenlos hielt er sich auch an dessen Argumente. Da war neben der Parole vom »Sieg oder Untergang«, die Hitlers Unsicherheit und Pessimismus bezeuge, vom Verlust der eigenen Initiative seit Stalingrad die Rede. Da wurden der erstarrte Geist des Obersten Befehlshabers und die andauernde Vergeudung der Truppe beklagt. Und da sahen sich schließlich der bevorstehende Zusammenbruch und die Treue zum ewigen Volk beschworen, die höher stehe als die »Gefolgschaftsverpflichtung zu einer zeitbedingten und bankrotten Regierungsform und deren Trägern«. Nachträgliche Einsichten? Die nicht mehr prophetische Erkenntnis, daß des Reiches Ende nahte, mochte letzte Eidbindungen zerrissen haben. Was indes die Generale militärisch darlegten, spiegelte eine trostlose, unentschuldbare Bewußtseinsspaltung wider. Wie abgründig bestätigte sie die Gedanken, die Komitee und Offiziersbund erfüllten und denen die Front gehöhnt hatte! Wie eindringlich stützte sie Lunjowos Überzeugung, daß das Heer in dem Maß zersetzt würde, in dem es weiterkämpfte!

Müllers Einheitsblock überstand den großen Aufruf an Führung und Truppe nur bedingt. Mancher General wählte nach seinem Appell die Anonymität. Man wollte entweder die Sippenhaft eigener Angehöriger oder das »Odium antifaschistischer Aktivität« unmittelbar vor dem Ende vermeiden[12]. Immerhin blieb es bei einigen verheißungsvollen Auftrieben. Anfang August traten sechs höhere Kommandeure dem Offiziersbund bei[13]. Mit ihnen und Paulus konnten Nationalkomitee und Bund Deutscher Offiziere am 22. August 1944 auf ihre einjährige Tätigkeit zurückblicken[14]. Auch im September, als weitere Generale der vernichteten Heeresgruppe Südukraine in russische Gefangenschaft gerieten, vermehrten sich die Reihen des Offiziersbundes[15]. Die Zeitung »Freies Deutschland« wurde zu einem Anzeiger für Generale, die jetzt in später Rückschau mit ihrer Vergangenheit abzurechnen begannen. Doch erst am 8. Dezember 1944 war der Höhepunkt erreicht. An diesem Tag unterzeichneten Generalfeldmarschall Paulus und 49 Generale einen »Aufruf an Volk und Wehrmacht«[16].

Wohl traf dieser Aufruf zunächst auf Widerstände. Etliche Kommandeure — unter ihnen Strecker — standen noch immer »wortlos« den Kräften gegenüber, die sich zur Bewegung »Freies Deutschland« bekannten. Nun aber hatten der 20. Juli und dessen Konsequenzen zu vielen schweren Gedanken veranlaßt. Nun wollte man die endgültig bedrohte Heimat zur Rettung aufrufen. Lauter im Ton und würdig in der Beschwörung, wenden sich die Heerführer an alle Deutschen. Mit innerer Bewegung wird des verzweifelten Widerstandes einer vom Knaben bis zum Greis mobilisierten Nation gedacht, mit flammender Empörung ein Regime gerichtet, das täuschte, mißbrauchte und jetzt Volk und Reich vernichten will. Zwingend ist hervorgehoben, daß eine Fortsetzung des mörderischen Ringens allein Hitler und seiner Partei dient; von ihnen gelte es sich zu befreien, weil sonst Deutschland untergehe. Die fünfzig Generale machen keine Zusagen: die Nation hat ihre Chancen eingebüßt. Sie malen eine schwere Zukunft aus, sprechen von der Besetzung des Vaterlandes und kommenden Sühneforderungen der Gegner. Ihr Aufruf aber wagt zu prophezeien, daß es im Frieden wieder einen Aufstieg geben werde. »Hindenburg und Ludendorff haben 1918 die Beendigung des Krieges gefordert, als er militärisch angesichts der Übermacht aussichtslos geworden war. Aus dem gleichen Grunde rufen wir Generale zusammen mit vielen hunderttausenden Soldaten und Offizieren, die sich in der Bewegung ›Freies Deutschland‹ zusammengeschlossen haben, aus russischer Kriegsgefangenschaft Euch zu: Unser ganzes Fühlen und Denken gehört allein dem Schicksal unseres Volkes! Deutsches Volk, steh auf zur rettenden Tat gegen Hitler und Himmler, gegen ihr unheilbringendes System!«

Unzählige Exemplare dieses Appells bedecken Stellungen und Etappengebiete[17]. Unermüdlich strahlt der Moskauer Sender seinen Text aus. Selbst im Westen Europas wird der Aufruf abgeworfen, kopiert und verbreitet. Jede Frontdelegation macht ihn zum Inhalt des propagandistischen Einsatzes. Truppe und Heimat lesen den Appell, doch beide wollen und können ihm nicht folgen.

Hinrichtungen hatten, nach dem 20. Juli, im Reich jede handlungsfähige Opposition ausgetilgt. Hitlers Staat war zu einem unangreifbaren Element des täglichen Lebens geworden. Zweifel und Unglauben wagten sich nicht ans Licht. Die Masse ertrug — oft sogar mit Vertrauen —, was ihr im Zeichen des totalen Krieges aufgebürdet wurde. Die NS-Propaganda, ebenso bedenkenlos wie geschickt, verhieß eine nahe Wende[18]. Auch Regungen der Klarsichtigkeit unterlagen dem Willen zur Selbsthypnose: diese Flucht wählten viele, weil sie von bitterem Erwachen abzulenken wußte. Die Macht der Ideologie, die einst aus sozialem Elend erlöst und verklärte Ziele gewiesen hatte, kam dem Unwillen zur Verantwortung entgegen. Sie hatte seit je den Zugang zur Wirklichkeit der Welt verstellt; jetzt ließ das Regime Wahrheiten erst recht keine Chance. Damit blieb es in Qual und Hoffnung bei der Herrschaft derer, die vorgaben, zum Besten Deutschlands zu handeln. Die Heimat sollte glauben oder glaubte, daß nur härtester Kampf den Vernichtungswillen erbarmungsloser Gegner brechen könne.

Die Front aber — und namentlich die im Osten — vermochte sich noch weniger von dem Freund-Feind-Verhältnis zu lösen, das zu einem unentrinnbaren Gesetz geworden war[19]. Reagierte sie nicht mit Unglauben, erblickte sie im Aufruf der Generalität schändlichen Opportunismus. Überwiegend war es ihr unbegreiflich, wie angesehene Kommandeure den Tod vieler Kameraden hatten verantworten können, wenn sie ihn nun sinnlos, ja, ein Verbrechen nannten[20]. Was immer jedoch von seiten des Komitees und Offiziersbundes über die Linien drang: das Ringen der Heere hatte selbst jede Wirkung der Propaganda aufgehoben. Die Gewalt des Krieges verdrängte alle Reflexionen und zwang zum Gehorsam. Auch wo er nicht um der Gefallenen willen bejaht wurde, waren Disziplin und Zusammenhalt selbstverständlich. Sicher hatte der deutsche Soldat, seit 1943 auf ständigem Rückzug, das Siegesbewußtsein voranstürmender Armeen verloren. Er mußte sich, vielleicht schon skeptisch, einem Feind entgegenwerfen, dessen Übermacht zu erdrücken drohte.

Aber wie er fühlte, daß Agitation des Gegners eigene Kräfte untergrub, so entdeckte er selbst jetzt noch Leitbilder, die überzeugten und zur Hingabe verpflichteten. In dem Maße, in dem sich die Schlachten den abendländischen Kulturlandschaften näherten, wurde der Ostfrontkämpfer zum Verteidiger Deutschlands und Europas. Deutschland und Europa wollte er um jeden Preis vor der Roten Armee schützen[21]. Dieser Ostfrontkämpfer kannte die sowjetische Wirklichkeit. Er hatte sie grau in grau erfahren und litt unter der Trostlosigkeit ihres Lebens. Den Bolschewismus nicht ins Reich und den alten Kontinent eindringen zu lassen, blieb er daher um so fester entschlossen, als er bei solch einem Kampf schließlich auch auf die Westmächte setzte: sie mochten wenigstens in zwölfter Stunde ein Einsehen zeigen[22]. Gleichviel, unter welcher Konstellation das tobende Ringen begonnen hatte: es war im Gange und bedrohte die Substanz, für die nun eingestanden werden mußte. Was als Sinngebung die Masse der deutschen Frontsoldaten beherrschte, hatte mit Nationalsozialismus nichts mehr zu tun[23]. Dessen Magie war verblaßt, dahin. Geblieben war dagegen das Charisma des »Führers«. Einst hatte er zum Triumph geführt und damit die Armee auch in den Niederlagen nie ganz irre gemacht. Jetzt verhieß er Rettung durch den nahen Einsatz kriegsentscheidender Wunderwaffen. Konnte Adolf Hitler den Kampf fortsetzen, ohne von einem erträglichen Ausgang für Deutschland überzeugt zu sein?

Die Frist, in der noch ein derartiger Glaube keimen konnte, war kurz bemessen und bald verbraucht. Die Fronten erreichten Deutschland und hielten auch an seinen Grenzen nicht. Wäre nun eine Rote Armee als disziplinierte Befreierin aufgetreten, hätte sich vielleicht die betrogene Truppe den Aufrufen des Komitees und Offiziersbundes zugewendet. Die Stunde gehörte jedoch der Rache, und so wurde im letzten Stadium des Krieges jeder propagandistische Erfolg nicht nur unmöglich, sondern gleichsam systematisch unterbunden.

Am 12., 13. und 14. Januar 1945 traten zahllose sowjetische Divisionen nach einem überwältigenden Feuerschlag der Artillerie von der Ostsee bis zu den Karpathen zum Angriff an[24]. Innerhalb einiger Wochen waren das Wartheland, Ost- und Westpreußen von ihrer Sturmflut überschwemmt. Was sie militärisch ihrem endgültigen Sieg nahebrachte, war von einer Welle des Terrors begleitet, die jede Vorstellungskraft überstieg[25]. Ein neuer Hunneneinfall brach über die unglücklichen Provinzen des deutschen Ostens herein. Mit einem Paroxysmus ohnegleichen wütete die entfesselte und noch aufgestachelte Rote Armee. Dörfer und Städte gingen in Flammen auf und hallten von den Schreien geschändeter Frauen wider. Raub und Gewalttaten verwüsteten das Land. Wer nicht ins Innere des Reiches entkam — und die bis zuletzt getäuschte Zivilbevölkerung konnte oft nicht entkommen —, der wurde zusammengewalzt, zurückgetrieben, ausgeplündert und verschleppt. Willkürlicher Mord aber tobte nicht nur in den Reihen der Zivilisten. Weniger denn je sah sich auch das Leben der Gefangenen und Verwundeten geschont. Das apokalyptische Bild des Untergangs duldete kaum Ausnahmen. Überall wiederholten sich die unfaßlichen Szenen des Sadismus, Tötens und einer infernalischen Zerstörungswut. Das Reich erntete und sollte ernten, was es gesät hatte.

Der Kampf an den Fronten erweckte unter solchen Vorzeichen Leidenschaften, die jede Besinnung und Vernunft erstickten. Auch wo im Grauen der Zusammenbrüche die letzten Hoffnungen auf eine Wende schwanden, blieb als einziger Ausweg verzweifelter Mut[26]. Solange der Gegner lediglich mit Tod und Sklaverei drohte, war ihm — bis zur Selbstaufopferung — ein hoher Blutzoll abzufordern. Schon das Schlachtgeschehen fand den Soldaten gehorsam und pflichtbewußt. Mehr aber noch trieb ihn die Not der fliehenden Bevölkerung an, die vor weiteren russischen Zugriffen gerettet werden mußte[27]. Ihren Trecks einen Vorsprung und der Führung Zeit für unerläßlich gewordene Entschlüsse zu geben: das wurde nun zum Inhalt des Kampfes und Aushaltens. Gewiß hatte diese Führung von neuem bitter enttäuscht. Sie hatte die Truppe vor Aufgaben gestellt, die sie ohne Reserven niemals zu lösen vermochte[28]. Doch wie die meisten Zweifel von der Brutalität des Feindes ausgelöscht wurden, so konnte die Katastrophe auch jetzt nicht jede Zuversicht unterdrücken. Noch immer regte sich mit Gewalt der Glaube, daß hinter den Worten der Goebbels-Propaganda Wirklichkeiten ständen[29]. Noch immer hoffte man auch auf die Hilfe des Westens, der die Bedrohung des europäischen Kontinents erkennen mußte. Der deutsche Soldat im Osten begriff nicht den Zusammenhalt einer Koalition, die der verblendete Führer Adolf Hitler geschmiedet hatte. Er ahnte nicht die ganze Unwürdigkeit des nationalsozialistischen Systems. Ihm wurde nicht deutlich, daß er für ein Deutschland focht, das jedes Recht verwirkt hatte, als Schildträger des Abendlandes aufzutreten[30]. Er sah nur die Gefahr des Augenblicks, die um der Zukunft willen zu überwinden war. So kämpfte er, von den unsinnigsten Parolen, Wünschen und Erwartungen genarrt, bis zum Ende in tragischer Verlassenheit.

Die Frontdelegationen des Komitees waren jetzt von einem Geist geprägt, der sie oft genug zu orthodoxer Sicht befähigte. Anders als beim Offiziersbund setzten sie sich überwiegend aus Zöglingen der Antifa zusammen, Zöglingen mit eingedrilltem »höheren Bewußtsein«. Deren nationales Pathos war einem vorbehaltlosen Marxismus gewichen[31]. Unverhohlen lenkten Kräfte ihren Einsatz, die nicht mehr dem Haus Lunjowo entstammten. Diese Kräfte drangen auf eine Aufklärungsarbeit unter den Kriegsgefangenen, die in ihrer Breite ebenso überflüssig wie töricht war. Sie nötigten zur Verunglimpfung des Offiziers, mit der namentlich Agitatoren anfechtbaren Charakters Schiffbruch erlitten. Was nun aber die Delegationen erlebten, die den Sowjetarmeen nachfolgten, begann auch sie zu lähmen[32]. Selbst die schlimmsten Befürchtungen sahen sich übertroffen. Jede Aufforderung, die Heimat nicht zu verlassen, mußte fortan grausam täuschen[33]. Jeder Appell zum Übertritt auf die Seite der Bewegung »Freies Deutschland« wurde zu blankem Hohn. Denn statt der Rettung lauerten Marter und Tod durch einen Gegner, der in seinem Haß keine Schranken mehr anerkannte.

Wahrlich, all das schien unverdient. Komitee und Offiziersbund waren seit 1943 voller Überzeugung gegen Hitler aufgetreten, und der Gang des Krieges hatte ihnen recht gegeben. Brauchte man noch Beweise für die Ruchlosigkeit des NS-Regimes, so brachte sie das eroberte Konzentrationslager Maidanek, das in diesen Tagen gerade Steidles Delegation besichtigte[34]. Gaskammern, Verbrennungsöfen, geordnete Kinderschuhe und Schmuckstücke bezeugten ein systematisches Vernichtungswerk, das tief erschütterte und auch den letzten Vorbehalt im Kampf gegen Hitler löschte. Doch mußten jetzt nicht die Exzesse der Rache jeden Deutschen diesseits und jenseits der Fronten verwirren? Entsprangen nicht alle Beschwörungen einem verhängnisvollen Irrtum, wenn Deutschland so oder so unterzugehen drohte?

Es beleuchtete die Abgründigkeit dieser Lage, daß nun selbst jene Kritik wagten, die auf Lehren des Marxismus schworen. So nannte an der Narewfront Graf Einsiedel, der hier neben Major Bechler als Bevollmächtigter eingesetzt war, den Mißbrauch der Nationalkomitee-Arbeit beim Namen[35]. Mutig äußerte er vor einer ratlos

154

schweigenden Fronthelfer-Gruppe seine Bestürzung über die Sowjetarmeen. Offen verurteilte er ihre Greuel, auch wenn er sie mit einigen Argumenten zu erklären suchte. Das Ergebnis war ein gewisser Achtungserfolg, aber Einsiedel, wohl von Bechler angeschwärzt, wurde zurückgepfiffen. In Moskau durfte er aus Weinerts Mund erfahren, daß er seiner Aufgabe nicht gewachsen gewesen sei[36]. Der schamlose Opportunismus des Präsidenten blieb symptomatisch. Tragbar war allein noch eine Unterordnung, die sich wirklichkeitsblind strengster Parteilichkeit beugte.

Die Frontarbeit nahm unter diesen Umständen gespenstische Züge an. Verkümmerte sie nicht überhaupt, belastete sie das Odium schimpflichster Charakterlosigkeit. Trotzdem warb man erneut unter der Kriegsgefangenenmasse, als ob hier Bekenntnisse und Unterschriften noch gezählt hätten. Abermals glaubte man auch einige eingekesselte Verbände zur Übergabe bewegen zu können. Alle Aktionen endeten jedoch mit einem Fiasko. Es war zwangsläufig und erforderte keine Prophetie. In den Lagern entsetzte die Alternative des »Für oder gegen Hitler«, mit der die Propagandisten wertlose Begrüßungstelegramme an Weinert und Seydlitz erzwangen[37]. Die Festungen Graudenz und Thorn schossen zurück, solange sie sich wehren konnten[38]. Wo Bevollmächtigte mit Aufrufen und Briefen die deutschen Linien erreichen konnten, wurden sie entweder der Feldpolizei übergeben oder sofort füsiliert. Mehrere Helfer fielen schon im Niemandsland den Minenfeldern und gezieltem Gewehrfeuer zum Opfer. Die umgangene Truppe wußte, welch ein Gegner ihr gegenüberstand[39]. Sie klammerte sich an die Hoffnung auf Entsatz und suchte in erbittertem Kampf durchzubrechen. Sie ging erst dann in die gefürchtete sowjetische Gefangenschaft, wenn sie überwältigt oder zur Schlacke ausgebrannt war.

Graudenz und Thorn hielten nur kleine Besatzungen. Um so weniger konnte eine Offiziersbund-Delegation unter Oberst van Hooven die Armeen des Kurlandkessels zur Kapitulation veranlassen[40]. Obwohl ihnen zahllose Flugblätter eine Internierung in geschlossenen Einheiten »garantierten«, focht hier der Soldat ungebrochen bis zum Mai 1945. Kein Argument konnte ihn beirren, eine schwer gewordene Pflicht zu erfüllen. Kein noch so nüchterner Appell konnte die feste Haltung freilich sorgenvoller Kommandeure erschüttern. Finstere Diversionsakte aber vermochten nun vollends nicht mehr das Blatt der Mißerfolge zu wenden. Das galt für manchen geheimen Einsatz, der den Namen der Bewegung »Freies Deutschland« mißbrauchte. Das galt ebenso für die Kampfgruppe Vieth, die, aus Antifaschülern zusammengesetzt, mit der Waffe in den Kampf um Breslau eingriff[41].

Nach und nach drang ins Haus des Komitees und Offiziersbundes, was an den Fronten geschehen war. »Unprogrammäßig« wurde ein Diversionsakt aus Ostpreußen bekannt[42]. Einsiedels Berichte erschütterten, weil sie bewiesen, daß auch ein Artikel Alexandrows gegenüber Ehrenburgs Haßaufrufen machtlos geblieben war[43]. Selbst einige Kommunisten schienen zunächst ehrlich bestürzt. Bereits diese tiefgreifende Krise hätte genügt, um die Bewegung »Freies Deutschland« unerträglich zu belasten. Doch im Zeichen unbedingter »ideologischer Klarheit« stellte man nun erst recht die kommende Annexion deutscher Ostprovinzen zur Debatte. Hierzu wurden Bekenntnisse abgefordert, die jedes patriotische Empfinden zu verleugnen hatten[44]. Das aber entschied über den Zusammenhalt des Hauses. Der rechte Flügel um Seydlitz versagte sich, indem er das Feld den Emigranten und Jung-Marxisten überließ[45].

Schonungslos stellte jetzt die Sektion der Linken wenigstens ihre Einheit her. Wer auch nur zögerte, die Rote Armee zu verherrlichen und Deutschlands neue Ostgrenze gutzuheißen, war bald als Provokateur ausgemacht[46]. Alle Abweichungen von der Parteilinie wurden dem NKWD hinterbracht. Spitzeleien und Abhörvorrichtungen, die auch in Lunjowo installiert waren, bewiesen die ganze Abscheulichkeit ihrer Funktion. Selbst die letzten Reste der Solidarität mit dem rechten Flügel zerbrachen. Jeder Brückenschlag, den Exponenten der »Mitte« wie Lattmann, Korfes und Steidle versuchten, war vergeblich und endete im Sog des Radikalismus[47]. Es gab nur mehr zwei Fronten: hier die Mehrheit des Offiziersbundes, die sich betrogen fühlte und künftig abseits stand; dort die kommunistischen Kader, die auf »unabdingbare« Doktrinen pochten. Was noch möglich schien, hieß Flucht zu den stärkeren Bataillonen. Zu ihr entschlossen sich, nach dem Besuch der Antifaschule, die Generale Vincenz Müller und Arno von Lenski[48].

Müller hatte seine Aktivität bei den Generalsaufrufen lediglich als Auftakt betrachtet[49]. Kaum in Lunjowo, begann er — weder Mitglied des Komitees noch des Offiziersbund-Vorstandes — spürbar

hervorzutreten. Seine führende Rolle war von einem Gesinnungs-
wechsel begleitet, dessen Vehemenz namentlich den linken Flügel
verblüffte. Im Herbst 1944 beichtete er noch a_s Katholik einem
Wehrmachtpfarrer. Wenig später galt er bereits als linientreu. Im
Gegensatz zu Vincenz Müller, der sich — aus welchen Motiven auch
immer — berechnend der Sache des Kommunismus verschwor,
hatte Arno von Lenski länger gezögert[50]. Doch fügte sich nun auch
er bedingungslos den Geboten seiner neuen Weltanschauung. Ohne
Einwände geltend zu machen, unterzeichnete er einen vorbereiteten
Artikel zum Verlust der deutschen Ostprovinzen. Lenski, preußi-
scher Aristokrat, billigte diesen Verlust mit den ideologischen
Argumenten des verlorenen Raubkrieges und der polnischen Staatsräson[51].

Komitee und Offiziersbund waren in sich zerfallen. Auch die
Frontpropaganda der Delegationen, die mit der Roten Armee in
Deutschland einrücken durften[52], war für Lunjowo bedeutungslos
geworden. Kein Aufruf verkürzte das Drama der ineinander ver-
krallten Gegner: politisch bekräftigte die Konferenz von Jalta das
Elend der eigenen Nation. Stalin, Roosevelt und Churchill kamen
überein, Polen einen »wesentlichen Gebietszuwachs im Norden und
Westen« zuzuerkennen. Als »unbeugsame Absicht« deklarierten
sie, »den deutschen Militarismus und Nazismus zu vernichten und
die Garantie dafür zu schaffen, daß Deutschland nie wieder in der
Lage sein wird, den Weltfrieden zu brechen«. Harte, unabsehbare
Reparationen wurden dem Besiegten angekündigt. Kein Wort
erlaubte der Bewegung »Freies Deutschland« anzunehmen, sie
könne oder werde wie das »Polnische Komitee der Nationalen
Befreiung« Regierungsbefugnisse erhalten. Kommentarlos druckte
ihre Zeitung das Jalta-Konferenz-Kommuniqué ab[53]. Militärisch
schließlich besiegelte die Kapitulation des Reiches am 8. Mai 1945
die Erfolglosigkeit aller propagandistischen Schritte. Deutschland
war von der Koalition seiner Feinde bezwungen und besetzt, das
Reich verwüstet und die Wehrmacht — wie seit Teheran angedroht
— entwaffnet, gefangengenommen. Insgesamt 3 155 000 Mann
gerieten in sowjetische Hände.

Die Bilanz, vor der Nationalkomitee und Bund Deutscher Offiziere
standen, war erschütternd. Wieviel guter Wille war vertan; welche
Rückschläge waren um nichts erlitten worden! Soweit die Marxi-

sten des Komitees hoffen durften, das geschlagene Deutschland nach ihren Vorstellungen umformen zu können, mochte diese Bilanz vielleicht weniger quälen. Für den Offiziersbund dagegen nahm sie sich wahrlich bedrückend aus. Und doch schien auch ihm jetzt noch gerechtfertigt, was zuletzt durch die Exzesse an den Fronten immer fragwürdiger geworden war[54]. Stalingrad und die anschließend nur allzu richtig eingeschätzte Lage Deutschlands hatten den Widerstand seit 1943 notwendig gemacht. Wenn eine Genugtuung blieb, so das Bewußtsein, überhaupt etwas versucht zu haben, wo die Masse des Volkes Adolf Hitler unterwürfig bis in die Katastrophe gefolgt war. »Falsch« waren alle Appelle nach dem Gefühl der Offiziere allein deshalb, weil die Wehrmachtführung nicht gehandelt hatte und totalitäre Kräfte erneut die Macht ergreifen konnten.

Angesichts des Kriegsendes wäre es sinnvoll gewesen, das Nationalkomitee und den Bund Deutscher Offiziere aufzulösen. Beide Organisationen hatten keine gemeinsamen Entschlüsse mehr zu fassen. Die Arbeit der Zeitungs- und Rundfunkredaktion wurde zur ziellosen Routine, auch wenn Aufrufe zur Wiedergutmachung den Eindruck erweckten, daß Lunjowo noch Aufgaben zu erfüllen habe[55]. Vor allem aber war die Bewegung »Freies Deutschland« personell zu einem Torso geworden, der kaum ihre weitere Existenz rechtfertigte. Bereits im April 1945 waren drei ausgesuchte Funktionärsgruppen zu den Fronten Schukows und Koniews aufgebrochen, um die Gleichschaltung der sowjetischen Besatzungszone Deutschlands vorzubereiten[56]. Politischer »Spontaneität« sollten sie »feste Zügel anlegen«. Was ihnen zwei Schulausschüsse noch an Richtlinien hatten ausarbeiten müssen, trugen sie in ihren Mappen bei sich[57]. Trotzdem blieben Komitee und Offiziersbund am Leben, ohne daß von seiten der Sowjets, die immer seltener in Lunjowo erschienen, eine bindende Entscheidung gefällt worden wäre[58]. Ulbricht weilte längst in Deutschland. Pieck verabschiedete sich und hoffte auf »ein baldiges Wiedersehen«. So gingen Wochen unablässiger Erwartung dahin. Niemand wagte ein offenes Wort, glaubten doch alle vor der Entlassung zu stehen. Man vertraute den treuherzig gegebenen Zusagen der Emigranten. Man glaubte um so mehr an Anrechte auf frühzeitige Heimkehr, als nun Nachrichten über die KZ- und Gefängnishaft eigener Angehöriger im Reich durchzusickern begannen. Zählten nicht solche Verfolgungen?

Nach der Potsdamer Konferenz freilich traten mehrere Mitglieder des Komitees und Offiziersbundes an Weinert mit einem Antrag heran[59]. Die Eingabe, die Steidle, Einsiedel, Hetz, Fleischer, Gerlach und Kayser unterzeichnet hatten, erstrebte »eine umfassende Unterrichtung des Hauses über die politische Lage in Deutschland und über die Absichten der russischen Seite gegenüber dem Nationalkomitee«. Man wollte, auf einer Plenarsitzung, verbindliche Richtlinien zur antifaschistischen Einheitsfront hören und vor allem die Möglichkeiten erörtern, die einer politischen Tätigkeit noch offenstanden. Dabei dachte der Antrag an eine Konzentration der Kräfte im Haus des Nationalkomitees, aber ebenso an Kontakte zu den Aktionszentren, die sich inzwischen in der deutschen Ostzone gebildet hatten.

So berechtigt dieser Vorstoß geworden war, nachdem die Besatzungsmacht neben der Sozialdemokratie auch die »Christlich-Demokratische Union« und eine »Liberal-Demokratische Partei« zugelassen hatte, so zwiespältig wurde er aufgenommen[60]. Einige sprachen von »Provokation der Sowjetunion«, deren Stil an die Huber-Affäre erinnere. Das machte die Atmosphäre des Hauses noch unerträglicher. Sicher hätte sich nun die Situation der Sechs problematisch gestalten können, wäre nicht bald darauf der Geschäftsführende Ausschuß zu einer Sitzung zusammengetreten. Hier konnte die verleumdete Gruppe, gestützt auf ihr Dokument, gegen die Böswilligkeit aller Anwürfe protestieren. Weinert sah sich überrumpelt und auch ohne »höhere Weisungen« zu einer Reaktion genötigt. Er entschloß sich, den umstrittenen Antrag als »die so lange vermißte demokratische Initiative von Mitgliedern des Nationalkomitees« zu begrüßen[61].

Die zugesagte Plenarsitzung wurde jedoch weiter hinausgezögert. Erst am 2. November 1945 entsprach Weinert der unfreiwillig gerühmten Initiative, die er jetzt kurzerhand als Wunsch nach Auflösung des Komitees und Offiziersbundes wertete[62]. Die abermalige Zusage, daß die meisten in den nächsten Tagen repatriiert würden, unterband jede Diskussion. Damit war für die Sowjets ein Finale ohne Pein gesichert. Der Abgang durfte gefeiert werden.

Noch einmal belebte sich die Szene[63]. Als Gäste erschienen: Oberst Braginsky, die deutsche Kommunistin Frieda Rubiner, Direktor Koslow vom Institut 99 und ein Kaderlehrer. Hinter ihnen nahmen die Reste des Komitees und Offiziersbundes Platz, um sich die Rechenschaftsberichte der Präsidenten anzuhören, denen auch rhetorische Glanzlichter nicht mehr helfen konnten.

Weinert beschwor die Geschichte der Bewegung »Freies Deutschland«[64], gedachte ihrer gefallenen Mitglieder und dankte allen, die »mit uns gegen Hitler kämpften«. Komitee und Offiziersbund, meinte er, seien zum Vorbild für die politische Zusammenarbeit im neuen Deutschland geworden. Schönfärberisch putzte er auch bedeutungslose Resultate zu Triumphen der Frontpropaganda auf. Die Bilanz, obschon niederdrückend, sollte nicht schmerzen. Seydlitz fühlte keinen Drang, hymnisch zu werden[65]. Er betrachtete die Realität, die nur Rückschläge eingetragen hatte. Auch Seydlitz lobte manches gemeinsame Wirken innerhalb des Nationalkomitees. Üble Erfahrungen, von denen zu reden gewesen wäre, blieben unerwähnt, doch zum Schluß äußerte er: »Was nutzte der einzelne, wenn er hitlerfeindlich war und den Führer dennoch unterstützte? Es waren mehr Anhänger als Gegner, aber dem Gegner lag es fern, die politischen Konsequenzen zu ziehen.« Und noch ernster, bitterer: »Wir haben uns auch hinsichtlich der politischen Denkfähigkeit und des Wagemutes der Heeresführung im unklaren befunden.«

Beide Referate waren auf eine Auflösung des Komitees und Offiziersbundes hinausgelaufen. Weinert regte sie jetzt offiziell an, indem er für den Geschäftsführenden Ausschuß erklärte, daß die Organisation »Freies Deutschland« ihren Sinn verloren habe[66]. Das Plenum verwies indes auf seine Beschlußunfähigkeit, da sich bereits ein Teil der Emigranten in Deutschland aufhalte[67]. Folglich war über die Beschlußfähigkeit auch der Rumpforganisation abzustimmen. Weinert bat um die Handzeichen. Widerspruchslos wurde mit ihnen endlich ein Ende gemacht[68]. Das Nationalkomitee und der Bund Deutscher Offiziere hatten aufgehört zu bestehen.

Zwar lebten noch bis zum Mai 1946 viele im Haus Lunjowo, doch was sie bewegte, war allein ihre Zukunft[69]. Soweit hier die Entlassung der Pfarrer zuversichtlich gestimmt hatte, mußte der letzte Transport des Jahres 1945 enttäuschen[70]. Er setzte sich, bis auf Steidle, lediglich aus Absolventen der Antifaschule zusammen, die innerhalb der Sowjetzone Positionen in Partei, Staat, Wirtschaft, Presse und Rundfunk übernehmen sollten[71]. Es fuhren unter anderen: Leutnant Bernt von Kügelgen, die Unteroffiziere Matthäus

Klein, Gerhard Klement, Theo Grandy und von den übrigen Mannschaften Hans Zippel, Leonhard Helmschrott, Dr. Günther Kertzscher, Heinz Keßler und Otto Sinz[72]. Als diese Gruppe Lunjowo verlassen hatte, wurden die Reste der ehemaligen Bewegung »Freies Deutschland« in ihrem Lager vollends isoliert[73]. Jede Verbindung zur Außenwelt erstarb. Nicht nur waren Seydlitz und der Vorstand des einstigen Offiziersbundes zurückgeblieben; offenbar hatte man auch Vincenz Müller, Arno von Lenski und Graf Einsiedel vergessen. Wurde der Echtheit ihrer Gesinnung mißtraut? Müller und Lenski hörten das Argument, daß eine Rückkehr kommunistischer Generale noch nicht opportun sei[74]. Einsiedel aber sollte wohl erkennen, daß er zu eigenmächtig vom Pfad der Partei abgewichen war[75]. In einer Atmosphäre erbitterten Schweigens und gegenseitiger Furcht nahte die Räumung des Hauses.

Doch auch mit ihr trog die Hoffnung auf Heimkehr. Willkürlich bildeten die Russen zwei Gruppen, die sie ins Generalslager 48 und nach Susdal abschoben[76]. Seydlitz, der keinerlei Bereitschaft zeigte, in Dienste des Kommunismus zu treten, machten sie den Prozeß[77]. Die Anklage bemühte fadenscheinige Kriegsverbrechen. Sie warf — nach rückwirkendem Gesetz — dem General vor, was ihm 1941/42 Kampfführung auferlegt hatte. Stellungsbauten mit Material aus russischen Gebäuden wurden zu Plünderungsakten, die Abtransporte der Bevölkerung aus dem Kampfgebiet zu einem schweren Vergehen. Hauptpunkt: die Exekution des Russen Stepanow, der einen deutschen Soldaten getötet hatte. Dieser, so hieß es, war minderjährig und durfte nicht hingerichtet werden. Obgleich Seydlitz keine Vorladung namhaft gemachter Entlastungszeugen erwirken konnte, vermochte er die Anklage mühelos zu widerlegen. Hinsichtlich der Exekution Stepanows verwies er auf das Urteil und die Unterschrift des Kriegsgerichtsrates seiner Division. Trotzdem verurteilte ihn das Tribunal unter dem Vorsitzenden Generalmajor-Richter Gorjadschew zum Tode. Anschließend wurde er zu 25jähriger Haft »begnadigt«. Der Bitte des Generals, ihn zu erschießen, folgte die Belehrung, in dieser Weise verfahre allenfalls die SS. Bis zum Herbst 1955 hatte er eine imaginäre Schuld abzubüßen[78]. Paulus lebte schon längst wieder von den Übriggebliebenen des Komitees und Offiziersbundes getrennt. Noch 1945 durfte er sich unter Mithilfe einiger Generale auf seine Zeugenrolle im Nürnberger Prozeß vorbereiten. Später kehrte er von neuem in den Gewahrsam der Sowjetunion zurück[79].

Weitere Mitglieder des ehemaligen Komitees und Offiziersbundes wurden auf verschiedene Gefangenenlager verteilt. Mitte 1948 holte man sie nach Krasnogorsk, um sie »geschlossen« für die Ostzone zu gewinnen[80]. Vorträge über Marxismus wechselten mit vertraulichen Treffen, bei denen altbekannte Politruks warben und schmeichelten, aber auch drohten und zu erpressen versuchten. Manche erlagen der Werbung und mehr noch dem zermürbenden Druck: sie verpflichteten sich als Funktionäre und Spitzel der machtvollen Partei[31]. Andere gaben, durch ihre Auffassungen, auch jetzt einen antikommunistischen Standort zu erkennen. Sie gerieten in jene heillose Verurteilungsmaschinerie, die jedem Recht Hohn sprach und mit der die Sowjets unterschiedslos Strafen langjähriger Haft verhängten[82]. Erst 1950, 1952 oder 1955 »rehabilitiert«, bestanden diese Männer darauf, nach Westdeutschland entlassen zu werden. Es waren die meisten Mitglieder des Offiziersbundes von Lunjowo[83].

Korfes und Lattmann freilich schwenkten zu den neuen Herren. Beide bliesen in das Horn, das historische Tradition der DDR verkündete. Komitee und Offiziersbund — so ihr Tenor — seien Vorläufer des ersten Arbeiter- und Bauernstaates auf deutschem Boden. Andere tönten ähnlich, ja, bestätigten sogar dem Nationalkomitee rigorosen Antifaschismus von Anfang an; bewußt habe es die sozialistische Ordnung vorbereitet. Derartige Thesen suchen ein Vermächtnis zu erhalten, aber wie beim Anspruch, daß Stauffenberg und die Befreiungskriege der DDR »gehörten«[84], überwiegt arge, gewaltsame Klitterei.

1943 wurde in Lunjowo weder gewünscht noch erstrebt, was Ostberlin und Bonn zu politischem Leben verhalf. Erst recht fehlte den Feldgrauen der Bewegung »Freies Deutschland« das »richtige ideologische Bewußtsein.« Kaum einer, der — während des Krieges — solch ein Bewußtsein erreichen konnte oder wollte. Frühere Prägungen und unabhängiges Denken standen im Weg. Der Mehrheit namentlich des Offiziersbundes grauste vor dem Gebilde »Deutsche Demokratische Republik«. Sie begriff, daß ihr Bündnis mit Kommunisten — Zweckbündnis einer Ausnahmesituation — spätestens 1945 erloschen war.

Niemand kann die DDR daran hindern, Traditionen zu entdecken und auszurufen. Der »real existierende« Sozialismus mag auch glauben machen, was man glauben will oder soll. Mit dem damaligen Komitee und Offiziersbund hat all das wenig zu tun. Beide einte gewiß das Ziel, eine nationale Katastrophe abzuwenden, doch der erste Arbeiter- und Bauernstaat auf deutschem Boden wurde zur kommunistischen Diktatur. Nicht ein gleichberechtigtes Parteiensystem, nur die marxistisch-leninistische Heilslehre lenkt dessen Schritte. Die »Einheitsfront von Lunjowo«, obschon weiterhin gerühmt, bleibt verhöhnt.

Um so erbitterter, aber auch ebenso fragwürdig die Sicht in der Bundesrepublik. Dort keine Spur eines Versuches, Komitee und Offiziersbund zur Tradition zu stilisieren, sondern lediglich lautstarke, unbeirrbare Verdammung. Druck, Spitzelei, Drohungen und Bekehrungseifer in den Lagern machten die Masse der deutschen Kriegsgefangenen zu entschiedenen Antikommunisten. Die sowjetische Wirklichkeit tilgte abwägende Reflexionen. Heimgekehrt, unterstützte diese Masse jede Anstrengung, dem roten Totalitarismus Riegel vorzuschieben. Bonns Bündnis mit den Westmächten stimmte selbstgerecht. Nahezu alle verdrängten, daß Hitler einen rassebiologischen Vernichtungskrieg gegen die Sowjetunion geführt hatte, von seiner Ruchlosigkeit gegenüber Deutschen und dem Reich ganz zu schweigen. Fast schien es, als habe es diese böse, abgründige Vergangenheit nie gegeben. Rußland, der großgezogene Gigant, erschreckte und hypnotisierte. Mehr denn je galt die Bewegung »Freies Deutschland« als Schrittmacher eines abstoßenden Systems, aggressiver Kräfte; »Beweis« die DDR Ulbrichts und anderer Komitee-Mitglieder.

Kaum abgewogener die Publizistik und Geschichtsschreibung im westlichen Deutschland. Wie die Masse der zurückgekehrten Kriegsgefangenen blendete, ja, lähmte sie die unmittelbare Gegenwart. Selbst wo sie zugesteht, daß der Krieg 1943 politisch zu beenden war, haben Komitee und Offiziersbund in ihren Augen nur Interessen des Kremls gedient. Auch hier, immer wieder, die Lesart von den gepreßten oder zumindest törichten Verrätern, Urteile unter dem Einfluß der imperialistischen, knebelnden sowjetischen Nachkriegspolitik. Selten hat man einem historischen Phänomen beharrlicher seine Voraussetzungen verweigert. Noch heute — bei ausreichendem Abstand — zählt vorab der (gewiß kurzsichtige) »Krieg hinter Stacheldraht«: beste Handhabe, um die Bewegung »Freies Deutschland« zu diskreditieren und über das zu täuschen, was sonst für sie spräche und ernst zu bedenken wäre. Ressentiments trübten und trüben den Blick dafür, daß insbesondere die eigene Nation bedroht war. Der verzweifelte Versuch, sie vom Boden des Feindes aus zu retten, wird nicht als patriotische Tat anerkannt.

All diese Züge gehören zur Rezeption des Komitees und Offiziersbundes, trotz oder vielleicht gerade wegen ihrer Verworrenheiten ein neues Forschungsthema, doch geschichtliches Denken sollte sich an Tatsachen und Möglichkeiten der *Vergangenheit* halten. Die Bewegung »Freies Deutschland« existierte von 1943 bis 1945, in Jahren, die nicht unfehlbar unsere Gegenwart heraufbeschworen. Daran ist nochmals zu erinnern. Was damals gewollt wurde, muß ohne nachträgliche Weisheiten ins Bild rücken. Allein die nüchterne Analyse jener Zeitspanne des Zweiten Weltkrieges hilft.

Zusammenfassende Schlußbetrachtung

Komitee und Offiziersbund beherrschte der Wille, Hitler wie den Nationalsozialismus zu stürzen. Wehrmacht und Volk sollten den Verderber des Reiches zu Fall bringen, Kern und Einheit der Nation retten. Dabei blieb, für Kriegsgefangene, alle Aktivität an Agitation gebunden. Ohne sie war das entscheidende Ziel nie zu verdeutlichen und zu erreichen. Vor ihm hatten auch demokratische Zukunftspläne zurückzustehen. Obgleich die erste Konzeption Lunjowos nicht einheitlich gewahrt wurde — Stichwort: russische Frontpropaganda —, galt zunächst der Appell: geordneter Rückmarsch auf die Reichsgrenzen. Mit ihm strebte man in der Hoffnung, daß die Spitzen der Wehrmacht das NS-Regime beseitigten, den Umschwung ohne Chaos an. Die Armee sollte als Machtinstrument erhalten werden.

Was vorab den Offiziersbund leitete, überholte die Politik der Alliierten gegen Ende 1943. Sie einigten sich, Deutschlands bedingungslose Kapitulation und die Gefangenschaft der gesamten Wehrmacht zu erzwingen. Ihre Teheraner Konferenz änderte, zwangsläufig, auch die erste Konzeption Lunjowos. Bis zu dieser Konferenz hätte ein innerdeutscher Staatsstreich möglicherweise noch außenpolitische Chancen gehabt. Erfolgreiche Frondeure durften hoffen, wenigstens die totale Unterwerfung abzuwenden. Nach Teheran schienen derartige Chancen verpaßt. Das Reich war zur Beute seiner Gegner deklariert, die geeint früher oder später siegen mußten. Komitee und Offiziersbund riefen nun zum Überlaufen auf. Jetzt ging es allein darum, Menschenleben zu retten und die sichere Katastrophe zu mildern.

Propaganda gehört, in unserem Jahrhundert, zu jedem Waffengang. Namentlich Staaten, die Heilslehren predigen, wollen Proselyten machen. Auch die Bewegung »Freies Deutschland« bekräftigte diese Tendenz moderner Weltanschauungskriege, doch nur bedingt, nie eindeutig. Der Offiziersbund hätte sich mit Hitlers Sturz begnügt. Er konnte und wollte nicht zum Kommunismus bekehren. Anders die Emigranten: Marxisten im Nationalkomitee. Patriotismus blieb Hilfsmittel ihrer Ideologie, die seit je zum Kampf gegen Hitler verpflichtete. Zuletzt entschied bei ihnen orthodoxe Überzeugung. Der kriegsgefangene Offizier empfand Marxismus als fremdartige, abstoßende Lehre. Ihn beherrschten nahezu ausschließlich nationale Impulse. Hier trieb erst das Erleben von Stalingrad zu »antifaschistischem« Widerstand.

Stalingrad aber hatte die Überlebenden der sechsten Armee belehrt. Diese Schlacht war ihnen, in den Schlußphasen des Opferganges, zum Symbol für einen unmenschlichen Machtstaat geworden, der jedes moralische Gesetz von sich wies. Deutlich fühlten sie das Gebot, ihn um Deutschlands willen zu beseitigen, das sie nun — nach der Wende an Don und Wolga — in einem noch entsetzlicheren Stalingrad verbluten sahen. Konnte Hitler, so fragten sie, die Nation schonen, wenn er seinen Soldaten Kampf bis zum schlimmsten Ende befohlen hatte? War er nicht des Reiches Todfeind? Damit folgten die Überlebenden der sechsten Armee gültiger Erkenntnis. Hellsichtig berührten sie, was der Wirklichkeit entsprach. Und dies galt politisch wie militärisch.

Hitler — Initiator aller Übel — hatte aufgehört, Adressat eines Friedensschlusses zu sein. Anfang 1942 äußerte er zu Jodl, daß der Krieg *nicht mehr zu gewinnen* sei. Nimmt man ihn beim Wort, hätte er unverzüglich abtreten müssen, um eine politische Lösung freizugeben. Die Wehrmacht konnte, Ziel der Blitzfeldzüge, das Nacheinander ihrer Gegner nicht wiederherstellen; sie stand vor einer ungeschlagenen, nie bezwingbaren Feindkoalition. Das Reich vermochte nur noch zu den besten Bedingungen Frieden zu schließen, Bedingungen, mit denen — so oder so — Hitlers Eroberungen ausgelöscht worden wären. Doch der Diktator weigerte sich, klarer Einsicht zu gehorchen und abzutreten. Staatsmännische Vernunft wich missionarischem Glauben, Politik einem Fanatismus, der selbst die Barbarei des letzten Gotenkampfes erzwingen wollte. Was immer zuletzt Hitler glaubte oder glauben machte, blieb durch sein Bekenntnis von 1942 widerlegt, entwertet.

Die Wehrmacht*führung* vernahm, daß der Krieg zu *liquidieren* sei, wenn der Kaukasus, das Donezbecken, die rumänischen Ölfelder und Oberschlesien verlorengingen. Sie setzte auf Ermattungsstrategie im Osten und Westen, die freilich ebenso rasch politisches Handeln verlangte. Begriff sie auch nur ihr eigenes Handwerk, mußte sie den baldigen Abbruch des Krieges ertrotzen. Nichts rechtfertigte sonst weitere Blutopfer an den Fronten. Aber der Diktator verhöhnte, bis zum Kampf um die Reichskanzlei, all seine Kriterien: so, als ob er nie von ihnen gesprochen hätte. Seine Verteidigung jeden Meter Bodens — Strategie der entschlossenen Dummheit — tilgte den Rest der Trümpfe, die Deutschland militärisch nicht verspielen durfte. Der Zusammenbruch, Tragödie des Reiches, nahte mit Riesenschritten.

Die Fronde vom 20. Juli suchte nötige, überfällige Konsequenzen zu ziehen. Diese Fronde bezeugte, daß oberster Rang und höchste Verantwortung keine Sklavenmentalität ertrugen. Nach Stauffenbergs Attentat blieb unter dem Diktator: dahinsiechendes Operieren, Schwärze, das Nichts. Mochte die Wehrmacht*führung* in der Agonie Gründe finden, um weiterhin auszuharren und Pflichten zu tun: Hitler erniedrigte die Spitzengeneralität zu Robotern. Kampf ohne Glück wurde zum Ausweis der Unfähigkeit und Charakterschwäche. Mehr noch als das Komitee hatte der Offiziersbund Mühe, den totalen Verrat gültiger Maximen und Ordnungen vorauszusetzen. Was Erziehung, Tradition, Denk- und Entschlußkraft geboten, mußte um der Nation willen geschehen. Wenn Seydlitz 1945 — entsetzt, ja, fassungslos — auch die Wehrmacht*führung* geißelte, so ist ihm mehr denn je recht zu geben. Gerade der gewachsene Abstand zwingt zum Verdikt.

Der Bruch erprobter Gesetze raubte dem Frontsoldaten Sicherheit und Geborgenheit. Schutzlos war er sinnlosen Befehlen ausgesetzt, die ihn wie sein Wesen zerrieben und auf die er mit Kampf bis zum vorletzten Augenblick zu antworten begann. Das Regime, purer Selbstmagie erlegen, wütete ungehemmt. Es hängte und erschoß schon Laue oder Zögernde; Mannschaften richteten schließlich Offiziere. Terror forderte jenen »Heroismus«, den auch sieglose Zukunft nicht schreckte. Der Ausgang ließ die Nation verwüstet und ein Volk zurück, das am Soldatentum zweifeln mußte. Wie die Führung war das Volk des Teufels. Alle Proklamationen des Komitees und Offiziersbundes galten bereits vor Stalingrad. Die vollkommene Katastrophe bestätigte jede Taktik versuchten Aufbegehrens.

Komitee und Offiziersbund haben ohne Unterlaß Wahrheiten ausgesprochen, beide aber agitierten im Lager des Gegners, mit dem die
Wehrmacht unerbittlich rang. Das machte die Bewegung »Freies
Deutschland« unglaubwürdig und stempelte sie zum Symbol
schmählicher Kollaboration. In der Tat ist, als sich die Waagschale
zugunsten der Sowjets senkte, Kollaboration teilweise Wirklichkeit
geworden, doch sollte auch diese Entwicklung nie darüber täuschen,
daß man in Lunjowo an Volk und Wehrmacht dachte. Immer wollte
man Deutschland vor der Vernichtung bewahren, und hier blieb
Hochverrat unvermeidlich. Staat und Regime waren gleichgesetzt:
es existierte keine legale Möglichkeit, die politische Führung des
Reiches zu entmachten oder zu ändern. Jeder entschiedene oppositionelle Zug glich einem revolutionären Akt, dem das geltende
Recht seinen Schutz verwehrte.

Damit war notwendiger Widerstand aus patriotischen Motiven
selbst hinter russischem Stacheldraht zu bejahen. Vorbehalte
gegenüber einer Aktivität von der Feindseite her konnten lediglich
Hitlers Wesen verkennen, dessen »Sendungs«bewußtsein allein auf
Sieg oder Untergang setzte. Nachdrücklich hielt man sich an die
bitteren Erfahrungen der Schlacht um Stalingrad. Zunehmend
drängten ebenso die Verbrechen des NS-Regimes an Juden und
östlichen »Unter«menschen zu unbedingter Kampfansage. Auch in
Lunjowo ist sie vor allem den Soldaten nicht leichtgefallen. Aner-
zogener Gehorsam hatte Schranken errichtet, die, wenn überhaupt,
nur mühsam zu durchbrechen waren. Loyalität zweifelte noch
lange, daß der Boden schwankte. Wo indes Hitlers Ruchlosigkeit
erkannt und begriffen wurde, da mußten — in einer bislang einmaligen Ausnahmesituation — Halbheiten weichen.

Gewiß haben Marxisten, deutsche wie russische, das Komitee beeinflußt, ja, geprägt. Ihre Abhängigkeit von der Sache Moskaus steht
außer Frage. Sie suchten — oft sogar erpresserisch — in den Gefangenenlagern zum Stalinismus zu bekehren: Hohn auf den Offiziersbund und die ohnehin schon unsinnigen Farben Schwarz-Weiß-
Rot. All das verwirrte und schwächte moralische Positionen, aber
was den Ausschlag gab, waren Chancen Deutschlands. Wie in Lunjowo der Offizier um Seydlitz nie Kommunist sein wollte, so
konnte man auch russischerseits *1943* keine Omnipotenz geltend
machen. Die Rote Armee hatte erst ein Remis erkämpft. Noch

focht die Wehrmacht, ein bedrückender Gegner, in der Sowjetunion. Noch drohten Moskau weitere unabsehbare Verluste, bevor es hoffen durfte, das Ostheer endgültig niederzuringen. Die ersehnte Zweite Front war ferne Wirklichkeit, die alliierte Anerkennung der Annektion Ostpolens offenbar nicht zu erreichen. Wären zu dieser Zeit Hitlers Sturz und der Abschluß eines Waffenstillstandes geglückt, hätte sich die Waagschale zugunsten des Reiches gehoben. Trotz der Rückschläge im Osten, in Afrika und Italien vermochte es *1943* militärische und politische Trümpfe auszuspielen.

Komitee und Offiziersbund sind erfolglos geblieben. Dafür kam Moskau mit der Teheraner Konferenz voran. Stalin erhielt die Zusage der Zweiten Front. London und Washington überließen Ostpolen der Sowjetunion. Zudem gelang es, die Wehrmacht auf dem östlichen Kriegsschauplatz zurückzuwerfen; Rußland winkte der Sieg. Komitee und Offiziersbund waren gezwungen, sich diesem Umschwung anzupassen oder beklommen zu resignieren. Nur die Rettung von Menschenleben konnte nun noch den Ausgang der deutschen Sache bessern, Sache jetzt ohne Hoffnung hinsichtlich politischer Eigenständigkeit, doch auch der Rückzugskampf währte über die Agonie bis zur totalen Niederlage. Der »Führer« holte die Sowjetarmeen nach Berlin. Im Mai 1945 wehte die rote Fahne auf dem Brandenburger Tor der Reichshauptstadt. Die Bewegung »Freies Deutschland« war am Ende.

Es hätte nicht das Ende sein müssen, wäre Stalin entschlossen gewesen, Deutschland wirklich zu gewinnen und den Westmächten abspenstig zu machen, deren hochmütige Starrheit erbitterte oder enttäuschte. Diese Route wurde jedoch von ihm nicht eingeschlagen, obschon sich der Kommunismus für Deutschland in seinen Augen eignete wie der Sattel für eine Kuh. Die Übereinkommen mit den Alliierten schienen lohnender, mehr zu versprechen. Nach den Exzessen der Roten Armee und der Ausplünderung des Besiegten waren antifaschistische Einheitsfronten vollends diskreditiert. Sicherheit sah Moskau schließlich nur noch unter Vorzeichen des eigenen Gesellschaftssystems gewährleistet. So ging die Entwicklung endgültig über jene Gruppen der Bewegung »Freies Deutschland« hinweg, die »lediglich« den Sturz Hitlers und eine freiheitliche Ordnung angestrebt hatten.

Sicher wären sie zuletzt — Risiko beim politischen Kräftespiel

— ebenso in einem nichttotalitären Staat entmachtet oder Objekt anderer gewesen. Wenn aber der Soldat gewillt blieb, das bedrohte Vaterland zu retten, so durfte er selbst ein Bündnis mit Kommunisten eingehen. Nichts verurteilte ihn von vornherein oder gar automatisch zum Werkzeug: seine Appelle und Beschwörungen konnten Deutschland helfen. Vielsagend freilich waren die Konsequenzen, zu denen sich die Sowjets bei ihrem Triumph veranlaßt fühlten. Unabhängige Auffassungen duldeten sie immer weniger. Parteilicher Radikalismus, wieder im Vorrang, verlangte Unterordnung, mehr noch: Kollaboration. Die sich nun opportunistisch anglichen, entfalteten eine hektische Aktivität, durchliefen gehorsam die Antifaschule und lebten danach als Funktionäre in der Sowjetzone und DDR. Die sich jeder Gewissensnötigung versagten, beendeten ihre Mitarbeit, wurden moralisch gedemütigt und kehrten oft erst 1955 aus Gefängnissen heim. Die Option für oder gegen den Kommunismus hatte die Bewegung »Freies Deutschland« gespalten. Seitdem gibt es keine legitime Nachfolge, auch wenn hier die DDR eigene Vorstellungen und Traditionen pflegt.

Bei der Frontpropaganda galt zunächst die Losung »Geordneter Rückmarsch auf die Reichsgrenzen«. Sie wollte eine intakte Wehrmacht und sprach nur aus, was in Deutschland erfolgreiche Frondeure ebenso hätten einleiten müssen. Die zweite Losung forderte »Rettung durch Übertritt auf die Seite des Nationalkomitees«. Sie glaubte, nach den alliierten Proklamationen, an das herannahende sichere Ende und die Notwendigkeit, den Wahnwitz eines Kampfes bis zur letzten Patrone mit allen Mitteln abzuwenden. So schien ihr, angesichts der Mentalität Hitlers, auch die »Zersetzung« von Fronten unerheblich geworden. Trotzdem mußte gerade sie Abwehr und Widerwillen erwecken. Einmal hätte, so heißt es, diese Losung das Instrument unbrauchbar gemacht, das für eine verhandlungsfähige Fronde immer zu erhalten war. Zum anderen habe sie als Alternative zu weiterem Kampf nur eine Gefangenschaft angeboten, die zu Recht gefürchtet wurde und in der Tausende deutscher Soldaten gestorben sind.

Ob Überläuferpropaganda schon ab Januar 1944 gerechtfertigt war, ist weder eindeutig zu beweisen noch unanfechtbar zu widerlegen. So gewiß für politische Verhandlungen die Wehrmacht zu erhalten war: nach der Teheraner Konferenz konnte auch ein neues Deutsch-

land kaum noch hoffen, der bedingungslosen Kapitulation zu entgehen. Im Frühjahr 1944 erwog die Fronde des 20. Juli, alliierte
Luftlandetruppen zum Schutz des Staatsstreiches herbeizurufen.
Sie beabsichtigte, die Westfront zu öffnen: sicher ein taktischer,
doch kein prinzipieller Unterschied gegenüber Komitee und Offiziersbund. Möglich, daß dem innerdeutschen Widerstand einige
Aussichten verblieben wären, wenn er ohne Verzug, also weit vor
Stauffenbergs Attentat gehandelt hätte. Jeder Tag drängte und
mahnte. Nach der englisch-amerikanischen Invasion im Westen
aber war für Deutschland selbst ein bescheidener Vergleichsfrieden
nicht mehr zu erzielen. Alle Einwände gegen Zersetzungspraktiken
wurden politisch bedeutungslos.
Anders der Appell an die Truppe, sich in sowjetische Gefangenschaft zu begeben. Er wies, trotz politischer Klarsicht, fragwürdige
Auswege. Hätte der Soldat je freiwillig auf ihn gehört, wäre die
Bewegung »Freies Deutschland« oft schuldig geworden. Dies offen-
barten besonders die Endstadien des Kampfes, in denen bereits die
Exzesse der Roten Armee jede Überläuferpropaganda verhöhnten.
Aber hatten Komitee und Offiziersbund das Inferno angestrebt, das
sich über dem Osten des Reiches entlud? Und blieb nicht der von
Hitler gewollte Untergang Deutschlands die schlimmste aller Perspektiven? In Lunjowo durfte man glauben, daß hier selbst die
sowjetische Gefangenschaft bessere Chancen ließ. Gewiß umschloß
sie Demütigung, Hunger, Siechtum, Sterben. Andererseits gewährte sie jedoch auch Erleichterungen bei Hinfälligkeit, Hilfe
russischer Menschen und schließlich überwiegend Heimkehr: Tatsachen, die den millionenfachen NS-Mord an gefangenen Rotarmisten erst recht verurteilen.
Soweit die Frontpropaganda politische Zukunftspläne andeutete,
wünschte man in Lunjowo eine demokratische Staatsordnung. Sie
hatte, nach den aufrüttelnden Erfahrungen mit dem Nationalsozialismus, für Rechtsstaatlichkeit und Menschenwürde zu bürgen; ihr
sollten alle Kräfte, rechte wie linke Parteien dienen. Das Manifest
des Komitees beschwor Maximen der Republik von Weimar. Auch
die »25 Artikel zur Beendigung des Krieges« wollten Anhänger des
bürgerlichen Lagers nicht verprellen. Derartige Ziele zählten indes
erst in zweiter Linie und zudem nur bei einem halbwegs handlungsfähigen Reich. Ab Mitte 1944 war, unausgesprochen, jeder demo-

kratische Zukunftsplan widerrufen. Die Sowjets und Emigranten begannen, ihr Übergewicht zu nutzen und die »Diktatur des Proletariats« anzustreben. Was sie unter Demokratie verstanden, deckte sich kaum noch mit Vorstellungen des Offiziersbundes. Die vielgepriesene antifaschistische Einheitsfront zerbrach, ja, mußte zerbrechen.

Doch wie auch immer: entscheidend blieb, daß kein Appell die deutsche Seite beeindruckte, geschweige lenkte. Der Widerstand im Reich schien eher betroffen; die Wehrmacht verweigerte allen Aufrufen Erfolge.

Der Widerstand im Reich: so sehr er Zuspruch brauchte, so bewußt zögerte er, sich dem Osten zuzuwenden. Komitee und Offiziersbund aber galten als Schrittmacher einer solchen Politik, falls man ihnen nicht überhaupt bolschewistische Gesinnungen unterstellte. Sicher wußte die Fronde, daß auch sie Moskau für einen Ausgleich gewinnen mußte. Rußlands Großmachtstatus war unübersehbar und warnte, doch vorab blickte sie erwartungsvoll nach London und Washington. Nur mit England und Amerika konnte, in ihren Augen, Deutschland dem sowjetischen Sog und der Gefahr des Kommunismus widerstehen. Noch mehr befremdete Lunjowos Überläuferpropaganda. Wenn Fronten zu öffnen waren, so allenfalls im Westen. Gegenüber der Roten Armee hatte die Wehrmacht standzuhalten. Diese Taktik trennte vollends; nie suchten die Verschwörer Kontakte zu Seydlitz oder gar zum Nationalkomitee. Appelle aus russischer Gefangenschaft schienen ihnen wertlos und schädlich. Stauffenberg sprach, vielsagend, einmal von Landesverrat. Die Männer des 20. Juli blieben entschlossen, selbständig, in eigener Verantwortung zu handeln. Ihr Staatsstreich konnte nur glücken, wenn sie — angesichts eines noch immer gläubigen Volkes — auf militärische Befehlsmechanismen setzten. Man begriff die Empörung der Überlebenden einer verratenen und hingeopferten Armee, doch man hielt deren Weg vor allem zuletzt für unannehmbar und falsch. Stets wäre der Widerstand im Reich auch ohne die Bewegung »Freies Deutschland« ausgekommen.

Die Wehrmacht: sie hat bis zum furchtbaren Ende gefochten und Komitee wie Offiziersbund zu keiner Stunde verstanden. Ihr war jeder Aufruf Lug und Trug; sie mußte ihr eigenes Stalingrad erleben. Als es nach und nach über sie kam, nutzten auch ihre Erfahrungen nichts, waren Deutschlands Aussichten verspielt, geschwunden. Sicher spürte mancher Feldgraue, daß er für ein ruchloses, schuldbeladenes Regime kämpfte. Offenkundig gewordene NS-Verbrechen erweckten Haß und trieben sogar zum Aufbegehren, aber der Gang des Krieges blieb von alledem unberührt und ließ keine Chance, einem gnadenlosen Freund-Feind-Verhältnis zu entrinnen. Vorsätzlich waren die Sowjets zu Untermenschen gestempelt. Schrecken und Terror sollten im besetzten Rußland regieren. Der Ostkrieg wurde, wie es Hitler befahl, zum Ringen zweier Weltanschauungen: Sieg oder Tod mußten entscheiden. Der deutsche Soldat war überzeugt davon, daß ein solcher Krieg niemals verlorengehen durfte. Wo er sich zudem selbst in Schuld verstrickt hatte, fürchtete er erst recht Deutschlands Niederlage. Andere als brutale Alternativen schienen ihm undenkbar. So widersetzte er sich allen Versuchen, den Zusammenhalt der Truppe zu schwächen. Er erblickte im Sturz Hitlers kein Heilmittel und wollte nie in die Hände der Sowjets fallen. Seinen Gehorsam, ohnehin ein machtvolles Element, konnte »Feind«propaganda nicht brechen. Die kämpfende Wehrmacht verachtete Komitee und Offiziersbund.

Diese Haltung haben auch die Rückzugsschlachten kaum erschüttern können. Zweifel wurden vom Vertrauen zu einer Führung überdeckt, die man für unfähig hielt, Opfer der Front umsonst zu fordern. Die Truppe hoffte, unbeirrt, auf eine Wende durch Wunderwaffen. Zuletzt glaubte sie, daß Deutschland Europa verteidige und mit den Westmächten die Sowjetunion zurückwerfen werde. Derartige Vorstellungen verpflichteten — fernab von nationalsozialistischen Ideen — zu weiterem Einsatzwillen. Erst als auch sie trogen und die Wehrmacht zahllosen Ostflüchtlingen einen Vorsprung erkämpft hatte, brachen alle Sinngebungen in sich zusammen. Es war, auf die Minute, der Augenblick des schlimmsten Endes, der Zeitpunkt unumgänglich gewordener bedingungsloser Kapitulation.

Was den Soldaten veranlaßte, seinen Eid zu halten, ist weder herabzusetzen noch zu schmähen. Drei Millionen besiegelten ihn mit ihrem Leben, doch auch diesem Opfer gegenüber behält jeder Widerstand Recht und Legitimation. Adolf Hitler bedrohte das Ganze; gewissenlos, ohne Bedenken steuerte er in den Untergang. Einsicht wie Patriotismus geboten, Volk und Nation vor der totalen Katastrophe zu bewahren. Nur eine neue, pflichtbewußte Führung konnte Deutschland retten oder nutzen. Hier war insbesondere bei wagemutiger Opposition vielleicht der Hochverrat, kaum aber jener Landesverrat zu verantworten, der den Vorsatz bedingte, das Wohl des Reiches zu gefährden.

Die innerdeutsche Fronde scheute, im Kampf gegen Hitler, nicht das Äußerste: die erschütternde Zahl ihrer Toten spricht beredt. Eine solche Prüfung ist Komitee und Offiziersbund erspart geblieben: beide sahen sich nie dem NS-Regime ausgesetzt. Dieser Umstand gibt den Männern des 20. Juli stets Vorrang, doch schmälert auch er nicht die Gewissensentscheidung, zu der sich *1943* die Soldaten hinter russischem Stacheldraht aufgerufen fühlten. Denn konnten sie — einmal und ebenso zum Kampf gegen Hitler entschlossen — später je heimkehren? Das schien anfangs fraglich.

Durften sie es nicht, wäre es für sie schlimmer als der Tod gewesen. Was drohte ihren Familien? Sie wurden auseinandergerissen, in Gefängnisse und Konzentrationslager geschleppt, um als Sippen zu haften. Über Seydlitz hatte das Reichskriegsgericht das Todesurteil auszusprechen. Degradiert und rechtlos, sollte sein Name mit ewiger Schande bedeckt sein. Nach Ende des Krieges, als er und andere sich sowjetischem Druck widersetzten, folgten Demütigungen und Jahre der Haft. Es fällt schwer, bei alledem niedrige Motive zu unterstellen. Opportunismus war anderswo im Spiel.

Ein Erfolg der Propaganda konnte zudem kaum persönliche Vorteile bringen. Was jede Tat erwartete, waren eher infame Verdächtigungen, die zusätzlich belasten mußten. Von einem Übel freilich hatte der Widerstand des Komitees und Offiziersbundes befreit: er war offen und nicht länger gezwungen, das Notwendige zu verleugnen. Wie heilsam sich dieser Vorzug ausnahm, bewies die fragwürdige Opposition der Generale, die Mitte *1944* den Sowjets erlagen. Sie hatten die Hingabe ihrer Soldaten bis zuletzt befohlen und in der Gefangenschaft sofort Appelle zur Beendigung des Krieges unterzeichnet.

Dennoch werden Komitee und Offiziersbund auch künftig Vorbehalte erwecken. Viele zögern nicht, Eidbruch zu verwerfen, da er Ordnungen untergräbt. Selbstgefälligkeit aber prellte am sichersten um die Erkenntnis entsetzlicher Jahre. Wie immer man die Zeit Hitlers in den Blick nimmt: es gab für den Weg des Widerstandes *und* den des Gehorsams keine Schuldlosigkeit. Die Gebärde der Vortrefflichkeit blieb *jedem* Handeln oder Unterlassen versagt. Was hätte orientieren können, war vom NS-Staat ausgetilgt, der alle Werte zerbrochen hatte. Nie sollten wir diese Tatsache vergessen.

Anhang:

Dokumente

I

AUFRUF

An die deutschen Generale und Offiziere!
An Volk und Wehrmacht!

Wir, die überlebenden Kämpfer der 6. deutschen Armee, der Stalingrad-Armee, Generale, Offiziere und Soldaten, wir wenden uns an Euch am Beginn des fünften Kriegsjahres, um unserer Heimat, unserem Volk den Rettungsweg zu zeigen.
Ganz Deutschland weiß, was Stalingrad bedeutet.
Wir sind durch eine Hölle gegangen.
Wir wurden totgesagt und sind zu neuem Leben erstanden.
Wir können nicht länger schweigen!
Wir haben wie niemand sonst das Recht, zu sprechen, nicht nur im eigenen Namen, sondern im Namen unserer toten Kameraden, im Namen aller Opfer von Stalingrad.
Das ist unser Recht und unsere Pflicht!
Die seit Beginn dieses Jahres eingetretenen schweren Mißerfolge auf militärischem Gebiet sowie die stetig zunehmende Verschlechterung der deutschen Wirtschaft lassen uns die Aussichtslosigkeit der Lage Deutschlands erkennen. Stalingrad war der Wendepunkt. Es folgten Kaukasus und Kubangebiet, Afrika und Sizilien, der Zusammenbruch Italiens — Schlag um Schlag. Die Sommeroffensive der deutschen Wehrmacht ist gescheitert. Die Rote Armee hat Orel und Belgorod, Charkow, Taganrog und das Donezbecken zurückgewonnen und stößt gegen den Dnjepr vor. Die Heimat wird von schweren Luftangriffen erschüttert. Der Zweifrontenkrieg steht unvermeidlich bevor. Der Sturz Mussolinis, die Auflösung der faschistischen Partei, das Ausscheiden Italiens aus dem Krieg, der mit Sicherheit zu erwartende Abfall Finnlands, Ungarns und Rumäniens sind Etappen auf dem Wege zur vollkommenen Isolierung Deutschlands, verhängnisvoller als 1918.
Jeder denkende deutsche Offizier versteht, daß Deutschland den Krieg verloren hat. Das fühlt das ganze Volk. Das wissen auch die regierenden Kreise, die das Unheil heraufbeschworen haben.
Hitler und sein Regime tragen vor der Geschichte die volle, ungeteilte Verantwortung für die verderblichen Fehlentscheidungen, die Deutschland dem Untergang entgegenführen, wenn Volk und Wehrmacht nicht rechtzeitig die Umkehr erzwingen.
Hitler als Staatsmann hat die mächtigsten Staaten der Welt zu einer erdrückenden Koalition gegen Deutschland zusammengeschweißt. Hitler als Feldherr hat die deutsche Wehrmacht in schwerste Niederlagen geführt. Er hat den deutschen Soldaten ohne die unerläßliche Ausrüstung in den Winterkrieg

1941/42 hineingejagt. Er hat in unbelehrbarem Eigensinn den abenteuerlichen Feldzug gegen Stalingrad und den Kaukasus entworfen und geleitet. Er hat in Stalingrad und in Afrika deutsche Elitearmeen seinem Prestige geopfert.

Jetzt gilt es, ganz Deutschland vor einem gleichen Schicksal zu bewahren. Der Krieg wird ausschließlich im Interesse Hitlers und seines Regimes, ohne Rücksicht auf Volk und Vaterland fortgesetzt. Die Fortsetzung des sinn- und aussichtslosen Krieges kann jeden Tag die nationale Katastrophe hereinbrechen lassen. Das jetzt noch zu verhindern, ist sittliches Gebot und vaterländische Pflicht für jeden verantwortungsbewußten Deutschen.

Wir Generale und Offiziere der 6. Armee sind entschlossen, dem bisher sinnlosen Opfertod unserer Kameraden einen tiefen geschichtlichen Sinn zu geben. Sie sollen nicht umsonst gestorben sein! Aus der bitteren Erkenntnis von Stalingrad soll die rettende Tat hervorgehen. Wir wenden uns daher an VOLK und WEHRMACHT. Wir sprechen vor allem *zu den Heerführern, den Generalen, den Offizieren* der Wehrmacht.

In Eurer Hand liegt eine große Entscheidung!

Deutschland erwartet von Euch den Mut, die Wahrheit zu sehen und demgemäß kühn und unverzüglich zu handeln.

Tut das Notwendige, damit es nicht ohne Euch oder gar gegen Euch geschehe! Das nationalsozialistische Regime wird niemals bereit sein, den Weg, der allein zum Frieden führen kann, freizugeben. Diese Erkenntnis gebietet Euch, dem verderblichen Regime den Kampf anzusagen und für die Schaffung einer vom Vertrauen des Volkes getragenen Regierung einzutreten. Nur eine solche Regierung kann die Bedingungen für einen ehrenvollen Ausweg unseres Vaterlandes aus dem Kriege herbeiführen und einen Frieden sichern, der nicht das Elend Deutschlands und den Keim neuer Kriege in sich trägt.

Verweigert Euch nicht Eurer geschichtlichen Berufung! Nehmt die Initiative in Eure Hand! Wehrmacht und Volk werden Euch unterstützen. *Fordert den sofortigen Rücktritt Hitlers und seiner Regierung!* Kämpft Seite an Seite mit dem Volk, um Hitler und sein Regime zu entfernen und Deutschland vor Chaos und Zusammenbruch zu bewahren!

Die Kämpfer der 6. Armee, der Stalingrad-Armee, und alle in Rußland kriegsgefangenen deutschen Soldaten und Offiziere erheben ihre Stimme in dem Bewußtsein, damit ihre heiligste Pflicht gegenüber der Nation zu erfüllen.

Es lebe das freie, friedliche und unabhängige Deutschland!

Walther von Seydlitz, General der Artillerie, Kommandierender General des LI. Armeekorps · Alexander Edler von Daniels, Generalleutnant, Kommandeur der 376. I. D. · Hans Günther van Hooven, Oberst, Armeenachrichtenführer der 6. Armee · Luitpold Steidle, Oberst, Regiments-Kommandeur G. R. 767 · Dr. Otto Korfes, Generalmajor, Kommandeur der 295. I. D. · Martin Lattmann, Generalmajor, Kommandeur der 14. Pz.-Div. · Alfred Bredt, Oberstleutnant, Kommandeur der Versorgungstruppen XI. A. K. · Gerhard Bechly, Oberstleutnant, Adjutant 295. I. D. · Fritz Büchler, Major, Kommandeur I/Flakrgt. 241 · Egbert von Frankenberg und Proschlitz, Major, Kommodore Kampfgeschwader 51 · Hermann Lewerenz, Major, Kommandeur I/Flakrgt. 37 · Isenhardus von Knobelsdorff-Brenkenhoff, Kriegsgerichtsrat, 295. I. D. · Erich Domaschk, Hauptmann, Kommandeur II/Pz. G. R. 103 · Andreas von Kirschhofer, Oberleutnant, 44. I. D. · Hans Gottlob Trenkmann, Oberleutnant i. V. f. P. · Heinrich Gerlach, Oberleutnant, Stab, 14. Pz.-D. · Dr. Adolf Greifenhagen, Leutnant, 297. I. D. · Emil Knoll, Leutnant der Feldgendarmerie, 44. I. D. · Werner Völkel, Leutnant, 5/II. A. R. 21 (L) · Franz Beerenbrock, Leutnant, J. G. Mölders · Kurt Schumann, Kriegsgerichtsrat, 14. Pz.-D. · Herbert Scheidel, Major (W), Stab, Gen.-Kdo. VIII. A. K. · Gottfried Mangold, Major, Kommandeur Pi.-Batl. 376 · Rudolf Wende, Hauptmann, Rgts.-Adj. G. R. 516 · Dr. Hugo Sedlak, Oberstabsarzt, Führer Feldlaz. 44 · Bernhard Bechler, Major, Batl.-Kdr. R. (mot.) 29 · Karl-Heinz Stolz, Hauptmann, Stab, Art. Kdr. 129 · Wilhelm Pickel, Oberst, Kommandeur Gr. R. 524 · Hans Huber, Oberleutnant, Adjutant Sturmgeschw. Abtl. 244 · Günther Lohmann, Leutnant, Ord.-Offz. 14. Pz.-D. · Dr. Hubert Klein, Kriegsgerichtsrat, 305. I. D. · Johannes Schröder, Wehrmachtspfarrer, 371. I. D. · Hanfried Wittneben, Hauptmann, Batteriechef A. R. (mot.) 3 · Dr. Heinrich Abel, Leutnant, Adjutant III/A. R. (mot.) 3 · Dr. Joachim Wieder, Leutnant, Stab, Gen.-Kdo. VIII. A. K. · Herbert Lachmann, Hauptmann, Komp.-Chef, 305. I. D. · Karl Fenk, Oberzahlmeister, Rgt.-Zahlm. G. R. 574 · Dr. Alfred Kimmel, Unterarzt, Abt.-Arzt, San.-Kp. 2/16 · Jak. Pfeiffer, Hauptmann, Kompanieführer, N. Kp. 305 · Werner Schroerschwarz, Oberleutnant, Reg.-Adj. G. R. 274 · Erwin Wilke, Hauptmann (W), Waffenoff., Stab 24. Pz.-D. · Dr. Werner Zimmermann, Kriegszahnarzt, Zahnarzt-San.-Kp. 1/16 · Paul Markgraf, Hauptmann, Kdr. Pz.-Jäg.-Abt. 40 · Günther Janeba, Oberstabsintendant, Korpsintend. 14. Pz.-Korps · Dr. Otto Blankmeister, Oberstabsarzt, Kp.-Chef, 1. San.-Kp. 179 · Erwin Jetztl, Major, Kdr. II/268 · Dr. Hans Sack, Oberfeldarzt, Div.-Arzt, 60. I. D. (mot.) · Albert Hünemörder, Major, Kdr. d. Div.-Nach.-Truppen, 305. I. D. · Dr. Gerth Arras, Oberleutnant, Ad. N. A. 297 · Erwin Engelbrecht, Major, O. I. 14. Pz.-D. · Dr. Herbert Semrau, Oberstabsarzt, Kp.-Chef, San.-Kp. 2/176 · Edm. Pyszczuk, Sonderführer (Z), Dolmetscher, Div.-Stab, 295. I. D. · Gottfried von Goßler, Oberleutnant, Kp.-Chef, I. R. 211 · Hermann Peist, Sonderführer (Z), A. O. K. 6 — W. E. K. 6 · Hans Weiher, Leutnant, K. N. A. 44, IV. A. K. · Friedrich Preetz, Fliegeringenieur, F. W. A. I/20, Werftzug 3/20 · Heinz Vogelsänger, Oberleutnant, Kp.-Chef, 2/N. A. 60 · Gerhard Schmidt, Oberleutnant, A. R. 549 · Walter Kuhr, Oberst, Rgt.-Kdr. A. R. 376 · Reinhold Tappert, Leutnant, Zgf. 6/6 I. R. · Dr. Siegfried Müller, Oberstarzt, Korpsarzt, Gen.-Kdo. VIII. A. K. · Hans Georg Heintze, Rittmeister, 1 c Gen.-Kdo. LI. A. K. · Dr. Rudolf Weber, Stabsarzt, Einheitsführer, Lw.-San.-Ber. 4/XIII. · Wilhelm Wilde von Wildemann, Sonderführer (Z), Stab, 376. I. D. · Dr. Werner Feise, Oberleutnant, J. G. 54 · Dr. Otto Baumgärtel, Stabsarzt, Komp.-Fhr. San.-Komp. 1/113 · Ludwig Röckl, Oberleutnant, Batterie-Fhr., II. A. R. 46 · Hermann-Ernst Schauer, Leutnant, 4/I. R. 92 (mot.) · Karl Krug, Leutnant, Ing. A.-St. 23 LG-Kdo. M. · Rudolf Fey, Oberleutnant B. O. und Kfz.-Offz. 6 (H) 12 · Helmuth Schulze, Major, Rgt.-Fhr. Gr.-R. 535 / Karl Jelitto, Oberleutnant, Batlfhr. II/G. R. 535 · Johannes Stratmann, Hauptmann, Ia/Stomü., Stab. 24. Pz.-D. · Josef Kayser, katholischer Wehrmachtspfarrer, Div.-Pfarrer, 76. I. D. · Georg Gudzent, Leutnant, Zugführer, 1/K. N. A. 428 · Otto Podescht, Leutnant, Flugzeugführer, 8/K. G. 1 »Hindenburg« · Dr. Friedrich Strobl, Stabsarzt, Führer San.-Komp. 1/100 · Dr. Walter Wilimzig, Leutnant, Btl.-Adj. I/Gr.-R. 261 · Paul Kollender, Oberleutnant, L. Schzg.-Btl. 579 · Fritz Heikamp, Oberleutnant, Batteriechef, 12/A. R. 299 · Walter Meyer, SS-Obersturmführer, 3. Pz.-R., II. Abt. SS-Totenkopf-Div. · Dr. Ernst Münch, Oberarzt, Zug.-Fhr. Fl. 113 · Gustav W. Siemon, Oberleutnant, Flugzeugführer, 3. Aufkl.-Gr. Ob. d. L. · Heinz Ullrich, Leutnant, B.-Offz. III/Werfer-Reg. 51 · Erwin Bretz, Oberleutnant, Komp.-Fhr. II. G. R. 212 · Heinrich Homann, Major, Kdr. IV. (mot.) A. R. 83 · Herbert Stößlein, Major-Ing., Div.-Ing., 44. I. D. · Gerhard Krausnick, Major, Kdr. d. Siche-

180

rungsbat. 343 · Karl Hetz, Major-Ing., Div.-Ing., 371. I. D. · Friedrich Reyher, Oberleutnant, 1. Pi. 88 · Erich Fleischer, Hauptmann, Stab 100. Jäger-D. · Heinrich Graf von
Einsiedel, Leutnant, Adj. III/Jagdgeschw. »Udet« Nr. 3 · Fritz Rücker, Oberleutnant,
1/Sich.-Batl. 343 · Bernt von Kügelgen, Leutnant, I. R. 418,123. I. D. · Dr. Ernst
Hadermann, Hauptmann, Kdr. III/A. R. 152.

(Freies Deutschland, Nr. 8/9, 15. September 1943)

II
Das Nationalkomitee an Volk und Wehrmacht:

25 Artikel zur Beendigung des Krieges

Alle deutschen Herzen bewegt heute *eine* Frage: Wie kommen wir heraus aus
diesem Kriege? »Die Weiterführung des aussichtslosen Krieges würde das Ende
der Nation bedeuten.« So hieß es schon im Juli 1943 in unserem Manifest.
Haben wir damals recht gehabt? Jawohl! Noch nie sah jeder Deutsche, wo
immer er auch sei, die nahende Gefahr so klar vor Augen.
Hitler hat das deutsche Volk in namenloses Unglück gestürzt. Wir müssen es
wieder herausführen. In dieser Stunde muß jeder Deutsche wissen, was er zu
tun hat, denn jeder wird gebraucht. Und jeder wird für diese Stunde Rechenschaft abzulegen haben vor seinem Volk, vor seiner Familie, vor sich selbst.
Bedenke, daß Du als Deutscher geboren wurdest und nicht als Nationalsozialist. Dann findest Du den Weg. Ein Hitler vergeht, das Volk aber bleibt.
Das sind die 25 Artikel zur Beendigung des Krieges.

Artikel 1
Dieser Krieg ist Deutschlands größtes Unglück.
Nicht das deutsche Volk hat ihn gewollt. Seit dreißig Jahren treiben es politische und wirtschaftliche Spekulanten auf den Weg des Selbstmordes: 1914—
1918, 1933, 1939—1944. Durch Hitler ließ dieser Klüngel dem deutschen Volk
vorschwätzen, es sei ein »Herrenvolk« und brauche den »Lebensraum« der
»Hilfsvölker«. Mit dieser »Lehre« jagte er unser arbeitsames Volk in einen
Raubkrieg ohnegleichen gegen freie Völker und hielt es in kalter Berechnung
davon ab, Ordnung im eigenen Hause zu schaffen. Das deutsche Volk aber in
seiner Einfalt forderte für die eigensüchtigen Interessen seiner eigenen Schma-
rotzer den Zorn der ganzen Welt gegen sich heraus. Denn die anderen Völker
lieben die Freiheit nicht weniger als wir. Deshalb verbündeten sie sich und
zerschmettern nun die Hitlerherrschaft und alles, was sich ihr verbindet.

Artikel 2
»Hätte uns Hitler doch nie gegen Rußland geführt!«
Als das deutsche Volk 1941 gegen Rußland getrieben wurde, ahnte es Unheil.

181

Es fürchtete die Überlegenheit Rußlands. Jawohl, Rußland ist Deutschland überlegen. In mächtigen Stößen wirft es die deutschen Armeen nach Westen, zerschlägt ihre Einheit, umfaßt und vernichtet ihre Teile. Und unaufhaltsam wächst seine Kraft. »Das ist nicht zu verstehen!« rufen die Offiziere und gehen unter. Wer sich an russischen Boden klammert, geht unter. Und es *ist* zu verstehen! Denn Rußland ist das größte Land der Erde und seine Industrie ist mächtiger als die Industrie des ganzen europäischen Festlandes.

Artikel 3
»Hätte doch Hitler nie die englischen Städte ausradieren wollen!«
Durch seine frevelhafte Drohung brachte Hitler den größten Luftkrieg der Geschichte über Deutschland. In Trümmer sinken unsere Städte, Millionen irren obdachlos umher. Breiter und vernichtender entfaltet sich mit jeder neuen Woche über deutschem Raum die Herrschaft der englisch-amerikanischen Luftwaffe. Aber auch der U-Boot-Krieg ist gescheitert. Truppen der Alliierten sind im Süden gelandet, und weitere überlegene Kräfte stehen zu vernichtenden Schlägen im Westen bereit. Die Zweite Front und mit ihr die Erhebung der Völker gegen Hitlers Zwangsherrschaft stehen bevor.

Artikel 4
Mit den Reserven geht es zu Ende.
An allem fehlt es. An der Front fehlt es. Und in der Heimat fehlt es. Die letzten Männer werden in den Rachen des Krieges geworfen, jetzt auch Frauen und Kinder. Die letzten Reste des Wohlstandes verwandeln sich in Panzer und Kanonen. Aber alles ist zu wenig. Überlegen sind die Völker der Welt, die Hitler herausforderte, und überlegener werden sie von Tag zu Tag. Wie Hohn klingen heute Hitlers Worte: »Entscheidend für den Kriegsausgang ist der Besitz der Ukraine, des Donezbeckens und des Kuban.« Deutschland wurde geschlagen, als es diese Gebiete noch besaß. Um wieviel schneller wird es jetzt mit ihm zu Ende gehen, wo es sie verloren hat?!

Artikel 5
Die Wahrheit ist: der Krieg ist verloren.
Unwiederbringliches ist dahin: Millionen deutscher Männer, Anwärter auf ein sinnvolles Leben; Millionen ehemals glücklicher Familien, Dutzende ehemals blühender Städte, Deutschlands Kraft und Ruf. Wen trifft die Schuld an diesem nationalen Unglück? Haben etwa die deutschen Soldaten und Offiziere nicht hingegeben, was sie nur konnten? Sie sind nicht die Schuldigen, sondern die Opfer. Die Schuldigen aber sind die Hitler und Göring, Verbrecher im Politischen, Dilettanten im Militärischen.

Artikel 6
Den verlorenen Krieg weiterzuführen, ist ein Verbrechen an der Nation.

Die Weiterführung ruiniert sinnlos das wenige, was noch verblieb, und mit dem wenigen die Möglichkeiten des Wiederaufbaus. Daher soll jeder wissen: Wer heute noch im fremden Lande steht, verteidigt nicht Deutschland, sondern hilft, es vollends zu zerstören; wer heute noch Hitler stürzt, hilft unser Vaterland vollends entkräften und die Schrecken des Krieges nach Deutschland ziehen, bis ins eigene Haus. Den verlorenen Krieg kann er nicht mehr gewonnen machen —, aber was noch gerettet werden konnte, sein eigenes Leben und das Fundament von morgen, vergeudet er in seiner Verblendung. Soldaten der Wehrmacht! Am verlorenen Kriege seid Ihr nicht schuld. Wenn Ihr aber den verlorenen Krieg weiterführt, werdet Ihr mitschuldig an Deutschlands Ruin.

Artikel 7
Wer braucht die Weiterführung des Krieges?
Nur Hitler und seine Gönner und Günstlinge, mit denen niemand Frieden schließt. Ihr Kopf ist verloren. Daher wollen sie kämpfen, bis die letzten Menschen und Werte verpulvert sind. »Bis 5 Minuten nach 12« nennen sie das. Und weil sich das Volk mit allen Instinkten gegen das Mitsterben wehrt, versuchen sie mit allen Mitteln, es zum Mitsterben zu zwingen, durch Terror und durch Betrug.

Artikel 8
Betrug ist das Geschwätz von der Uneinigkeit zwischen den Verbündeten.
Von Monat zu Monat warten die Einfältigen auf die Uneinigkeit zwischen den Verbündeten, die nicht kommt. Statt ihrer kommen die immer stärkeren Schläge der immer größeren Einigkeit. Seit Monaten warten die Einfältigen auf einen Kompromiß. Aber es kam keiner und es kann keiner kommen. Hitler hat nicht nur die Regierungen herausgefordert, sondern die Völker selbst. Völker und Regierungen führen den Krieg gegen ihn in enger Gemeinsamkeit. Nie werden die Völker ruhen, bis nicht der Räuber ihres Friedens und ihrer Freiheit vernichtet ist. Je mehr er wütet, desto geeinter und kraftvoller schlagen sie ihn nieder. Frieden schließen — mit Hitler? Dem Vernichter des Friedens eine Atempause geben? Noch dazu jetzt, wo er schon niederbricht? Die Erweckung von Hoffnungen auf Uneinigkeit zwischen den verbündeten Mächten ist ein von Hitler planmäßig gezüchteter Betrug.

Artikel 9
Betrug ist das Geschwätz von den Wunderwaffen.
Wie oft schon spekulierte Hitler auf das kurze Gedächtnis des Soldaten? Wo blieben die versprochenen Wunderwaffen bei Stalingrad und am Dnjepr? Sie kamen nicht, weil sie nicht kommen konnten. Es gibt keine Wunderwaffe und kann keine geben. Auf jede deutsche Waffe antwortete der Gegner mit einer stärkeren Gegenwaffe. Und *er* hat die Kraft, sie in Massen zu produzieren. Hitler selbst gesteht: »Die Waagschale hat sich zugunsten unserer Feinde

gesenkt.« Wunderwaffen zu verheißen, wenn man die Truppe nicht einmal mit den gewöhnlichen Waffen ausreichend versehen kann, ist ein offenkundiger, planmäßiger Betrug.

Artikel 10

Hitler hat unser Volk in die Sackgasse geführt.
Die einen stehen ratlos da. Die anderen sehen den Ausweg, wagen aber nicht zu reden. Inzwischen nimmt das Verderben seinen Lauf. Das Volk blutet aus. Es geht dem Ende zu... Großes deutsches Volk, bist Du wirklich nicht mehr stark genug, mit ein paar Hitlers fertig zu werden? Gibt es wirklich keine Kraft, die Dir den Weg aus dem Unglück zeigt und Dich herausführt?

Artikel 11

Es gibt die Kraft: das Nationalkomitee.
Das Nationalkomitee übernimmt die Erbschaft, wie schwer sie auch sei. Es übernimmt sie mit stolzem Pflichtgefühl. Denn *das* ist eine wahrhaft nationale Aufgabe. Es übernimmt sie mit voller Gewißheit des Erfolgs. Denn es glaubt an die Kraft unseres Volkes. Verächtlich die Kleinmütigen, die durch ihr Nichtstun zeigen, daß sie an ihr Volk nicht mehr glauben. Wir wissen: das Volk verlangt nach Leben, Frieden, Wiederaufbau, Glück. Wir wissen: Millionen wären bereit, den verlorenen Krieg auf der Stelle zu beenden, sähen sie nur die Kraft, die sie aus ihm herausführt. Ihnen rufen wir zu: Vorwärts, Deutschland ist nicht verloren, wenn *wir* es nicht verloren geben — wenn wir den Mut haben, es von Hitler zu befreien. Denen aber, die gegen uns auftreten, sagen wir: Seid froh, daß es eine Kraft gibt, die das Erbe Eurer Kläglichkeit übernimmt.

Artikel 12

Der oberste Leitsatz des Nationalkomitees: die Wahrheit sagen! Immer und unter allen Umständen, ob sie erfreulich ist oder bitter. Nur so wird unser tief enttäuschtes Volk Vertrauen gewinnen, daß es nicht wieder belogen wird. Was das Nationalkomitee gestern sagte, war die Wahrheit. Die Ereignisse bestätigen es. Was das Nationalkomitee heute sagt, ist die Wahrheit und wird morgen seine Bestätigung finden.

Artikel 13

Das Nationalkomitee verspricht keine leichte Zukunft.
Nach diesem Kriege kann es keine leichte Zukunft geben. Berge von Trümmern wird es geben und Berge von Arbeit. Und viele Verzichte. Und Sparsamkeit aller und eiserne Kontrolle. Aber auch die Freude des Wiederaufstiegs. Und die Freude am eigenen, redlichen Werk. Und die Freude an den Kindern, die leben werden. Und die Freude am Frieden, dem teuer erkauften, den wir uns durch keinen Kriegstreiber wieder entreißen lassen werden!

Artikel 14

»Wird das Nationalkomitee auch stark genug sein?«
Das Nationalkomitee ist stark. Und stärker wird es mit jedem Tag. Denn das Wollen des Nationalkomitees ist das Wollen des Volkes. Ist in Deiner Truppe auch nur einer, der es ernsthaft wagte, die Wahrheit unserer Worte zu bestreiten? Bist Du nicht selbst davon überzeugt, daß das ganze Volk mit uns marschiert, wenn es weiß, daß wir da sind und was wir wollen? Das Nationalkomitee ist stark — aber es kann nicht stark genug sein! Jeder, der es nicht unterstützt, fehlt.

Artikel 15

»Wird es nach dem Kriege nicht wieder Arbeitslosigkeit geben?«
Antworte Dir selbst: Werden in Deutschland nach dem Kriege Männer fehlen oder zuviel sein? Werden Wohnungen und Waren fehlen oder zuviel sein? Nicht Arbeitslosigkeit wird es geben, sondern einen gewaltigen Mangel an Arbeitskräften. Das Volk, in dessen Dienst die Wirtschaft stehen wird, braucht jede willige Hand. Die Fachkräfte wird es hegen und pflegen. Die Soldaten und Offiziere, die Hitler ohne Vorbildung ließ, wird es schulen und in neue Berufe überführen. Aber die Rüstungsplutokraten, die zu nichts nütze sind als zur Herbeiführung von Kriegen, wird es im allgemeinen Interesse aus ihren Konzernen entfernen.

Artikel 16

»Wird es nach Hitlers Sturz nicht ein neues, schlimmeres Versailles geben?«
Noch hat das deutsche Volk die Entscheidung in der Hand. Die Gefahr der Zerstückelung und Entmündigung Deutschlands besteht und wird mit jedem Tag größer. Die Friedensbedingungen werden davon abhängen, *wann* dieser Krieg beendet wird und von *wem*. Je länger das deutsche Volk Hitler gehorcht und der Soldat sich an fremdem Boden klammert, desto schwerer werden die Bedingungen sein. Je schneller das deutsche Volk Hitler abschüttelt und je kraftvoller es seine Ordnung schafft, desto leichter werden die Bedingungen sein. Daher ist der Kampf gegen Hitler — der Kampf gegen einen schlechten Frieden. Die Völker werden um so weniger in die Neuordnung Deutschlands dreinreden, je energischer das deutsche Volk sie selber schafft. Stelle Dir vor, das deutsche Volk erhöbe sich heute in Empörung gegen Hitler. Was würden die Völker sagen? Sprachlos im ersten Augenblick — würden sie dem deutschen Volke in seinem Kampfe um die Freiheit zujubeln, es unterstützen gegen den gemeinsamen Feind. Dann ein Versailles? Von Kampfgefährten braucht man kein Versailles zu fürchten. Aber ein Volk, das weiter mit Hitler geht, muß auf alles gefaßt sein.

Artikel 17

»Wird man uns nicht alle zur Rechenschaft ziehen?«
Wer sich nicht schuldig machte, wird nicht zur Rechenschaft gezogen werden.

Und selbst wer schuldig wurde, trägt sein Schicksal noch in der eigenen Hand. Noch kann er durch Taten im Kampf gegen Hitler den Beweis erbringen, daß er ein anderer wurde. Noch kann er sich das Vertrauen der friedliebenden Völker erwerben. Nach der Größe der Taten gegen Hitler werden sie das Maß ihres Vergessens bemessen.

Artikel 18
»Wird uns Rußland nicht bolschewisieren?«
Der Bolschewismus ist die herrschende politische Lehre in der Sowjetunion — und offenbar nicht die schlechteste, sonst hätte er das zurückgebliebene Rußland nicht zum stärksten Staat der Welt gemacht. Zu den Grundsätzen des Bolschewismus gehört: daß der Bolschewismus einem Volk, das ihn nicht will, weder aufgezwungen werden kann noch aufgezwungen werden darf. In Befolgung dieses Satzes hat die Sowjetunion niemals einen Eroberungskrieg geführt. Sie konzentrierte ihre Kräfte nach innen und gewann eben dadurch ihre heutige Macht. Es ist der Wille der Führer der Sowjetunion, daß auch das deutsche Volk sein Schicksal mit seinen eigenen Kräften und nach seinen besonderen Bedingungen gestalte.

Artikel 19
»Wird nicht in Deutschland nach Hitlers Sturz das Privateigentum abgeschafft werden?«
Das rechtmäßig erworbene Eigentum wird nach Hitlers Sturz nicht abgeschafft, sondern wiederhergestellt werden. »Sicherung des rechtmäßig erworbenen Eigentums, Rückgabe des durch die nationalsozialistischen Machthaber geraubten Hab und Guts an die Eigentümer, Beschlagnahme des Vermögens der Kriegsschuldigen und Kriegsgewinnler«, so lautet es im Manifest des Nationalkomitees. Die Enteignung, die Du befürchtest, geschieht heute auf Befehl Hitlers. Das Regime stiehlt die Vermögen, schließt die Geschäfte, zertrümmert durch die provozierten Bombenangriffe das letzte Hab und Gut. Durch die Lüge von der »drohenden Enteignung« will Dich Hitler davon abhalten, daß er Dich schon enteignet hat, und Dich zu weiteren Opfern gefügig machen.

Artikel 20
»Du fragst: ›Was kann ich tun?‹«
Du verstehst die Notwendigkeit unseres Kampfes? Du möchtest teilnehmen an der Rettung unseres Vaterlandes? Wir reichen Dir die Hand, wie jedem, der es ehrlich meint. Wir schließen mit Dir das Bündnis zum Kampf gegen den Verbrecher und Feind des deutschen Volkes, Adolf Hitler. Wir sagen Dir, was zu tun ist.

186

Artikel 21

Erste Aufgabe: den Krieg beenden.

Die Abstellung des großen Ausblutens, die sofortige Beendigung des Krieges, ist die Voraussetzung für alles Weitere. Zur Beendigung des Krieges hat jeder Deutsche durch die Tat beizutragen. Arbeiter, Angestellte, Unternehmer — Hitler braucht Eure Arbeit für seinen Krieg. Bauern — Hitler braucht Euer letztes Hab und Gut für seinen Krieg. Schlagt ihm die Mittel zur Weiterführung seines Krieges aus der Hand! Gegen Eure Einheit ist jede Gestapo machtlos. Es gibt keinen Platz, von dem aus Hitlers verderbliche Herrschaft nicht aus den Angeln gehoben werden kann. Soldaten, Offiziere, Generale — tragt in Eure Einheiten den Geist unserer Freiheitsbewegung. Schließt Euch zusammen zum Kampf gegen Hitler unter der Fahne des Nationalkomitees! Disziplin hat uns Deutsche stets ausgezeichnet. Wenn sich Volk und Wehrmacht zu diszipliniertem Kampf gegen Deutschlands Verderber verbünden, bleiben Hitler und seine Unentwegten als kleiner, isolierter Haufen zurück. Die Tat gegen Hitler ist heute die einzige nationale Handlung. Nach ihr wird morgen gewertet werden. Es gilt, klug zu handeln, aber die Gefahr nicht zu scheuen.

Artikel 22

Ende des Krieges — Ende der dreißig unglücklichen Jahre.

Wenigstens das eine Gute soll der Krieg gehabt haben: Schluß mit der Vergangenheit, Schluß mit der ewig kriegslüsternen deutschen Reaktion! Nicht noch einmal soll sie das Sterben gläubiger deutscher Jugend überleben. Die rückkehrenden Soldaten und das Volk in der Heimat werden unbeugsam an die Säuberung des deutschen Hauses gehen. Für Kriegstreiber, Kriegsgewinnler und unverbesserliche Hitlerleute kein Pardon! Fort mit den Helfershelfern und Spekulanten aller Art! Daß endlich die gesunde Kraft des deutschen Volkes sich entfalte! Wir haben es satt, um ein paar Großverdiener willen der Pechvogel unter den Völkern zu sein!

Artikel 23

Die Herrschaft dem Volk!

Schluß mit der Furcht vor dem Volk, Schluß mit der Geringschätzung des Volkes! Es gibt keine ordnungschaffende Kraft außer dem Volk selbst. Fällt man ihm nicht in den Arm — so ordnet es seine Reihen, seine Wirtschaft, seinen Staat und scheidet mit untrüglichem Blick faule Elemente aus. In wirklich freier Wahl wählt das Volk seine Besten zu seinen Vertretern. Es beschließt die Verfassung, die ihm nützt, und schützt durch Gesetze und Schwert sein Gedeihen vor den Anschlägen der entthronten Reaktion. Die Schwäche der Weimarer Republik wird sich nicht wiederholen! Die Herrschaft des Volkes ist die Herrschaft des verantwortungsfreudigen einzelnen. Unbehindert in seiner Entwicklung, seiner Meinung und ihrer Vertretung — ordnet er sich freiwillig dem höheren Willen der Gemeinschaft unter. Er lernt von ihr, sie lernt von ihm.

Nur ein Volk von freien, disziplinierten Menschen ist der Bürge für Bestand und Ehre der Nation.

Artikel 24
Zurück in die Gemeinschaft der Nationen!
Kein Volk kann allein leben. Wehe dem Volk, das die anderen Völker nicht achtet. Wehe dem Deutschen, der noch immer nicht begreift, daß die Gemeinschaft der friedliebenden Völker der mächtigste Organismus auf Erden ist. Hitler hat uns aus der Gemeinschaft der Völker herausgeführt. Als Sturmbock gegen sie ließen wir uns mißbrauchen. Dafür treffen uns heute aus allen Himmelsrichtungen Haß, Verachtung, Vernichtung. Am eigenen Hochmut geht das alte Deutschland unter. Weg mit dem anerzogenen, selbstmörderischen deutschen Dünkel! Wir haben vieles wiedergutzumachen. Ziehen wir die Folgerungen. Bahnen wir uns durch ehrliche Arbeit, Ordnung und Gerechtigkeit die Rückkehr in die Familie der friedliebenden Nationen. Dem neuen Deutschland, das die Völker achtet, werden auch die Völker die Achtung nicht versagen.

Artikel 25
Und dann zum Wiederaufbau!
Wieviel Kraft und guten Glauben hat das deutsche Volk soeben an die schlechteste Sache der Welt gewandt und verloren! Wie sähe heute Deutschland aus — hätten wir diesen Aufwand *für* Deutschland *in* Deutschland eingesetzt! Hitler wird nicht mehr da sein, aber ein unabsehbares Ruinenfeld wird da sein. Wo ist der Deutsche, den es nicht dränge, die Heimat wiederaufzubauen? Und sollte vielleicht das deutsche Volk nicht fertigbringen, sich ein Vaterland zu schaffen, in dem zu leben lohnt? Die Welt hat uns beim Zerstören gesehen. Möge sie uns beim Aufbauen sehen!
Diese 25 Artikel gelten für jeden nationalbewußten Deutschen. Für Dich, deutscher Arbeiter. Für Dich, deutscher Bauer. Für Dich, deutscher Soldat. Für Dich, deutscher Wissenschaftler, Künstler, Ingenieur, Arzt und Geistlicher. Für Dich, deutscher Beamter und Angestellter. Für Dich, deutscher Mittelständler, den Hitler ins Nichts gestürzt hat. Für Dich, deutscher Unternehmer, dessen Betrieb Hitlers unersättliche Hintermänner ruinieren. Für Euch, unbeugsame Deutsche, die Ihr Hitler seit je bekämpftet. Für Euch, ehemalige Nationalsozialisten, die Ihr Hitler erkannt und hassen gelernt habt. So wie wir im Nationalkomitee »Freies Deutschland« zusammenstehen, Deutsche aus allen Schichten des Volkes, so habt auch Ihr zusammenzustehen, einig wie *ein* Mann — gegen Hitler, Hitlers Klüngel, Hitlers Krieg!
Zur Rettung Deutschlands! Es lebe Deutschland! Die Tat ist alles! Nichtswürdig, wer zögert! Hitler muß fallen — damit Deutschland lebe!

(Freies Deutschland, Nr. 10, 5. März 1944)

III
An die Christen an der Front und in der Heimat

Aufruf der Geistlichen der Bewegung »Freies Deutschland«

Wir, Geistliche und Amtsträger der katholischen und evangelischen Kirche sowie der Freikirchen Deutschlands, einmütig versammelt in dem Willen, unserem Herrn Jesus Christus und seiner Kirche in gläubigem Gehorsam zu dienen und unserm Volk in tatentschlossener Treue zu helfen, haben nach ernster Beratung, aus freiem Entschluß und in eigener Verantwortung, das folgende Wort an die Christen der katholischen und evangelischen Kirche an der Front und in der Heimat beschlossen:

Mit brennender Sorge nehmen wir Anteil am Schicksal unseres Volkes: An allen Fronten tobt jetzt der blutige Endkampf dieses Krieges. Im Innern steigert sich Untergangsstimmung und Seelenqual bis zur Verzweiflung. Die gegenwärtige Lage ist das Ergebnis eines verhängnisvollen politischen Irrweges, den Deutschland unter Hitlers Führung gegangen ist. Während in Millionen das Vertrauen zur militärischen und politischen Führung Hitlers zerbricht, suchen sie ihre Zuflucht im Vertrauen auf Gott. Diesen Millionen schuldet die Kirche in der jetzigen Stunde seelsorgerische Aufrichtung und klare Wegweisung. Wir als Diener der Kirche wollen — aus unserer besonderen Erkenntnis der Lage heraus — diese Aufgabe in Gehorsam gegen Gottes Wort und Gebot erfüllen. Wir sind dabei gewiß, daß unsere Bischöfe wie auch unsere Amtsbrüder in der Heimat und an der Front die Größe ihrer gegenwärtigen Verantwortung voll erkennen und gleich uns an ihrem Platz handeln werden. Die Kirche erfüllt diese Pflicht mit um so reinerem Gewissen, als sie in mehr als 10jähriger schwerer Auseinandersetzung dem schrankenlosen Größenwahn der nationalsozialistischen Führung tapfer entgegengetreten ist und vor der kommenden Katastrophe gewarnt hat.

Hitler hat in maßloser Überheblichkeit den Feuerbrand dieses Krieges entfacht, er hat Eroberung und Vergewaltigung fremder Länder mit frivoler Offenheit als Kriegsziel propagiert. Für diese verderblichen Ziele läßt er — ohne jedes sittliche Recht, nur zur Verlängerung seiner Gewaltherrschaft — Millionen deutscher Männer an der Front verbluten und liefert in der Heimat blühende Städte, ja Frauen und Kinder der Vernichtung durch den Luftkrieg aus. Er schändet die Ehre des deutschen Namens durch beispiellose Greueltaten in den besetzten Ländern, durch blutigen Terror gegenüber dem eigenen Volk. Das sind die Früchte der Weltanschauung, die Hitler vergöttert und Gott gelästert, Rasse und Blut angebetet und Christus verhöhnt, die Gewalt gepriesen und das Recht gebeugt, den Glauben verfolgt und die Liebe geächtet hat. Heute erfüllt sich in einem gewaltigen Gottesgericht die Wahrheit des Bibelwortes: »Irret Euch nicht, Gott läßt sich nicht spotten, denn was der Mensch säet, das wird er ernten!« (Gal. 6, 7).

Dazu dürft Ihr nicht länger schweigen! Denn: schweigen heißt mitschuldig werden und den Auftrag Christi an seine Kirche verraten. Es ist Pflicht aller Christen, den Verführern und Verführten Gottes Gericht und Gottes Gebot zu bezeugen. Es ist Pflicht aller Christen, in Gehorsam gegen Gottes Gebote Buße zu tun, ihr Gewissen rein und ihre Ehre unbefleckt zu halten. Das aber kann kein Deutscher und kein Christ durch tatenloses Warten auf ein Wunder! Wehrt aus der Kraft unseres christlichen Glaubens aller Untergangsstimmung und dumpfen Verzweiflung, kämpft mit betendem Herzen, mit freiem Wort und entschlossener Tat für sofortigen Frieden, für unseres Volkes Freiheit und Rettung. An Euch ist es, daß mit dem Urteil der Welt über Hitler nicht zugleich das Urteil über das deutsche Volk gefällt wird. Ihr müßt durch den Sturz Hitlers dem deutschen Volk den Weg in eine neue Zukunft bahnen. Schließt Euch deshalb — gleich uns — dem Kampf der deutschen Freiheitsbewegung an! Kämpft und arbeitet mit in den Volksausschüssen der Bewegung »Freies Deutschland«! Sie sind die Träger der Befreiung und Erneuerung Deutschlands! Kein Eid steht solchem Kampf im Wege, denn Euer bei Gott geschworener Eid verpflichtet Euch allein zum Dienst an unserem Volke. Dieser Kampf um unseres Volkes Leben wird im Alltag der Front und der Heimat entschieden. Setzt darum dem antichristlichen und volksverderbenden Nationalsozialismus ein Leben christlichen Tatbekenntnisses entgegen!

Der Nationalsozialismus versperrt dem deutschen Volk durch ungeheuerliche Lügen über die angeblichen Vernichtungsabsichten der Feindmächte den Weg zu einem Frieden der Vernunft. Demgegenüber ist es Eure Christenpflicht, überall und zu jeder Zeit Zeugen der Wahrheit zu sein, gehorsam dem Wort der Heiligen Schrift: »Leget die Lüge ab und redet die Wahrheit!« (Eph. 4, 25).

Der Nationalsozialismus befiehlt Haß und Verachtung gegenüber aufrechten Brüdern im eigenen Volk, freiheitsliebenden Bürgern in besetzten Ländern, ausländischen und kriegsgefangenen Arbeitern in deutschen Fabriken und Bauernhöfen. Demgegenüber ist es Eure Christenpflicht, überall und zu jeder Zeit Liebe zu üben und den Bedrängten zu helfen, denn die Heilige Schrift mahnt: »Es wird aber ein unbarmherziges Gericht über den ergehen, der nicht Barmherzigkeit getan hat!« (Jak. 2, 13).

Der Nationalsozialismus mutet deutschen Männern an der Front und in der Heimat Gewalttat und Verbrechen zu. Demgegenüber ist es Eure Christenpflicht, überall und zu jeder Zeit den Gehorsam zu verweigern, denn die Heilige Schrift gebietet: »Man muß Gott mehr gehorchen als den Menschen!« (Ap.-Gesch. 5, 29).

Der Nationalsozialismus verfolgt den christlichen Glauben und die Freiheit des Gewissens. Demgegenüber ist es Eure Christenpflicht, überall und zu jeder Zeit Euren Christenglauben zu bekennen und die Freiheit des Gewissens zu bewahren, denn Christus sagt: »Wer mich bekennt vor den Menschen, den will ich bekennen vor meinem himmlischen Vater. Wer mich aber verleugnet vor den Menschen, den will ich auch verleugnen vor meinem himmlischen Vater!«

(Matth. 10, 32). Nur so erfüllt Ihr heute, gebunden an Gottes heilige Gebote, Eure Christenpflicht!

Scheut keine Gefahr, nicht Not noch Tod! Es geht um Deutschland! Wir sind des Sieges gewiß! Unsere Kraft sei das Gebet:

Mein Schild und mein Vertrauen
Bist Du, o Gott und Herr!
Auf Dich nur will ich bauen,
Verlaß mich nimmermehr,
Daß ich noch fromm mag bleiben,
Dein Diener alle Stund',
Die Tyrannei vertreiben,
Die mir mein Herz verwund't!

KAYSER, Josef, katholischer Wehrmachtpfarrer, 76. I. D., Diözese Paderborn, Mitglied des Nationalkomitees »Freies Deutschland«.

SCHRÖDER, Johannes, evangelischer Wehrmachtpfarrer, 371. I. D., Neumünster (Holstein), Mitglied des Nationalkomitees »Freies Deutschland«.

MOHR, Peter, katholischer Wehrmachtpfarrer, Diözese Trier.

DR. KRUMMACHER, Friedrich Wilhelm, evangelischer Divisionspfarrer, 208. I. D., Oberkonsistorialrat im Kirchlichen Außenamt Berlin.

DR. ALOYS LUDWIG, katholischer Kriegspfarrer, 6. Armee, Diözese Trier.

MATTHIA, Georg, 100. Jägerdivision, Missionspriester der Congr. U. L. Fr. v. La Salette, Diözese Ermland.

SÖNNICHSEN, Nikolai, Oberleutnant und Kp. Chef 2./Er. B. Btl. 7, evangelischer Pfarrer in Granzin bei Boizenburg (Elbe), Mecklenburg.

KLEIN, Matthäus, Unteroffizier, 8./I. R. 485, Bettingen (Baden), zuletzt Vikar in Haag (Baden), Mitglied des Nationalkomitees »Freies Deutschland«.

MOTZKO, Josef, Sanitätsunteroffizier, 5. Panzerdivision, Franziskanerpater im Kloster Breslau-Carlowitz, Corsoallee.

MÜLLER, Walter, Hauptmann, N. A. 176, 76. I. D., stud. theol. aus Herne (Westfalen).

FRITZ, Walter, Leutnant, 4. (F.) 122, Pastor in Nürnberg (evangelische Freikirche).

HASKAMP, Klemens, Sanitätsgefreiter, Sanitätskompanie I/112, Pater der Abtei Himmerod (Eifel).

ARNDT, Erich, Kriegspfarrer, 24. Panzerdivision, evangelischer Hilfsprediger in Spornitz, Kreis Parchim (Mecklenburg).

BECKER, Karl, Sanitätsobergefreiter, Sanitätskompanie 2/112, Kaplan in Mannheim, Erzdiözese Freiburg.

WENDT, Willi, Gefreiter, 24. I. D., Pastor in Leipzig (evangelische Freikirche).

MOHR, Peter, Sanitätsgefreiter, 2/San. Kompanie 44, Pater der Gesellschaft des göttlichen Wortes, Diözese Trier.

191

HELMREICH, Albert, Unteroffizier, 98. I. D., evangelischer Pfarrer in Eckers-
mühlen (Franken).

ESCHBORN, Jakob, Gefreiter, 4./I. R. 212, stud. theol. der Ges. von den Hl.
Herzen Jesu und Mariä, Trier, Johanneskloster in Niederlahnstein, Rhein.

HENNERSDORF, Herbert, Obergefreiter, 60. I. D. (mot.), Diakon, Landeswart
im Ostdeutschen evangelischen Jungmännerwerk, Schneidemühl.

ZIEROFF, Edwin, Sanitätsobergefreiter, 10. Gren. Rgt. 920, Kaplan, Diözese
Trier.

TÜRK, Ernst, Sonderführer XXXXII. A. K., evangelischer Pfarrer in Senften-
berg (N. L.).

SCHREINER, Josef, Sanitätsunteroffizier II./A. R. 188, Pater im Passionisten-
kloster Schwarzenfeld (Opf.).

REICHSFREIHERR WAMBOLT VON UMSTADT, Philipp, S. Gefr., 83. I. D., stud.
theol. der Oblatenmission der Unbefleckten Heiligen Maria, Frischau, Süd-
Mähren.

MERTENS, Karl, Gefreiter, 5./I. R. 596, Salvatianer-Kolleg Steinfeld Eifel.

WINTERHOLLER, Josef, Sanitätsunteroffizier, 2. I. R. 173, katholischer Vikar,
Waldhausen, Kreis Aalen, Wttb.

(Freies Deutschland, Nr. 29, 16. Juli 1944)

IV

An Volk und Wehrmacht

Moskau, 8. 12. 1944

Deutsche!

Aus tiefer Sorge um die Zukunft unseres Volkes, um unsere heißgeliebte
Heimat und um den Fortbestand Deutschlands wenden wir deutschen Generale zusammen mit vielen hunderttausenden Soldaten und Offizieren aus russischer Kriegsgefangenschaft uns in letzter Stunde an Euch, deutsche Männer
und Frauen.

Mit innerster Anteilnahme verfolgen wir Eure verzweifelten Anstrengungen in
den ungeheuer verlustreichen Abwehrkämpfen, den übermenschlichen Arbeits-
leistungen und wachsenden Entbehrungen.

Unser ganzes Volk ist jetzt restlos in den zerstörenden Kampf hineingeworfen:
an allen Fronten verbluten die Männer vom Greis bis zum Knaben, in der
Heimat leiden Frauen und Kinder unter der zunehmenden Wucht feindlicher
Luftangriffe im härtesten Arbeitseinsatz. Noch nie hat ein Krieg so unsagbares
Unglück über unser Vaterland gebracht! Die Stunde des Zusammenbruchs
unter der erdrückenden Übermacht der vereinigten Gegner rückt immer näher.
In diese Lage hat Adolf Hitler Deutschland geführt!

Er hat unser Volk mit nationalen und sozialen Versprechungen betrogen. Nur durch eine gewaltige Aufrüstung beseitigte er die Arbeitslosigkeit, wir aber sahen darin einen allgemeinen wirtschaftlichen Aufschwung. Wir ließen uns die schon damals gegen unser Volk begangenen Grausamkeiten gefallen, die Beseitigung von Recht und Gesetz, die Überheblichkeit des Rassendünkels, den Kampf gegen die Religion, die Korruption unter den Parteiführern.

Im Taumel der ersten Erfolge erkannten wir nicht die schwere Gefahr der maßlosen Pläne Hitlers, die uns in diesen unheilvollen Krieg hineinführten. Wir sind getäuscht und mißbraucht worden. Wir waren seine blinden Werkzeuge und wurden schließlich seine Opfer.

Der Staatsmann Hitler hat in der Heimat eine schrankenlose Willkürherrschaft errichtet. Er hat jeden mit anderen Ländern geschlossenen Vertrag gebrochen und die deutsche Wehrmacht, auf ihre Gehorsamstreue bauend, für seine Eroberungspläne und zur Unterdrückung anderer Völker eingesetzt. Auf seinen Befehl haben Himmlers Henker in den besetzten Ländern unmenschliche Grausamkeiten verübt und damit die Ehre des deutschen Namens vor der Welt mit Schande bedeckt.

Diese Politik der Vertragsbrüche und groben Verletzungen des Völkerrechts hat schließlich alle Völker der Welt gegen Deutschland zum Kriege zusammengeschlossen. Nach Ausschaltung unserer erfahrenen Heerführer und nach Übernahme des alleinigen Oberbefehls durch Hitler folgten seit Stalingrad Niederlage auf Niederlage.

Es gibt keine Hoffnung mehr auf eine Änderung der Lage! Mit Hitler verhandelt keine Macht der Welt mehr!

Der Krieg ist verloren!

Das Ergebnis dieser Staats- und Kriegführung Adolf Hitlers für Deutschland sind Millionen von Toten, Krüppeln und Obdachlosen! Die Familien sind zerrissen, Hungersnot, Kälte und Krankheiten ziehen drohend herauf.

Trotzdem will Hitler den Krieg fortsetzen. Himmler und Goebbels malen Schrecken und Angst an die Wand vor der Rache der Feinde, vor dem angeblichen Bolschewisten-Terror und vor einer Versklavung unseres ganzen Volkes in hoffnungsloser Zukunft. Sie appellieren an das Nationalgefühl, an die Liebe zu Heimat und Vaterland und treiben dadurch das deutsche Volk in einen Verzweiflungskampf bis zur Selbstaufopferung.

Diese selbstmörderische Fortsetzung des sinnlos gewordenen Krieges dient nur der Erhaltung Hitlers und seiner Parteiführer. Deshalb haben auch SS und Partei die ausschlaggebenden Führerstellen an sich gerissen.

Unser Volk aber darf nicht untergehen! Deshalb muß dieser Krieg sofort beendet werden!

Was aber kommt dann? fragt Ihr.

Wohl wird unser Vaterland von den Gegnern besetzt werden, aber das sinnlose Sterben an den Fronten und in der Heimat hört auf und unsere jetzt noch übriggebliebenen Wohnungen und Arbeitsstätten bleiben erhalten!

Wohl werden die Sieger Sühne fordern für das ihren Völkern zugefügte Unrecht, aber nur diejenigen werden vor ein Gericht gestellt werden, die sich vor den Gesetzen der Kultur und Menschlichkeit als Verbrecher schuldig gemacht haben!

Natürlich wird unsere Zukunft schwer sein, wir werden arbeiten, wiederaufbauen, aber es wird auch wieder einen Weg bergauf geben.

An Stelle des Elends und Schreckens ohne Ende wird Friede sein. Durch unseren Fleiß und ehrlichen Willen wird mit jedem Schritt auf neuen Wegen der Tag näherrücken, an dem das deutsche Volk frei und gleichberechtigt seinen Platz unter den anderen Völkern einnehmen wird.

Hindenburg und Ludendorff haben 1918 die Beendigung des Krieges gefordert, als er militärisch angesichts der Übermacht aussichtslos geworden war.

Aus dem gleichen Grunde rufen wir Generale zusammen mit vielen hunderttausenden Soldaten und Offizieren, die sich in der Bewegung »Freies Deutschland« zusammengeschlossen haben, aus russischer Kriegsgefangenschaft Euch zu: Unser ganzes Fühlen und Denken gehört allein dem Schicksal unseres Volkes!

DEUTSCHES VOLK, STEH AUF ZUR RETTENDEN TAT gegen Hitler und Himmler, gegen ihr unheilbringendes System!

Einig in allen Schichten, hast Du die Macht! Die Waffen zur Tat hast Du auch!

BEFREIE DICH SELBST von dieser pflichtvergessenen und verbrecherischen Staatsführung, die Deutschland in den sicheren Untergang treibt!

BEENDE DEN KRIEG, ehe durch den gemeinsamen Ansturm der verbündeten Gegner die Wehrmacht und das Letzte vernichtet wird, was uns in der Heimat noch geblieben ist.

Es gibt keine Wunder, die uns noch helfen könnten.

Deutsche, stellt durch Eure mutige Tat die Ehre des deutschen Namens vor der Welt wieder her und TUT DAMIT DEN ERSTEN SCHRITT IN EINE BESSERE ZUKUNFT!

PAULUS, Generalfeldmarschall und ehem. Oberbefehlshaber 6. Armee (Stalingrad).

V. SEYDLITZ, Gen. d. Art. u. Kdr. Gen. LI. A. K. (Stalingrad), Präsident des Bundes Deutsch. Offiz., Vizepräsident des Nat.-Kom. »Freies Deutschland«.

STRECKER, Generaloberst u. ehem. Kdr. Gen. des XI. A. K. (Stalingrad).

HELL, Gen. d. Art. u. ehem. Kdr. Gen. VII. A. K.

VÖLCKERS, Gen. d. Inf. u. ehem. Kdr. Gen. XXVII. A. K.

GOLLWITZER, Gen. d. Inf., ehem. Kdr. Gen. LIII. A. K.

SCHLÖMER, Gen.-Lt. u. ehem. Führer XIV. Pz. K. (Stalingrad).

POSTEL, Genlt. u. ehem. Kdr. Gen. XXX. A. K.

MÜLLER (Vincenz), Gen.-Lt. u. ehem. Führer XII. A. K.

HOFFMEISTER, Gen.-Ltn. u. ehem. Führer XXXXI. Pz. K.

FRHR. VON LÜTZOW, Gen.-Lt. u. ehem. Führer XXXV. A. K.

EDLER VON DANIELS, Gen.-Lt. u. Kdr. 376. I. D. (Stalingrad).

MÜLLER, Ludwig, General d. Inf. u. ehem. Kdr. Gen. XXXXIV. A. K.

BAYER, Gen.-Lt. u. ehem. Kdr. der 153. Feldausbildungsdivision.

HITTER, Gen.-Lt. u. ehem. Kdr. d. 206. Inf.-Div.

BUSCHENHAGEN, Gen. d. Inf. u. ehem. Kdr. Gen. LII. A. K.

BÖHME, Genlt. u. ehem. Kdr. 73. I. D.

V. KUROWSKI, Generalltn. u. ehem. Kdr. 110. I. D.

ARNO V. LENSKI, Generalmajor u. ehem. Kdr. 24. Pz.-Div. (Stalingrad).

LEYSER, Gen.-Maj. u. ehem. Kdr. 29. I. D. (mot.) (Stalingrad).

KORFES, Gen.-Maj. u. ehem. Kdr. 295. I. D. (Stalingrad).

LATTMANN, Gen.-Major u. ehem. Kdr. 14. Pz.-Div. (Stalingrad).

NEDTWIG, Generalmajor, ehem. Kdr. 454. S.-Div.

VON DREBBER, Gen.-Maj. u. ehem. Kdr. 297. I. D. (Stalingrad).

WEINKNECHT, Gen.-Ltn. u. ehem. Kdr. 79. I. D.

TESCHNER, Gen.-Maj. u. ehem. Kdr. LS-Brig. I.

V. ERDMANNSDORFF, Gen.-Maj. u. Kdt. des Festen Platzes Mogilew.

V. DEWITZ gen. V. KREBS, Gen.-Maj. u. ehem. K. Kdt. v. Kischineff.

BRANDT, Gen.-Maj. u. Bevollm. Offz. im Rum. Ölgeb.

V. BOGEN, Gen.-Maj. u. ehem. Kdr. 302. I. D.

CONRADY, Gen.-Maj. u. ehem. Kdr. 36. I. D.

VON ARENSTORFF, Gen.-Mj. u. ehem. Führer 60. I. D. mot.

MUELLER-BÜLOW, Gen.-Major u. ehem. Kdr. 246. I. D.

GRAF V. HÜLSEN, Gen.-Maj. u. ehem. Kdr. 370. I. D.

TROWITZ, Gen.-Mj. u. ehem. Kdr. 57. I. D.

FRENKING, Generalmajor, Kdr. 282. I. D.

LINDEMANN, Gen.-Major, ehem. Kdr. 361. I. D.

GIHR, Generalmajor u. ehem. Kdr. 707. I. D.

STINGL, Gen.-Mjr. u. ehem. K. Kdt. Jassy.

ENGEL, Gen.-Maj. u. ehem. Kdr. 45. Div.

TRONNIER, Gen.-Maj. u. ehem. Kdr. 62. I. D.

V. LILIENTHAL, Generalintendant.

BUSCH, Gen.-Maj., ehem. WO Rumänien.

TRAUT, Generalltn. u. ehem. Kdr. der 78. Sturm-Div.

DEBOI, Gllt. u. ehem. Kdr. der 44. Division (Stalingrad).

KLAMMT, Gen.-Maj. u. ehem. Kdr. 260 I. D.

WULZ, Generalmajor und ehem. Artillerie-Kommandeur IV. A. K. (Stalingrad).

VON STEINKELLER, Generalmajor und Kommandeur »Feldherrnhalle«.

DR. RAESS, Generalarzt, ehem. Deutsche Heeresmission Rumänien.

GEBB, Generalmajor u. ehem. Kdr. 9. I. D.

(Freies Deutschland, Nr. 50, 10. Dezember 1944)

Anmerkungen und Ergänzungen

1 Daß Erleben und Erfahrung von Stalingrad für das Nationalkomitee und den Bund Deutscher Offiziere entscheidend waren, bezeugten W. v. Seydlitz, H. Abel, H. Gerlach, W. Frhr. v. Senfft-Pilsach, A. Bredt, J. Wieder und I. v. Knobelsdorff-Brenkenhoff. Vgl. auch Otto Korfes, Zur Geschichte des Nationalkomitees »Freies Deutschland«, in: Zeitschrift für Geschichtswissenschaft, 6. Jhrg., 1958, 6, S. 1287, 1290.
Wie schon im Vorwort dargelegt, ist seit der Erstausgabe dieses Buches (2. Auflage 1961) die Quellengrundlage zwar umfangreicher, kaum aber ergiebiger, geschweige spektakulärer geworden. Das gilt für Dokumente, Berichte, Mitteilungen, Broschüren und Bücher.
Um nicht die ursprünglichen Forschungsergebnisse zu verwischen, wird unter der Abkürzung NA (Neu-Ausgabe) zusammengefaßt, was noch zu berücksichtigen blieb: zumeist zusätzliche, bestätigende Belege; nur in wenigen Fällen ergänzendes, zu weiteren Nuancen verhelfendes Material. Literatur, die bekannte Ergebnisse wiederholt (ein Stichwort: Kriegsgefangenengeschichte), wurde beiseite gelassen. Eine »Über«dokumentation entfiel und konnte entfallen.
So ist auch von den mittlerweile zahlreichen DDR-Publikationen lediglich aufgenommen, was zur damaligen Geschichte des Nationalkomitees gehört und diese Geschichte nicht aus heutiger Sicht verfälscht. Die nachträglichen antifaschistischen Hymnen (Homann, van Hooven, Charisius,

Korfes, Kügelgen, Rühle, Emendörfer u. a.) belegen allenfalls die gegenwärtige DDR-Rezeption des Nationalkomitees: ein Kapitel, das gewiß einmal Untersuchungen verdiente, aber schon jetzt fragwürdig anmutet. Die Nachgeschichte des Nationalkomitees stellt nicht dessen Geschichte dar. NA) Zu Stalingrad: Walther von Seydlitz, Stalingrad — Konflikt und Konsequenz. Erinnerungen; Einleitung Bodo Scheurig, Oldenburg und Hamburg 1977 (im folgenden zitiert: v. Seydlitz, Stalingrad), S. 280, 355.
2 Heinz Schröter, Stalingrad ». . . bis zur letzten Patrone«, Osnabrück o. J. (ca. 1952), S. 13; NA) Olaf Groehler, Stalingrad, Vortrag vor der Evangelischen Akademie Berlin (West) 1982 (ungedruckt), S. 2—4 a.
3 Kurt von Tippelskirch, Geschichte des Zweiten Weltkriegs, Bonn 1951, S. 81 f., 87, 95, 100, 102, 211, 218 ff. (ff.: die nächsten zwei Seiten, sofern nicht spezifiziert), S. 278 ff.; Walter Görlitz, Der Zweite Weltkrieg, Stuttgart 1951, I, S. 119 ff.; Schröter, a. a. O , S. 9 ff., 14 ff., 255 ff., 335 ff.; NA) v. Seydlitz, Stalingrad, S. 150 f.; Manfred Kehrig, Stalingrad. Analyse und Dokumentation einer Schlacht, Stuttgart 1974, S. 26 f. Es ist nicht Aufgabe dieses Buches, die Schlacht um Stalingrad bis ins Detail zu verfolgen. Kehrigs Arbeit wird zwar als offiziöses Werk angesehen, doch zählt sie hier nur, soweit sie markante Tatsachen zusätzlich, mit abschließender Sicherheit belegt.
4 NA) Hitlers Weisungen für die Kriegführung 1939—1945 — Doku-

mente des Oberkommandos der Wehrmacht, herausgegeben von Walther Hubatsch, München 1965 (dtv-Dokumente 278/79), S. 213—219 (5. 4. 1942).

5 v. Tippelskirch, a. a. O., S. 280 ff., 284.

6 a. a. O., S. 281; NA) v. Seydlitz, a. a. O., S. 152 f.

7 Herbert Selle, Die Tragödie von Stalingrad, Hannover 1948, S. 3; NA) Hitlers Weisungen, S. 229 f.

8 Selle, a. a. O.; Joachim Wieder, Die Tragödie von Stalingrad, Deggendorf 1955, S. 17; NA) v. Seydlitz, a. a. O., S. 157 f.

9 v. Tippelskirch, a. a. O., S. 287; Selle, a. a. O., S. 3; Wieder, a. a. O., S. 19.

10 v. Tippelskirch, a. a. O.; NA) v. Seydlitz, a. a. O., S. 162.

11 v. Tippelskirch, a. a. O.; Selle, a. a. O.; Günter Toepke, Stalingrad — wie es wirklich war, Stade 1949, S. 31; Clemens Podewils, Don und Wolga, München 1952, S. 124 ff., 131 ff., 164 ff.

12 Pers. Mitteilung W. v. Seydlitz, J. Wieder.

13 v. Tippelskirch, a. a. O., S. 282, 284, 286 ff.

14 a. a. O., S. 284—286.

15 a. a. O., S. 289; NA) Generaloberst Halder, Kriegstagebuch. Tägliche Aufzeichnungen des Generalstabschefs des Heeres 1939—1942. Herausgegeben vom Arbeitskreis für Wehrforschung Stuttgart, bearbeitet von Hans-Adolf Jacobsen in Verbindung mit Alfred Philippi, Band III: Der Rußlandfeldzug bis zum Marsch auf Stalingrad (22. 6. 1941—24. 9. 1942), Stuttgart 1964, S. 489 (23. 7. 1942).

16 NA) v. Seydlitz, a. a. O., S. 164 f.; Paulus, »Ich stehe hier auf Befehl!« Lebensweg des Generalfeldmarschalls Friedrich Paulus. Mit den Aufzeichnungen aus dem Nachlaß, Briefen und Dokumenten, herausgegeben von Walter Görlitz, Frankfurt a. M. 1960, S. 52, 211, 216. Dagegen S. 169, 224 f., die eindeutig Warnungen an Paulus belegen, die sechste Armee in ihrer exponierten Stellung zu belassen. — Von diesem Nachlaß wird nur benutzt, was Paulus' Handschrift trägt und Motive *seines* Handelns wiedergibt. Die außerordentlich fragwürdige Methodik des Herausgebers (von dessen schwer erträglichen Apologien zu schweigen) nötigt zu knappster Auswahl. (Bodo Scheurig, Die Stalingrad-Legende, in: Der Monat, 12. Jahrg., Heft 144, September 1960, S. 75—80; ders., Um West und Ost. Zeitgeschichtliche Betrachtungen, Hamburg 1969, S. 215—222.)

17 Walther von Seydlitz, Wer ist schuld an Deutschlands Unglück? (1945), S. 6; v. Tippelskirch, a. a. O., S. 287 f.

18 v. Seydlitz, Wer ist . . ., S. 6 f.

19 a. a. O., S. 7; v. Tippelskirch, a. a. O., S. 288.

20 Pers. Mitteilung W. v. Seydlitz, J. Wieder; NA) v. Seydlitz, Stalingrad, S. 165 f.

21 Vgl. Kurt von Tippelskirch, Operative Führungsentschlüsse in Höhepunkten des Landkrieges, in: Bilanz des Zweiten Weltkrieges, Oldenburg und Hamburg 1953, S. 56 ff.; Erich von Manstein, Verlorene Siege, Bonn 1955, S. 322 ff. NA) v. Seydlitz, a. a. O., S. 176—178, 180; Paulus, a. a. O., S. 216 f.

22 v. Tippelskirch, Geschichte . . ., S. 312; Görlitz, a. a. O., S. 395 ff.; Selle, a. a. O., S. 6; ders., Stalingrad damals — und heute (1949), S. 1; Wieder, a. a. O., S. 15; NA) Kehrig, a. a. O., S. 131.

23 Die sechste Armee war, wie Teile der Stalingrad-Literatur dramatisierend unterstellen, zu diesem Zeitpunkt noch nicht eingeschlossen, sondern erst von ihren rückwärtigen Verbindungen abgeschnitten. NA) v. Seydlitz, a. a. O., S. 185; Kehrig, a. a. O., S. 171 f., 198.

24 Der Wortlaut des Funkspruches bei Schröter, a. a. O., S. 68. Eine Datierung fehlt. Es handelt sich jedoch um den 22. November 1942. NA) Kehrig, a. a. O., S. 180.

25 Wieder, a. a. O., S. 24. Zur Stärke der sechsten Armee: sie war bereits durch den Sonderauftrag Stalingrad mit vier Generalkommandos, siebzehn Kampfdivisionen und einer Flakdivision ungewöhnlich stark ausgerüstet. Nach dem 19./20. 11. 1942 kamen noch hinzu: von der 4. Panzerarmee ein Korpsstab mit vier Kampfdivisionen (darunter die 20. rumänische Infanteriedivision), also der gesamte linke Flügel der Armee Hoths; von der 3. rumänischen Armee bei Kletskaja die 1. rumänische Kavalleriedivision, die in den Kessel abgedrängt wurde. So hatte die sechste Armee in Stalingrad die völlig anormale Stärke von fünf Korpsstäben, 22 Kampfdivisionen und einer Flakdivision. Normalerweise umfaßte eine Armee drei Korpsstäbe und zehn bis zwölf Divisionen. Vgl. auch v. Manstein, a. a. O., S. 520: vier Armeen = 52 Divisionen, Durchschnitt = 13; sechste Armee = 22 Divisionen.

NA) v. Seydlitz, a. a. O., S. 195.

26 NA) Kehrig, a. a. O., S. 562 (Dokument 10); v. Seydlitz, a. a. O., S. 196; Paulus, a. a. O., S. 210. Über die nicht zu gewährleistende Luftversorgung zusammenfassend Kehrig, a. a. O., S. 173—175. General von Seydlitz (Stalingrad, S. 195), der empfahl, ohne Anfrage bei Hitler sofort auszubrechen, erhielt von Paulus die Antwort: »Gegen Hitler oder ohne Befehl Hitlers kann ich nicht handeln.« Kritik: v. Manstein, a. a. O., S. 369, 371.

27 Nach pers. Mitteilung W. v. Seydlitz muß die von Schröter (a. a. O., S. 85) beschriebene Lagebesprechung der Kommandierenden Generale am 22. November als Phantasie bezeichnet werden. Sie war schon deshalb unmöglich, weil sich am 22. 11. zum Beispiel die erwähnten Generale Strecker und Hube noch westlich des Don aufhielten und nicht in Gumrak zur Stelle sein konnten. Auch die breit ausgemalte Lagebesprechung nach dem Ausbruchsverbot (a. a. O., S. 92 f.) hat niemals stattgefunden. NA) Kehrig, a. a. O., S. 562.

28 Pers. Mitteilung W. v. Seydlitz, H. Gerlach; Wieder, a. a. O., S. 23 f.

29 Schröter, a. a. O., S. 87.

30 a. a. O., S. 37 f., 90 f.; v. Tippelskirch, a. a. O., S. 313 f. NA) Joachim Wieder, Stalingrad und die Verantwortung des Soldaten. Mit einem Geleitwort von Helmut Gollwitzer, München 1962, S. 306—309.

31 Schröter, a. a. O.; v. Tippelskirch, a. a. O.; Wieder, Die Tragödie . . ., S. 33; Toepke, a. a. O., S. 49 f.

32 NA) v. Seydlitz, a. a. O., S. 200; Kehrig, a. a. O., S. 220.

33 Pers. Mitteilung W. v. Seydlitz;

auch v. Manstein, a. a. O., S. 345, 649 ff.

34 Walther v. Seydlitz, Die Beurteilung der Lage der 6. Armee im Kessel von Stalingrad (Denkschrift vom 25. 11. 1942). Das Dokument, das sich im 1. Anlageband des Kriegstagebuches der Heeresgruppe Don — Abteilung I a — in Washington befindet, lag in einer beglaubigten Abschrift von Dr. Friedrich-Christian Stahl vom 23. 1. 1954 vor. Das Original dürfte vernichtet sein. NA) v. Seydlitz, Stalingrad, S. 205—213.

35 NA) v. Seydlitz, a. a. O., S. 206.

36 a. a. O., S. 207 f.

37 a. a. O., S. 210.

38 Zur Persönlichkeit von Paulus und seinen Entschlüssen: Kunrat Frhr. von Hammerstein, Manstein, in: Frankfurter Hefte, 11. Jhrg., 1956, 7, S. 452; v. Manstein, a. a. O., S. 365; v. Tippelskirch, a. a. O., S. 314—316; Toepke, a. a. O., S. 73; pers. Mitteilung H. Foertsch, G. Blumentritt; NA) Paulus, a. a. O., passim (Biographie); Wieder, Stalingrad und die Verantwortung . . ., S. 187—192.

39 Daß sich die damalige Haltung der Armeeführung in dieser Weise charakterisieren läßt, bezeugte durch pers. Mitteilung W. v. Seydlitz; v. Manstein, a. a. O., S. 364 f. (für Dezember 1942); NA) Paulus, a. a. O., S. 72.

40 Pers. Mitteilung H. Gerlach, A. Bredt; Wieder, Die Tragödie . . ., S. 24.

41 a. a. O.; Wieder, a. a. O., S. 29, 31 f.; v. Manstein, a. a. O., S. 354. NA) Luitpold Steidle, Entscheidung an der Wolga, Berlin (Ost) 1969, S. 196.

42 Pers. Mitteilung W. v. Seydlitz, A. Bredt; auch Wieder, a. a. O., S. 32.

43 v. Seydlitz, Wer ist . . ., S. 17; Wieder, a. a. O., S. 34; Toepke, a. a. O., S. 49 f. (im Durchschnitt: 60—100 Tonnen!); Hans-Detlef Herhudt von Rohden, Die Luftwaffe ringt um Stalingrad, Wiesbaden 1950, S. 87. NA) Kehrig, a. a. O., S. 633—637 (Dokument 67) belegt ebenfalls die jammervollen Tonnagen, die im Durchschnitt den Kessel erreichten.

44 v. Seydlitz, a. a. O., S. 17 f.; Wieder, a. a. O.

45 v. Manstein, a. a. O., S. 355 f.; v. Tippelskirch, a. a. O., S. 314.

46 Für »Wintergewitter« vor allem v. Manstein, a. a. O., S. 360 ff.; v. Tippelskirch, a. a. O., S. 315; ferner Hans Doerr, Der Feldzug nach Stalingrad, Darmstadt 1955, S. 84 ff. Eindrucksvolle Darstellung auch bei Frido von Senger und Etterlin, Krieg in Europa, Köln/Berlin 1960, S. 74—92. S. 74: »Im letzten behaglichen Marschquartier kämpfte ich einen theoretischen Zwiespalt zwischen dem strategischen Gewissen und dem taktischen Auftrag in mir aus. Es war auffallend, mit wie unzulänglichen Kräften der Versuch zum Entsatz Stalingrads unternommen werden sollte. Wenig weiter vorn — noch 90 km vom Kessel der eingeschlossenen Stalingrad-Armee entfernt — standen zwei Divisionen im Kampf. Davon gehörte die 6. Panzerdivision zu den glücklichen, die kurz vorher in Frankreich voll aufgefüllt worden waren. Die andere, die 23. Panzerdivision, sollte sich in einem materiell noch schlechteren Zustand als meine 17. befinden. Eine ganze und zwei halbe Divisionen sollten eine rund 100 km tiefe Offensive bis Stalingrad durchkämpfen! Die

anfängliche, sogenannte Überraschung war schon verflogen; seit zwei Wochen lagen die beiden eingesetzten Divisionen stärkerem Gegner gegenüber fest. Aber selbst, wenn ihnen die Überraschung geglückt wäre, hätten sie sich in der Tiefe des zu überwindenden Raumes nicht behaupten können. Niemand konnte annehmen, daß der Gegner nicht alles daransetzen würde, den Entsatz der eingeschlossenen 6. Armee mit allen Kräften zu verhindern, um den großen Sieg ausreifen zu lassen. Die Schwäche der Angriffstruppen ließ darauf schließen, daß eigene Reserven nicht verfügbar waren.« NA) Kehrig, a. a. O., S. 354—366.

47 v. Manstein, a. a. O., S. 363.

48 a. a. O.

49 a. a. O., S. 363 ff. NA) Kehrig, a. a. O., S. 390—392 (Mission Eismann). Die abschwächenden Versionen wollen angesichts aller aufgeführten Punkte nicht überzeugen. Vgl. auch Lagebeurteilung von Generaloberst Hoth bei Paulus, a. a. O., S. 86.

50 v. Manstein, a. a. O., S. 364 f. NA) ders., Stalingrad — war es so?, in: Welt am Sonntag (Hamburg), 24. 4. 1960; Paulus, a. a. O., S. 237.

51 v. Manstein, Verlorene Siege, S. 366; NA) v. Seydlitz, Stalingrad, S. 225; Kehrig, a. a. O., S. 392—396.

52 v. Manstein, a. a. O., S. 367.

53 a. a. O., S. 369. Über Mansteins sonstige Zurückhaltung: Toepke, a. a. O., S. 81 f. NA) Paulus, a. a. O., S. 256.

54 v. Manstein, a. a. O., S. 370.

55 a. a. O., S. 371.

56 a. a. O., S. 373 ff. Es kann in diesem Zusammenhang nicht auf die Frage eingegangen werden, ob sich noch eine weitere Möglichkeit des Entsatzes der sechsten Armee geboten hätte. Theoretisch ist sie vermutlich zu bejahen, insbesondere wenn man v. Manstein (a. a. O., S. 378) glauben darf, daß die Kräfte, die in starker Konzentration ostwärts des Don hätten antreten müssen, nach Ansicht der Heeresgruppe innerhalb von sechs Tagen verfügbar sein konnten. Sicher ist nur, daß sie den im Kaukasus stehenden Armeen hätten entnommen werden müssen. Sie aber band Hitler so nachhaltig an ihre Räume wie die 22 Divisionen an Stalingrad.

57 v. Manstein, a. a. O., S. 393.

58 NA) v. Seydlitz, a. a. O., S. 207 f.

59 Wieder, a. a. O., S. 50.

60 NA) Herbert Selle, Wofür? Erinnerungen eines Führenden Pioniers vom Bug zur Wolga, Neckargemünd 1977, S. 115; ders. (detaillierter), Stalingrad nach 30 Jahren — kein Gefechtsbericht. Vortrag vor der Vereinigung ehemaliger Pionier-Offiziere, Hamburg 1973 (ungedruckt), S. 10. Über Schmidt: Wilhelm Adam, Der schwere Entschluß. Unter wissenschaftlicher und literarischer Mitarbeit von Prof. Dr. habil. Otto Rühle, Berlin (Ost) 1965, S. 40 f.

61 Wieder, a. a. O., S. 51.

62 a. a. O.; pers. Mitteilung H. Gerlach, A. Bredt.

63 Wieder, a. a. O.; Selle, Die Tragödie . . ., S. 8.

64 Wieder, a. a. O., S. 40 ff.; Toepke, a. a. O., S. 54, 57 f., 62, 64.

65 Schröter, a. a. O., S. 103; Wieder, a. a. O., S. 42; Toepke, a. a. O., S. 64.

66 Pers. Mitteilung H. Gerlach, A.

Bredt; Wieder, a. a. O., S. 45 f. NA)
Selle, Wofür?, S. 115, 117.

67 Wieder, a. a. O., S. 51; Selle, Die
Tragödie . . ., S. 8; NA) Paulus, a. a. O.,
S. 242.

68 v. Manstein, a. a. O., S. 326 ff.,
397 ff. NA) Paulus, a. a. O., S. 243, 247.

69 Der Wortlaut bei Schröter, a. a.
O., S. 153 f.; dsgl. in dem Sammelband
Stalingrad, Zürich 1945, S. 132 ff.;
Wieder, a. a. O., S. 53. Die Angabe bei
v. Manstein (a. a. O., S. 383), daß das
russische Ultimatum am 9. Januar
1943 an die sechste Armee ergangen
sei, ist irrig. Die zutreffende Datierung: 8. 1. 1943. NA) Kehrig, a. a. O.,
S. 505.

70 v. Seydlitz, Wer ist . . ., S. 19 f.;
Wieder, a. a. O., S. 51 f. Das arbeitet
noch schärfer heraus der tiefschür-
fende Aufsatz von Joachim Wieder,
Welches Gesetz befahl den deutschen
Soldaten, an der Wolga zu sterben?, in:
Frankfurter Hefte, 11. Jhrg., 1956, 5,
S. 315; v. Manstein, a. a. O., S. 390 f.
(Zeitzler befürwortete die Kapitulation.) NA) Wieder, Stalingrad und die
Verantwortung . . ., S. 162; Kehrig, a.
a. O., S. 524: »Seit dem 10. Januar
(1943. B. Sch.) verhungerte die Armee
und war kaum mehr in der Lage, sich
zu verteidigen.«

71 Toepke, a. a. O., S. 83; NA)
Selle, Wofür?, S. 117; Kehrig, a. a. O.,
S. 583 f. (Dokument 26, 7. 12. 1942), S.
604 f. (Dokument 41, 22. 12. 1942). S.
501 (Tagesration, 9. 1. 1943): 75 g
Brot, 24 g Gemüse, 200 g Pferdefleisch
mit Knochen, 12 g Fett, 11 g Zucker, 9
g Getränke, 1 Zigarette. Übereinstimmend mit Selle, a. a. O. Auch
Wieder, a. a. O., S. 160 f.

72 Wieder, a. a. O.; Toepke, a. a.

O., S. 49 f., 67.

73 Wieder, Die Tragödie . . ., S. 54;
pers. Mitteilung H. Gerlach, A. Bredt.

74 Schröter, a. a. O., S. 154; Wieder, a. a. O., S. 55.

75 Schröter, a. a. O., S. 154 f.

76 a. a. O., S. 155; Wieder, a. a. O.,
S. 55 f.

77 Schröter, a. a. O., S. 156; ohne
Zeitangaben: v. Tippelskirch, a. a. O.,
S. 319; v. Manstein, a. a. O., S. 385.

78 Wieder, Welches Gesetz . . ., S.
317.

79 a. a. O., S. 315.

80 a. a. O.; NA) Steidle, a. a. O., S.
234—240, 243 f.; Selle, a. a. O., S. 119
f., 122.

81 Wieder, a. a. O., S. 316; Toepke,
a. a. O., S. 131 f.

82 Wieder, a. a. O.; eingehender
ders., Die Tragödie . . ., S. 56 ff.

83 NA) Klaus-Jürgen Müller, Das
Heer und Hitler. Armee und national-
sozialistisches Regime 1933—1940,
Beiträge zur Militär- und Kriegsgeschichte. Herausgegeben vom Militärgeschichtlichen Forschungsamt,
Zehnter Band, Stuttgart 1969, S. 133
ff.

84 So das Empfinden in den Stä-
ben: pers. Mitteilung J. Wieder, H.
Gerlach.

85 Wieder, Welches Gesetz . . ., S.
325; NA) Selle, a. a. O., S. 121 f.

86 Pers. Mitteilung W. v. Seydlitz,
O. Korfes; NA) W. Frhr. v. Senfft-
Pilsach (vgl. auch Wieder, Stalingrad
und die Verantwortung . . ., S. 310—
312); Steidle, a. a. O., S. 303: »Das war
doch das Verbrechen Hitlers an der 6.
Armee gewesen, dieser bedenkenlose
Mißbrauch der Macht, der blinden
Gehorsam bis zur Selbstopferung

Hunderttausender forderte und gleichzeitig die für meine soldatischen Ehrbegriffe selbstverständliche Gegenleistung an Treue und Verantwortungsbewußtsein zynisch versagte.«

87 Pers. Mitteilung W. v. Seydlitz, H. Gerlach. Weiterhin bleibt in diesem Zusammenhang auf Heinrich Gerlach, Die verratene Armee, München 1957 hinzuweisen, der diese Reaktion immer wieder hervorhebt. Obgleich das Werk ein *Roman* ist und daher als historische Quelle ausscheidet, enthält es doch in enger Anlehnung an das wirkliche Geschehen wichtige Aufschlüsse, die zumindest in anregendem Sinne zu beachten sind. Ferner: Jesco von Puttkamer, Irrtum und Schuld, Neuwied/Berlin 1948, S. 7.

88 NA) Selle, a. a. O., S. 120 f.

89 a. a. O., S. 125; Paulus, a. a. O., S. 263 (Paulus' späteres Bekenntnis zu seiner Verantwortung).

90 Schröter, a. a. O., S. 150 ff.; v. Manstein, a. a. O., S. 383, 387; Toepke, a. a. O., S. 71, 85 ff., 116 ff.

91 NA) Selle, a. a. O., S. 129.

92 Schröter, a. a. O., S. 152; Toepke, a. a. O., S. 121, 124.

93 Pers. Mitteilung W. v. Seydlitz.

94 Wieder, Welches Gesetz . . ., S. 315, 317; ders., Die Tragödie . . ., S. 56 ff., 60 ff.

95 Die Frage, welche Kräfte des Gegners die sechste Armee gebunden habe, stellt weitgehend ein offenes Problem dar. Während man bei Helmuth Greiner (Die oberste Wehrmachtführung 1939 bis 1943, Wiesbaden 1951, S. 436) den Eindruck gewinnt, als hätte die Stalingrader Front 107 russische Verbände

(Stärke?) und dreizehn Heerespanzer-Regimenter festgehalten, gibt v. Manstein (a. a. O., S. 384) die Zahl der im Januar 1943 (!) von der sechsten Armee gebundenen großen Einheiten des Gegners mit neunzig an. Die letzte, allzu summarische Angabe hat Wieder (Welches Gesetz . . ., S. 316 f.) mit überzeugenden Gründen angezweifelt. Sicher vermochte die erschöpfte sechste Armee zu diesem Zeitpunkt keine erheblichen Feindkräfte mehr zu binden. Auch der vielbeschworene und oft gedankenlos vorgetragene strategische Aspekt rechtfertigt nicht die von Hitler befohlenen Opfer. NA) Wieder, Stalingrad und die Verantwortung . . ., S. 163 f., 238 f.; v. Seydlitz, Stalingrad, S. 237: »Nach Manstein hatte der Russe am 19. Januar (1943. B. Sch.) durch inzwischen herangeführte neue Verbände sogar noch 90 Großverbände vor der 6. Armee festgelegt, also für jede deutsche Division noch etwa 4 1/2 russische Großverbände. Vor einer deutschen Division müssen demnach 4 1/2 sowjetische Divisionen in Reihen hintereinander gestanden haben.« Auch: a. a. O., S. 244. Kehrig (a. a. O., S. 527) stützt sich zwar auf Manstein, der noch am 19. Januar 1943 von »93 feindlichen Großverbänden« sprach, schreibt aber ebenso (a. a. O., S. 532): »Nichts sprach mehr (am 23. Januar 1943. B. Sch.) dafür, daß die Bindung sowjetischer Kräfte der Heeresgruppe A den Rückzug aus dem Kaukasus und der Heeresgruppe Don den Aufbau einer neuen Südfront erleichterte.«

96 Schröter, a. a. O., S. 201. Die Datierung des 24. Januar ist falsch. Es

handelt sich um den 21. 1. NA) v. Seydlitz, a. a. O., S. 239 f.; Kehrig, a. a. O., S. 528.

97 v. Manstein, a. a. O., S. 390 (Zeitpunkt nach Manstein: 22. 1. 1943).

98 Schröter, a. a. O., S. 203; Adolf Heusinger, Befehl im Widerstreit, Tübingen/Stuttgart 1950, S. 223 f. Nach Heusinger empfand Hitler das Zurückgehen von Stalingrad als nicht vereinbar mit der Ehre von deutschen Armeen (!). NA) Steidle, a. a. O., S. 251 (26. 1. 1943): »Für ihn (Paulus. B. Sch.) gebe es . . . nur eines: die Durchführung der strikten Befehle des OKH. Diese seien sicher nicht ohne Grund gegeben. Hier im Kessel könne man beim besten Willen nicht übersehen, welche Folgen das Nachlassen des Widerstandes auf die Gesamtentwicklung des Krieges haben werde, selbst wenn es sich dabei nur um einen Tag handele.«

99 Pers. Mitteilung W. v. Seydlitz, J. Wieder, H. Gerlach, W. Frhr. v. Senfft-Pilsach. Für die Haltung des Armeeoberkommandos: NA) Paulus, a. a. O., S. 251 f.; nachträgliche, aber bekräftigende Sicht: S. 262 f.

100 Wieder, Welches Gesetz . . ., S. 324.

101 a. a. O., S. 316; Kurt J. Fischer, Der Gefangene von Stalingrad, Willsbach (Württ.) 1948, S. 7.

102 Pers. Mitteilung W. v. Seydlitz, H. Gerlach, J. Wieder, W. Frhr. v. Senfft-Pilsach.

103 a. a. O.; NA) v. Seydlitz, a. a. O., S. 249 f., 252.

104 Wieder, a. a. O., S. 324 f. Der Selbstmord wurde freilich später nicht als ehrenhaft hingestellt.

105 Pers. Mitteilung W. v. Seydlitz. Nach dessen Zeugnis muß die von Schröter (a. a. O., S. 209) ohne Datierung beschriebene Lagebesprechung der Kommandierenden Generale und Divisionskommandeure (von Schröter ungefähr zum gleichen Zeitpunkt angesetzt) wieder als Phantasie bezeichnet werden. NA) v. Seydlitz, a. a. O., S. 246 f.; generell Paulus, a. a. O., S. 212, 247 f.

106 Pers. Mitteilung W. v. Seydlitz. Philipp Humbert (Ich bitte erschossen zu werden, in: Der Spiegel, III, 1949, 5, S. 15, 17) hat indes behauptet, wenigstens am 26. Januar 1943 sei noch eine Generalsrevolte versucht worden und mißglückt. Nach dem Zeugnis von W. v. Seydlitz muß auch diese Nuance als Erfindung gelten. Humbert war weder Adjutant von Seydlitz, noch hatte der Kommandierende General des LI. Korps den Oberbefehlshaber der sechsten Armee nach dem 25. 1. 1943 nochmals gesehen. NA) v. Seydlitz, a. a. O., S. 248.

107 Pers. Mitteilung W. v. Seydlitz; Schröter, a. a. O., S. 196.

108 Schröter, a. a. O., S. 223, 226; Wieder, Die Tragödie . . ., S. 87 ff.

109 Pers. Mitteilung W. v. Seydlitz, H. Gerlach; Wieder, a. a. O., S. 89 f.; v. Puttkamer, a. a. O., S. 10.

110 Schröter, a. a. O., S. 226 ff.; v. Tippelskirch, a. a. O., S. 319. Hier ist die Datierung des 30. Januar falsch. Es handelt sich um den 31. 1.

111 Heusinger, a. a. O., S. 235.

112 Pers. Mitteilung W. v. Seydlitz, H. Gerlach; Schröter, a. a. O., S. 228; Wieder, a. a. O., S. 91 f. Teilkapitulationen, ohne Ermächtigung, ja,

gegen den Willen der Armeeführung, bereits am 28. Januar: NA) Steidle, a. a. O., S. 262—268; Kehrig, a. a. O., S. 544; Wieder, Stalingrad und die Verantwortung . . ., S. 318—323.

113 Bericht des Dolmetschers v. N. NA) Steidle, a. a. O., S. 254—256.

114 Schröter, a. a. O., S. 231 f.; v. Puttkamer, a. a. O., S. 10 f.

115 Wieder, Die Tragödie . . ., S. 107 f.

116 Schröter, a. a. O., S. 80 f.; Wieder, a. a. O., S. 16; ders., Welches Gesetz . . ., S. 323. Pers. Mitteilung W. v. Seydlitz nach Unterlagen: vernichtet 1 Armeestab, 5 Korpsstäbe, 22 Divisionen (darunter die 20. rumänische Inf.-Div. und die 1. rumänische Kav.-Div.) sowie eine Flakdivision. Die Angaben bei v. Tippelskirch (a. a. O., S. 320) sind richtig, aber nicht erschöpfend.

117 Die wohl richtige Zahl von 270 000 nach Toepke, a. a. O., S. 42, 52; v. Rohden, a. a. O., S. 35; die der Gefallenen und Gefangenen nach Stalingrad, S. 65. Auch diese Angaben sind zuverlässig, wenn man berücksichtigt, daß im Verlauf der Kämpfe mehr als 30 000 Verwundete und Kranke aus dem Kessel ausgeflogen werden konnten. Schröter, a. a. O., S. 185 f.; Selle, Die Tragödie . . ., S. 2. Wenn v. Manstein (a. a. O., S. 328) erklärt, daß die häufig erwähnte Zahl von 300 000 Soldaten im Kessel von Stalingrad übertrieben sei, so trifft dies zweifellos zu. Doch seine Behauptung, im November 1942 seien trotz starker Zuteilungen an Heeres-Artillerie und Pionieren nur 200—220 000 Mann eingeschlossen worden, läßt sich nach Prüfung der verfügbaren Unterlagen nicht aufrechterhalten. NA) Wieder, Stalingrad und die Verantwortung . . ., S. 156 f.

118 Pers. Mitteilung W. v. Seydlitz, O. Korfes, H. Gerlach, W. Frhr. v. Senfft-Pilsach; Wieder, Welches Gesetz . . ., S. 315, 323 ff.

119 Pers. Mitteilung W. v. Seydlitz, H. Gerlach; Wieder, Die Tragödie . . ., S. 97.

120 v. Manstein, a. a. O., S. 397 ff.

121 So die eindeutige Erkenntnis in der Operationsabteilung des Heeres: NA) Pers. Mitteilung A. Heusinger.

122 NA) v. Seydlitz, a. a. O., S. 243.

123 NA) Wieder, Stalingrad und die Verantwortung . . ., S. 112, 173.

124 NA) Selle, Wofür?, S. 127 f.

Zweites Kapitel · Die Gründung des Nationalkomitees und Bundes Deutscher Offiziere

1 Pers. Mitteilung Th. Plievier, W. Leonhard, F. Löwenthal, H. Graf v. Einsiedel; Wolfgang Leonhard, Die Revolution entläßt ihre Kinder, Köln/Berlin 1955, S. 120 f., 158, 297; v. Puttkamer, a. a. O., S. 35 f.

2 a. a. O.

3 Pers. Mitteilung Th. Plievier; Leonhard, a. a. O., S. 38 ff., 81; treffende Darstellung auch bei Heinrich Graf von Einsiedel, Tagebuch der Versuchung, Berlin/Stutt-

gart 1950, S. 214. Zur Situation der Emigranten nach dem 22. Juni 1941: NA) Alexander Fischer, Sowjetische Deutschlandpolitik im Zweiten Weltkrieg 1941—1945, Stuttgart 1975, S. 15—17.

4 Aussagen zahlreicher Offiziere und Soldaten; Werner Picht, Der deutsche Soldat, in: Bilanz des Zweiten Weltkrieges, Oldenburg und Hamburg 1953, S. 43 f. NA) Gert Robel, Die deutschen Kriegsgefangenen in der Sowjetunion Antifa. Zur Geschichte der deutschen Kriegsgefangenen des Zweiten Weltkrieges, Band VIII, herausgegeben von Professor Dr. Erich Maschke, Leiter der Wissenschaftlichen Kommission für deutsche Kriegsgefangenengeschichte, München (Bielefeld) 1974, S. 17—20; Heinrich Böll/Lew Kopelew, Warum haben wir aufeinander geschossen?, Bornheim-Merten 1981, S. 23 f., 69 f.

5 Aussagen zahlreicher Offiziere und Soldaten; pers. Mitteilung H. Graf v. Einsiedel. Weiterhin v. Puttkamer, a. a. O., S. 36; Leonhard, a. a. O., S. 120 f.; Jürgen Kuczynski, Freie Deutsche — Damals und heute, London 1943, — S. 13; Wilhelm Florin, Warum kämpft Hitler gegen die Sowjetunion?, Moskau 1942, S. 31: »Es ist in diesem Kriege klarer als in den anderen Kriegen zu sehen, daß die deutschen Soldaten buchstäblich dafür kämpfen, daß ihnen der Strick der Krupp, Siemens und Pönsgen noch fester um den Hals gezogen wird.« Ähnliche Zeugnisse in: Sie kämpften für Deutschland. Zur Geschichte des Kampfes der Bewegung »Freies Deutschland« bei der 1. Ukrainischen Front der Sowjetarmee, Berlin (Ost) 1959, S. 129 ff.,135. Das Buch zeigt in den persönlichen Berichten die üblichen Färbungen, besticht aber durch reichhaltige Dokumentation. Vgl. auch Jochen Klepper, Überwindung, Stuttgart 1958, S. 100. Hier zur Überläuferpropaganda der Flugblätter und zu einem Gedicht von Erich Weinert: »Welches Verkennen der deutschen Mentalität.« S. 114 f.: »Im Ort überall die papiernen Zeugen lauter, dünner Sowjetpropaganda. So törichte deutschsprachige Flugblätter.« (Südteil der Ostfront, Juli 1941).

6 Aussagen zahlreicher Offiziere und Soldaten; Podewils, a. a. O., S. 161; Curt Hohoff, Woina-Woina, Düsseldorf/Köln 1951, S. 348; NA) Böll/Kopelew, a. a. O., S. 18, 87 f.: Hoffnung Kopelews (und wohl auch anderer russischer Politoffiziere), daß Krieg gegen die Sowjetunion in Deutschland sogar Revolution auslösen werde. Flugblätter, Briefe u. a. m. (1941—1943): S. 126—154, 164—188.

7 Aussagen zahlreicher Offiziere und Soldaten; Podewils, a. a. O.; Paul Hausser, Waffen-SS im Einsatz, Göttingen 1953, S. 264; pers. Mitteilung K. v. Tippelskirch. Symptomatisch auch das von russischen Flugzeugen abgeworfene Flugblatt »Soldaten der 9. Armee!«, April 1942. Für die Grausamkeiten der Sowjets an deutschen Kriegsgefangenen finden sich in der Kriegsliteratur zahlreiche Belege. Bestürzende Beispiele — um nur einen Titel herauszugreifen — im Buch von J. W. Oechelhaeuser, Wir zogen in das Feld, Boppard a. Rh. 1960, S. 76, 102, 131 f., 159; NA) Robel, a. a. O., S. 15—17, 49 f.; Böll/Kopelew, a. a. O., S.

150 f.: Zusagen (1943) der Normen —Verpflegung u. a. — für Überläufer und Kriegsgefangene; S. 30, 80: Unkenntnis Kopelews über die wirklichen Verhältnisse in den Lagern der deutschen Kriegsgefangenen; S. 59: Kritik an den Übertreibungen sowjetischer Propaganda.

8 Aussagen zahlreicher Offiziere und Soldaten; Picht, a. a. O., S. 43 f. NA) Robel, a. a. O., S. 17—20; Böll/Kopelew, a. a. O., S. 23 f., 66, 69 f. »Die Durchführung des Kommissarbefehls«: Christian Streit, Keine Kameraden. Die Wehrmacht und die sowjetischen Kriegsgefangenen 1941-1945, Studien zur Zeitgeschichte, Band 13, herausgegeben vom Institut für Zeitgeschichte, Stuttgart 1978, S. 83—89; weitere Angaben passim.

9 v. Einsiedel, a. a. O., S. 28 ff.; v. Puttkamer, a. a. O., S. 37; Kurt Langmaack, Stacheldraht statt Sozialismus, Hamburg 1952, S. 22 f. — Erich Weinert, Das Nationalkomitee »Freies Deutschland« 1943—1945, Berlin (Ost) 1957, S. 11 f. ist dagegen unfähig, auch nur in Ansätzen ein zutreffendes Bild von der trostlosen Atmosphäre zu entwerfen, in der die ersten politischen Werbeaktionen gedeihen sollten. Wertvolle Hinweise für einen freilich wesentlich späteren Zeitpunkt bietet Helmut Gollwitzer, . . . und führen, wohin du nicht willst, München 1951, S. 102. Weinerts und Ulbrichts Erwägungen: Erich Weinert, Memento Stalingrad, Berlin (Ost) 1951, S. 98, 133 ff. NA) Walter Ulbricht, Zur Geschichte der deutschen Arbeiterbewegung. Aus Reden und Aufsätzen, Band 2, Berlin (Ost) 1966, S. 302 (Punkt 4).

10 v. Einsiedel, a. a. O.; v. Puttkamer, a. a. O.

11 Pers. Mitteilung H. Abel, H. Gerlach, W. Frhr. v. Senfft-Pilsach, J. Wieder, A. Greifenhagen, H. Graf v. Einsiedel, J. v. Puttkamer; Aussagen deutscher Kriegsgefangener aus dem Lager Jelabuga. NA) Robel, a. a. O., S. 30 f.

12 a. a. O.

13 Über Wagner: v. Einsiedel, a. a. O., S. 31—35; Langmaack, a. a. O., S. 22 f.; pers. Mitteilung H. Z.

14 Free Germany. Research and Analysis Branch, US-Dept. of State, 26. 11. 1943, p. 1 f. (Library of Congress); Leonhard, a. a. O., S. 158; Weinert, Das Nationalkomitee . . ., S. 11; Sie kämpften . . ., S. 114 ff. Hier ist der vollständige Text abgedruckt. NA) Robel, a. a. O., S. 38—41. Bodo Scheurig (Herausgeber), Verrat hinter Stacheldraht? Das Nationalkomitee »Freies Deutschland« und der Bund Deutscher Offiziere in der Sowjetunion 1943—1945, München 1965 (dtv-Dokumente 270), S. 43—52. Titel i. f. zitiert: Verrat . . .

15 v. Einsiedel, a. a. O., S. 35; NA) Robel, a. a. O., S. 39 f., 42, 53.

16 v. Einsiedel, a. a. O., S. 37 ff.; Puttkamer, a. a. O., S. 37; auch pers. Mitteilung H. Graf v. Einsiedel, J. v. Puttkamer, H. Gerlach; NA) Willy Wolff, Die erste Konferenz antifaschistischer deutscher Offiziere in der Sowjetunion. Zur Vorgeschichte des Nationalkomitees »Freies Deutschland«, in: Zeitschrift für Geschichtswissenschaft (1965), S. 277—289. Im wesentlichen bestätigend: Bericht E. Hadermann.

17 Ernst Hadermann, Wie ist der

Krieg zu beenden? Ein Manneswort eines deutschen Hauptmanns (Vorrede: Erich Weinert), Moskau 1942. NA) Robel, a. a. O., S. 55 f. wendet gegen diese Darstellung (wie Erstausgabe) ein, das Prädikat »Patriot« gebühre eher Oberleutnant Friedrich Reyher, der erstmals alle Deutschen — *gleich welcher Partei* — zum Kampf gegen Hitler aufgerufen habe. Schon die Zitate, die Robel aus Hadermanns Referat bringt, widerlegen diesen Einwand. Zu den angeblich (gravierenden) unterschiedlichen Fassungen des Referates von Hadermann in Jelabuga und dessen späterer Broschüre »Manneswort eines deutschen Hauptmanns« Brief Prof. Dr. Ernst Hadermann (Halle/Saale, 3. 2. 1964) an den Verfasser: »Diese Rede (Manneswort. B. Sch.) habe ich am 21. 5. 1942 vor den kriegsgefangenen deutschen Offizieren des Lagers 95 (Jelabuga an der Kama) gehalten, nicht bei Moskau, wie Erich Weinert in seiner Vorrede sagt. Sie wurde ins Russische übersetzt und nach Moskau geschickt. Im Juni 1942 wurde ich mit einigen anderen Offizieren ins Lager 27 (Krasnogorsk) bei Moskau verlegt. Dort wurde mir, im Juni oder Juli, das Manuskript meiner Rede vorgelegt, vom Russischen ins Deutsche zurückübersetzt und dadurch natürlich sprachlich komisch entstellt. Die Wiederherstellung des Urtextes, mit einigen geringen redaktionellen Änderungen, konnte von mir leicht bewerkstelligt werden, da ich mein Manuskript von Jelabuga mitgebracht hatte. — Die Vorrede ist von Erich Weinert verfaßt worden. Sie hat mir vor dem Druck nicht vorgelegen. Ich

wurde durch sie überrascht. Wie ich erst hier im Herbst 1962 erfuhr, hat Erich Weinert, noch ganz befangen in den alten Denk- und Redeformen der alten KPD, zunächst eine sehr negative Beurteilung dieser Rede gegeben: ›Typischer deutscher Intellektueller, ohne politische Klarheit, läuft einem Verbrecher wie Hitler nach und überfällt friedliche Völker.‹ Wohl erst nach Diskussionen — möglicherweise unter dem Einfluß von Dimitroff und Manuilskij — wurde die Rede ohne jeden Abstrich gutgeheißen und, mit der Vorrede Weinerts versehen, in 500 000 Exemplaren gedruckt, im Taschenbuchformat, so daß sie der Soldat unauffällig in seinen Waffenrock stecken konnte. Wieviel Neuauflagen später erschienen sind, ist mir nicht bekannt. Das Schriftbild des Titelblattes, in blauer und schwarzer Farbe gehalten, mit ›gotischer‹ Schrift und manchem Schnörkel, sollte wohl ›sehrrr‹ deutsch wirken. Ich war aber doch sehr beeindruckt, daß man diese Rede — ohne jede Änderung — akzeptierte.« Text: Ernst Hadermann, Wie ist der Krieg zu beenden? Ein Manneswort eines deutschen Hauptmanns, in: Verrat . . ., S. 53—73. Das Zitierte: S. 53—57, 62—65, 68, 71.

18 v. Einsiedel, a. a. O., S. 37; kennzeichnend für einen späteren Zeitpunkt (Mitte 1943) die pers. Mitteilung C. Fs.: »Es bedeutete eine Sensation, als ich mit Hadermann die Lagerstraße entlangging.« NA) Steidle, a. a. O., S. 291; Robel, a. a. O., S. 54.

19 Weinert, Memento, S. 130; weitere Angaben: ders., Das Nationalkomitee . . ., S. 13; Flugblatt-Texte:

Sie kämpften . . ., S. 122—128 (1. Ukrainische Front); Zur Geschichte der deutschen antifaschistischen Widerstandsbewegung 1933—1945. Materialien, Berichte, Dokumente, Berlin (Ost) 1958, S. 203; NA) Steidle, a. a. O., S. 223 f.: Störungsfeuer auf Propagandasprecher. Ferner: Verrat . . ., S. 76 f.

20 Pers. Mitteilung W. v. Seydlitz, H. Schlömer; NA) Adam, a. a. O., S. 352 f.

21 Pers. Mitteilung W. v. Seydlitz. Nach diesem Zeugnis bedarf die Darstellung bei v. Puttkamer (a. a. O., S. 42) erheblicher Korrekturen, da sie effektfreudig übertreibt. Es handelte sich lediglich um einen Zug mit normalen russischen 2. Klasse-Wagen ohne jede Bedienung. Trotzdem bildete auch er einen großen Kontrast zu dem, was die Masse der Gefangenen zu erleiden hatte. Eine ausgewogenere Darstellung bei Rolf Grams, Die 14. Panzer-Division 1940—1945, Bad Nauheim 1957, S. 102; NA) v. Seydlitz, Stalingrad, S. 260.

22 Pers. Mitteilung H. Abel, H. Gerlach, W. Frhr. v. Senfft-Pilsach, I. v. Knobelsdorff-Brenkenhoff, J. Wieder, A. Greifenhagen, H. Graf v. Einsiedel; Aussagen deutscher Kriegsgefangener aus den Lagern Jelabuga, Susdal und Oranki; Fischer, Der Gefangene . . ., S. 11—68, 78, 113, 115; NA) Steidle, a. a. O., S. 275, 277 f.

23 a. a. O.

24 a. a. O.; NA) Steidle, a. a. O., S. 289 f.

25 a. a. O.

26 Pers. Mitteilung H. Z.; einige Hinweise bei Leonhard, a. a. O., S. 279 f.; v. Puttkamer, a. a. O., S. 41. Wei-

nerts Darstellung (Das Nationalkomitee . . ., S. 17), daß der Vorbereitende Ausschuß die Sowjetunion um die Genehmigung zur Bildung eines Nationalkomitees in der UdSSR gebeten habe, versucht den abwegigen Eindruck einer entscheidenden deutschen Initiative zu erwecken. NA) Robel, a. a. O., S. 59—62 bringt Indizien dafür, daß sich die Volksfronttaktik bereits 1942 vorbereitete, muß aber zugeben (S. 62), daß um die Jahreswende 1942/43 eine endgültige Entscheidung noch nicht gefallen war. Hinsichtlich der KPD-Führung und ihrer Beratungen im Januar und Februar 1943 (S 63) heißt es, daß sie »die *Wendung* (B. Sch.) zur Anknüpfung an die — modifizierte — Demokratie der Weimarer Republik eingeleitet und der Entscheidung für das Nationalkomitee ›Freies Deutschland‹ den Weg bereitet haben«. Ferner: Fischer, Sowjetische Deutschlandpolitik . . ., S. 51 f.

27 Weinert, a. a. O., S. 14 ff.; v. Einsiedel, a. a. O., S. 49; v. Puttkamer, a. a. O., S. 42; NA) Robel, a. a. O., S. 68 f.

28 Weinert, a. a. O., S. 15.

29 Pers. Mitteilung H. Graf v. Einsiedel. Selbst bei Weinert (a. a. O., S. 16) heißt es summarisch: »Die Versammlung schlug vor, ein Komitee zu bilden . . .«

30 Pers. Mitteilung H. Abel, H. Gerlach, W. Frhr. v. Senfft-Pilsach, I. v. Knobelsdorff-Brenkenhoff, J. Wieder, A. Greifenhagen, J. Kayser, A. Ludwig; v. Einsiedel, a. a. O., S. 51.

31 a. a. O.; NA) Steidle, a. a. O., S. 284, 290—295, 299 f.; Robel, a. a. O., S. 57; Verrat . . ., S. 185.

32 Pers. Mitteilung H. Abel, H. Gerlach, C. F., J. Wieder, A. Greifenhagen, I. v. Knobelsdorff-Brenkenhoff.

33 a. a. O.

34 a. a. O. Es bleibt in diesem Zusammenhang unerheblich, daß nach den inzwischen zugänglich gewordenen Dokumenten und Lebensberichten die hier hervorgehobenen Emigranten und Politruks oft auch negativ beschrieben werden müßten. Entscheidend ist, daß sie den Offizieren, mit denen sie in ein Gespräch zu kommen suchten, zunächst als konziliante Partner erschienen.

35 a. a. O. NA) Über Michael Janzen auch Erich Loest, Durch die Erde ein Riß — Ein Lebenslauf, Hamburg 1981, S. 260, 272, 280.

36 Pers. Mitteilung A. Bredt, H. Abel, H. Gerlach, C. F.

37 Pers. Mitteilung C. F., H. Abel, H. Gerlach.

38 Pers. Mitteilung A. Bredt, C. F., H. Abel, H. Gerlach, W. Frhr. v. Senfft-Pilsach. Vgl. auch v. Puttkamer, a. a. O., S. 41 ff. Es ist bereits hier darauf hinzuweisen, daß bei Karl O. Paetel (Das Nationalkomitee »Freies Deutschland«, in: Politische Studien, 6. Jhrg., 1956, 69, vor allem S. 10) die Motive der Offiziere, die später den Bund Deutscher Offiziere gründeten, von vornherein unzulässig zu einer Ideologie unter anderem der »Ostorientierung« verdichtet werden. Was zunächst bewegte, sind nach dem vorliegenden Material viel nüchternere und konkretere Gedanken gewesen. Es war die »bloße« Sorge um Deutschland, von dem man befürchtete, daß es

in einem weit entsetzlicheren Stalingrad zugrunde gehen werde. Vgl. auch Anm. 90 dieses Kapitels.

39 Friedrich Paulus, Nach der Schlacht. Diese bisher unveröffentlichten Aufzeichnungen des Feldmarschalls Paulus sind noch in sowjetischer Kriegsgefangenschaft entstanden. Pers. Mitteilung E. A. Paulus, H. Gerlach, C. F., F. Löwenthal.

40 Pers. Mitteilung A. Bredt, H. Abel.

41 a. a. O.; v. Puttkamer, a. a. O., S. 43.

42 Pers. Mitteilung A. Bredt, H. Abel, H. Gerlach, C. F.

43 a. a. O.; NA) Steidle, a. a. O., S. 312.

44 Weinert, a. a. O., S. 15 ff. Faksimile der Zeitung in: Zur Geschichte . . ., zwischen S. 272/273.

45 a. a. O., S. 17.

46 Pers. Mitteilung W. Leonhard, H. Z.; auch Leonhard, a. a. O., S. 279 f.

47 a. a. O.

48 Leonhard, a. a. O., S. 247 f., 280; NA) Ruth von Mayenburg, Blaues Blut und rote Fahnen. Ein Leben unter vielen Namen, Wien/München/Zürich 1969, S. 306: Abscheu vor den schwarz-weiß-roten Farben des Nationalkomitees.

49 v. Puttkamer, a. a. O., S. 42; v. Einsiedel, a. a. O., S. 53 f.; pers. Mitteilung A. Bredt, C. F.

50 Pers. Mitteilung C. F., A. Bredt; NA) Steidle, a. a. O., S. 54.

51 Pers. Mitteilung C. F.; v. Einsiedel, a. a. O., S. 54.

52 a. a. O. NA) Es ist mit Robel (a. a. O., S. 71) zu bedauern, daß nicht die Fassungen beider Seiten zugänglich sind. Möglich, daß Ulbricht und

andere Emigranten glaubten, längst auf jene »nationale Linie« eingeschwenkt zu sein, für die sich nach außen hin das sogenannte Volksfront-Konzept anbot. Doch wie immer ihre Selbsteinschätzung aussah: sie reichte offenbar nicht aus, um den kriegsgefangenen Mitarbeitern am Manifest mit zureichender Geschmeidigkeit entgegenzukommen. Deren Empfinden, daß noch immer gegen ideologische Abwegigkeiten Ulbrichts Front zu machen sei, bleibt belegt und entschied. Müßig daher, mit Robel (a. a. O.) zu bezweifeln, daß die Unterschiede zwischen den beiden Entwürfen zum Manifest bedeutend gewesen wären. Solch ein Urteil ist, schon angesichts der fehlenden Manifest-Fassungen, Mutmaßung und nicht zu beweisen.

53 Vgl. Anm. 51.

54 Freies Deutschland (Organ des Nationalkomitees Freies Deutschland, i. f. zitiert: FD), I/1, 19. 7. 1943; v. Einsiedel, a. a. O., S. 55 ff.; v. Puttkamers Darstellung (a. a. O., S. 43 ff.) ist im allgemeinen richtig, aber aus zweiter Hand. Weinert (a. a. O., S. 19 ff.) beschränkt sich auf einige Angaben, bringt jedoch einen Auszug des Prawda-Berichtes über die Gründung des Nationalkomitees. NA) Hinsichtlich der Geschichte des Nationalkomitees und Offiziersbundes bleibt die neueste Darstellung von Karl-Heinz Frieser, Krieg hinter Stacheldraht — Die deutschen Kriegsgefangenen in der Sowjetunion und das Nationalkomitee »Freies Deutschland«, Mainz 1981 außerordentlich dürftig, oft ein purer Zettelkasten. Weitgehend stützt sie sich auf die Darstellung der Erstausgabe dieses Buches, ohne auch nur in Ansätzen um ausgewogene Lage-Analysen des Krieges bemüht zu sein. Was vorherrscht, sind nachträgliche Weisheiten, die für des Autors abwertende Tendenzen einnehmen sollen. Substanzreicher, obschon verwirrend und im ganzen kaum weiterführend, der Teil »Die politischen Auseinandersetzungen in den Gefangenenlagern«. Unbefriedigend auch: James Donald Carnes, General zwischen Hitler und Stalin. Das Schicksal des Walther v. Seydlitz, Düsseldorf 1980. Wie Frieser hält sich Carnes an Ergebnisse, die schon vor zwanzig Jahren gewonnen worden waren; teilweise ist er sogar empfindlich hinter sie zurückgefallen. Dies gilt nicht zuletzt für die übergangenen Forschungen über die sowjetische Deutschland-Politik 1941—1945. Zwar suggeriert der Autor, daß er eine neue grundlegende Quelle aufgespürt habe: Seydlitz' »Erinnerungen«, unveröffentlichte Fassung. Diese Erinnerungen aber bestätigen nur frühere Forschungsergebnisse und wurden bereits drei Jahre vor dem Buch von Carnes publiziert. (Bodo Scheurig, Seydlitz — General zwischen Hitler und Stalin, in: Frankfurter Allgemeine, 25. 8. 1980.) Auf das Elaborat von Peter Straßner, Verräter. Das »Nationalkomitee Freies Deutschland« — Keimzelle der sogenannten DDR, München 1960 verlohnt sich nicht einzugehen.

55 Pers. Mitteilung C. F., A. Bredt, H. Graf v. Einsiedel.

56 FD, I/1, 19. 7. 1943.

57 a. a. O.; Zur Geschichte . . ., S. 215.

58 FD, I/1, 19. 7. 1943; Zur Geschichte . . ., S. 212 ff., 221 ff.; v. Einsiedel, a. a. O., S. 60.

59 FD, I/1, 19. 7. 1943.

60 a. a. O.

61 a. a. O.; Leonhard, a. a. O., S. 274.

62 So Oberleutnant Fritz Rücker, Oberstudienrat aus Berlin, nach: Deutsche, Wohin? Protokoll der Gründungsversammlung des National-Komitees Freies Deutschland und des Deutschen Offiziersbundes, Mexiko o. J., S. 60 f.

63 FD, I/1, 19. 7. 1943.

64 a. a. O.; Protokoll, S. 20.

65 FD, I/1, 19. 7. 1943; v. Einsiedel, a. a. O., S. 60 f. Hier ist, wie oft in diesem Buch, der Name falsch abgedruckt.

66 Pers. Mitteilung A. Bredt, C. F., H. Graf v. Einsiedel.

67 FD, I/1, 19. 7. 1943; v. Einsiedel, a. a. O., S. 62.

68 FD, I/1, 19. 7. 1943; v. Einsiedel, a. a. O., S. 56 ff.; v. Puttkamer, a. a. O., S. 44 ff. (Wiedergabe des Dokuments vom September 1943 mit den Unterschriften der Offiziere des inzwischen gegründeten Bundes Deutscher Offiziere); Weinert, a. a. O., S. 19 ff.

69 a. a. O.

70 So war von den Russen die aus Kreisen der Kriegsgefangenen gewünschte Aufnahme sozialistischer Programmpunkte entschieden abgelehnt worden. Pers. Mitteilung C. F., H. Gerlach.

71 Pers. Mitteilung A. Bredt, C. F., H. Abel, H. Gerlach, J. Wieder, A. Greifenhagen, W. Frhr. v. Senfft-Pilsach, I. v. Knobelsdorff-Brenkenhoff; Aussagen deutscher Kriegsge-

fangener aus den Lagern Jelabuga, Susdal und Oranki.

72 FD, I/1, 19. 7. 1943; einige Angaben bei v. Einsiedel, a. a. O., S. 53 f. NA) Robel, a. a. O., S. 75 f.

73 Vgl. Anm. 71.

74 Die Rede Stößleins auf der Gründungsversammlung des Nationalkomitees in: FD, I/1, 19. 7. 1943.

75 Vgl. Anm. 71; Korfes, a. a. O., S. 1289; pers. Mitteilung H. Graf v. Einsiedel.

76 Pers. Mitteilung A. Bredt, H. Abel, H. Gerlach, J. Wieder, A. Greifenhagen, J. v. Puttkamer, J. Kayser, A. Ludwig; Aussagen deutscher Kriegsgefangener aus den Lagern Jelabuga, Susdal und Oranki.

77 Pers. Mitteilung H. Abel, H. Gerlach.

78 Pers. Mitteilung A. Bredt, C. F.

79 a. a. O.; v. Einsiedel, a. a. O., S. 56; v. Puttkamer, a. a. O., S. 48 f.

80 a. a. O.

81 v. Puttkamer, a. a. O., S. 49; pers. Mitteilung A. Bredt. NA) Die Taktiken, die das Manifest für den Sturz Hitlers propagierte, bezeichnet Heinrich Gerlach, Odyssee in Rot. Bericht einer Irrfahrt, München 1966, S. 160 als »kompliziertes Verfahren«. Dies ist eine noch zurückhaltende Formulierung. Gerlach nennt sein Werk einen Bericht. Er allein schien ihm der Wahrheit angemessen. Nicht, als ob es an Elementen eines Berichts fehlte. Oft hat der Autor aus Erinnerungen, Aufzeichnungen und Dokumenten geschöpft. Zugleich aber scheute er nicht vor freier Gestaltung oder gar Erfindungen zurück, die der Rubrik »Bericht« schroff widersprechen. (Bodo Scheurig, Tragödie des

Nationalkomitees, in: Die Zeit, Hamburg, 14. 10. 1966; ders., Um West und Ost, S. 223—226.) Deshalb wird diese Publikation nur dort herangezogen, wo sie zuverlässig ist und Gerlach sonstige Mitteilungen und Niederschriften (vgl. Verrat . . .) entweder bestätigt oder ergänzt. Kritik ferner bei v. Seydlitz, Stalingrad, S. 281 f.

82 Pers. Mitteilung A. Bredt, H. Gerlach.

83 a. a. O.

84 a. a. O.

85 Alfred Bredt, Die Entstehung des Bundes Deutscher Offiziere in der Gefangenschaft. Pers. Mitteilung A. Bredt, C. F., H. Gerlach; NA) Verrat . . ., S. 86—88.

86 Pers. Mitteilung A. Bredt, C. F., H. Abel, H. Gerlach, A. Greifenhagen, I. v. Knobelsdorff-Brenkenhoff.

87 a. a. O.

88 a. a. O.; einige Angaben bei v. Puttkamer, a. a. O., S. 48 f.; v. Einsiedel, a. a. O., S. 75.

89 Pers. Mitteilung A. Bredt, H. Abel, H. Gerlach, A. Greifenhagen, I. v. Knobelsdorff-Brenkenhoff. Eine Darstellung, die Gesichtspunkte des sozialen Herkommens eingehender berücksichtigt hätte, konnte nach den vorliegenden Unterlagen nicht gewagt werden. Entweder war das Quellenmaterial zu dürftig oder zu stark gefärbt.

90 Es ist hier das grundstürzende Erleben von Stalingrad, wie es das erste Kapitel darzustellen versuchte, schon deshalb abermals als entscheidender Antrieb hervorzuheben, weil Hermann Graml in einem schwach fundierten Aufsatz (Das National-komitee »Freies Deutschland«, in: Neues Abendland, VII, 1952, S. 676 ff.) für diesen Zusammenhang fragwürdige Deutungen vorgelegt hat. Graml erklärt (a. a. O., S. 667 f.), daß nadie koservative Gruppe (gemeint ist wohl der Offiziersbund) in Hitler nicht die Macht, sondern deren Mißbrauch, nicht das autoritäre System als solches, sondern gerade dieses autoritäre System bekämpft habe. Hier wird übersehen, daß sich den Überlebenden der sechsten Armee in Stalingrad ein Staatswesen enthüllte, das gegenüber dem Soldaten vor allem deshalb so unmenschlich gehandelt hatte, weil es in seiner Totalität keine sittlichen Schranken zu achten gewillt war. So wandten sie sich nach ihren bitteren Erfahrungen gegen jeden Totalitarismus in Deutschland; denn er erschien ihnen nun als die Quelle aller Verirrungen. Nicht minder unsinnig berührt die abwertende These, daß für die nationalistische (?) Gruppe im Nationalkomitee offensichtlich Hitlers Mißerfolg zum Stein des Anstoßes geworden sei. Der Umstand, daß sich Widerstand erst angesichts des drohenden Unterganges von Volk und Nation regt, läßt wohl immer Schatten des Opportunismus aufkommen. Es sollte indes keine Frage sein, dem Versuch der Errettung des Reiches bei persönlichem Einsatzwillen einen ethischen Eigenwert zuzuerkennen. Das gilt insbesondere dann, wenn dieser Versuch bereits 1943 gewagt wurde.

91 Pers. Mitteilung A. Bredt, H. Gerlach, A. Greifenhagen, I. v. Knobelsdorff-Brenkenhoff. Außerdem H. Gerlach, Die Werbung der

Generale . . . NA) Verrat . . ., S. 94.

92 a. a. O.

93 a. a. O.; auch Korfes, a. a. O., S. 1290.

94 H. Gerlach, a. a. O.; vgl. trotz greller Effekte v. Einsiedel, a. a. O., S. 73; Grams, a. a. O., S. 104 f.

95 Pers. Mitteilung A. Bredt, H. Abel, H. Gerlach, J. Wieder, A. Greifenhagen, I. v. Knobelsdorff-Brenkenhoff, W. Frhr. v. Senfft-Pilsach.

96 Pers. Mitteilung H. Abel; Aussagen deutscher Kriegsgefangener aus dem Lager Jelabuga; NA) Verrat . . ., S. 186.

97 Pers. Mitteilung H. Gerlach; ders., Die Werbung . . .; Korfes' Darstellung (a. a. O., S. 1289) ist in diesem Punkt gefärbt. NA) Verrat . . ., S. 94.

98 H. Gerlach, Die Haltung der Kommunisten im NK und BdO. (NA: Verrat . . ., S. 226 f.) Freilich sind in den Emigranten trotz ihrer späteren Erfahrungen mit dem Offiziersbund gewisse Vorbehalte gegenüber der höheren deutschen Wehrmachtführung lebendig geblieben. Weinert, a. a. O., S. 88; Leonhard, a. a. O., S. 297 f.

99 Pers. Mitteilung A. Bredt, A. Greifenhagen, I. v. Knobelsdorff-Brenkenhoff, H. Gerlach; ders., Die Werbung . . . NA) Verrat . . ., S. 94.

100 a. a. O.; NA) Steidle, a. a. O., S. 321 ff.

101 H. Gerlach, Die Werbung . . .; pers. Mitteilung A. Bredt, A. Greifenhagen, I. v. Knobelsdorff-Brenkenhoff. Was v. Puttkamer (a. a. O., S. 49 f.) ausführt, ist in der großen Linienführung richtig, bleibt aber zu allgemein; v. Einsiedel (a. a. O., S. 75 f.) vermag vollends nur wenige Angaben zu bieten, da er als Mitglied des Nationalkomitees — es war kennzeichnend für die Situation — die Tätigkeit der Initiativgruppe des Offiziersbundes nicht unmittelbar beobachten konnte. NA) Verrat . . ., S. 94 f.

102 a. a. O.

103 a. a. O.

104 a. a. O.; NA) Verrat . . ., S. 95.

105 a. a. O.

106 a. a. O.

107 v. Puttkamer, a. a. O., S. 51; Heusinger, a. a. O., S. 177; weiter — wenn auch unzutreffend — Hermann Teske, Die silbernen Spiegel, Heidelberg 1952, S. 68 f.; NA) Generalfeldmarschall Wilhelm Ritter von Leeb, Tagebuchaufzeichnungen und Lagebeurteilungen aus zwei Weltkriegen. Aus dem Nachlaß herausgegeben und mit einem Lebensabriß versehen von Georg Meyer, Beiträge zur Militär- und Kriegsgeschichte, herausgegeben vom Militärgeschichtlichen Forschungsamt, 16. Band, Stuttgart 1976, S. 433 (12. Januar 1942); NS- Leitartikel: Stets in vorderster Linie — Eichenlaubträger Generalleutnant v. Seydlitz-Kurzbach, in: Deutsche Allgemeine Zeitung (Berlin), 8. 1. 1942; Bodo Scheurig, Walther von Seydlitz-Kurzbach — General im Schatten Stalingrads, Beiträge zum Thema Widerstand, 23, Informationszentrum Berlin (Gedenk- und Bildungsstätte Stauffenbergstraße) 1983. Über Seydlitz ferner die — freilich unselbständige und zu apologetisch angelegte — Schrift von Hans Martens, General v. Seydlitz 1942—1945. Analyse eines Konfliktes, Berlin o. J.

108 Pers. Mitteilung W. v. Seydlitz, O. Korfes; H. Gerlach, Die Wer-

bung . . . NA) v. Seydlitz, a. a. O., S. 275; Verrat . . ., S. 95.

109 a. a. O.; NA) v. Seydlitz, a. a. O., S. 281.

110 Pers. Mitteilung W. v. Seydlitz, A. Greifenhagen; H. Gerlach, Die Werbung . . .

111 a. a. O.; wieder grell, aber bestätigend: v. Einsiedel, a. a. O., S. 77; v. Puttkamer, a. a. O., S. 52; Die Front war überall, Berlin (Ost) 1958, S. 43 ff.

112 H. Gerlach, Die Werbung . . .; pers. Mitteilung A. Greifenhagen.

113 Pers. Mitteilung W. v. Seydlitz; auch ders., Gründe für meinen Eintritt in den »Bund Deutscher Offiziere« und das »Nationalkomitee Freies Deutschland« (14. 12. 1955). Wie entscheidend sich die Zusagen Melnikows (Daniels-Niederschrift, 4. 10. 1943) auswirkten, geht auch aus dem Zeugnis von A. Greifenhagen hervor. Dr. Greifenhagen (Leutnant, 297. Infanteriedivision, Stalingrad) hatte noch am Vortag ein Gespräch mit Seydlitz, in dem sich der General nach der Beurteilung der Situation durch die jüngeren Offiziere erkundigte. Trotz nachdrücklicher Ermutigung faßte jedoch Seydlitz keinen Entschluß. NA) v. Seydlitz, Stalingrad, S. 285 f.; Verrat . . ., S. 97 f.

114 Pers. Mitteilung W. v. Seydlitz, O. Korfes; NA) v. Seydlitz, a. a. O., S. 291 f.; Daniels-Niederschrift: Verrat . . ., S. 97 f.

115 Pers. Mitteilung W. v. Seydlitz; NA) v. Seydlitz, a. a. O., S. 287—291; S. 287: »Ein Berg von Gedanken warf mich in dieser Nacht hin und her.« Und S. 288: »Ich bin selten so allein gewesen in meinem Leben . . .«

116 Pers. Mitteilung W. v. Seydlitz, O. Korfes; NA) v. Seydlitz, a. a. O., S. 291; Egbert von Frankenberg, Meine Entscheidung, Berlin (Ost) 1963, S. 136.

117 Pers. Mitteilung W. v. Seydlitz, H. Gerlach, A. Greifenhagen.

118 a. a. O. Die Darstellung v. Puttkamers (a. a. O., S. 53), nach der Seydlitz an Feldmarschall Paulus und die übrige Stalingrader Generalität erst nach der Gründung des Bundes Deutscher Offiziere herangetreten sei, ist abwegig. Vgl. auch v. Einsiedel, a. a. O., S. 78. Hier ist freilich die Werbung nach einem Augenzeugenbericht allzu einseitig und emotional geschildert. NA) v. Seydlitz, a. a. O., S. 293.

119 Pers. Mitteilung W. v. Seydlitz; H. Gerlach, Die Werbung . . .; v. Puttkamer, a. a. O., S. 53 f.; Friedrich Paulus, Gründung des »Bundes Deutscher Offiziere«, NA) v. Seydlitz, a. a. O., S. 293 f.; Steidle, a. a. O., S. 333 f.; Adam, a. a. O., S. 395 f.; v. Frankenberg, a. a. O., S. 147 ff.; Verrat . . ., S. 96.

120 Pers. Mitteilung W. v. Seydlitz; v. Puttkamer, a. a. O.; NA) v. Seydlitz, a. a. O., S. 294 f.; Adam, a. a. O., S. 397.

121 Pers. Mitteilung W. v. Seydlitz; v. Puttkamer, a. a. O., S. 50; Friedrich Paulus, Nach der Schlacht; NA) v. Seydlitz, a. a. O., S. 264—267, 272.

122 Paulus, a. a. O.

123 Pers. Mitteilung W. v. Seydlitz; Paulus, Gründung . . .

124 a. a. O.; v. Puttkamer, a. a. O., S. 54; NA) Adam, a. a. O., S. 400.

125 Pers. Mitteilung W. v. Seydlitz; Paulus, a. a. O. Die Wiedergabe

von Paulus' Argumentation bei v. Puttkamer (a. a. O.) ist nach diesen Zeugnissen unrichtig. Zutreffender: v. Einsiedel, a. a. O., S. 78; NA) v. Seydlitz, a. a. O., S. 295. Seydlitz' Darstellung, daß die Generale Schlömer und von Drebber dem Bund Deutscher Offiziere beigetreten seien, ist mißverständlich. Sie gilt erst für das Jahr 1944. Bericht v. Drebber.

126 FD, I/8/9, 15. 9. 1943; Die Gründung des Bundes Deutscher Offiziere (Protokoll der Gründungstagung), September 1943. Sporadische Angaben: v. Puttkamer, a. a. O., S. 52 f.; Weinert, a. a. O., S. 32 ff.; eingehender: v. Einsiedel, a. a. O., S. 78 ff.

127 a. a. O.; pers. Mitteilung A. Bredt, H. Abel, H. Gerlach, J. Wieder, A. Greifenhagen, I. v. Knobelsdorff-Brenkenhoff, W. W. v. Wildemann; Sie kämpften . . ., S. 159; NA) Gerlach, Odyssee, S. 234.

128 FD, I/8/9, 15. 9. 1943; Die Gründung . . ., S. 20—98.

129 Die Gründung . . ., S. 22 ff.

130 a. a. O., S. 23.

131 a. a. O., S. 23 ff., 29 ff.

132 a. a. O., S. 35.

133 a. a. O., S. 38.

134 a. a. O., S. 44.

135 a. a. O., S. 45 ff., 66 ff.

136 a. a. O., S. 68 ff.; Teilabdruck auch bei v. Einsiedel, a. a. O., S. 83 ff.; NA) Verrat . . ., S. 100—102.

137 Die Gründung . . ., S. 68—70. Es hätte nahegelegen, unmittelbar nach diesen Ausführungen das Hoheitszeichen abzulegen. Das geschah jedoch erst im Spätherbst, als der deutsche Rückzug »sinnlose und militärisch nicht zu rechtfertigende Zerstörungen und Verbrechen« offen-

bar werden ließ. FD, I/18, 14. 11. 1943; NA) Verrat . . ., S. 149.

138 Die Gründung . . ., S. 52 ff., 93 ff.

139 a. a. O., S. 53, 55; NA) Chronos-Film.

140 a. a. O., S. 58 f.

141 a. a. O., S. 59.

142 Pers. Mitteilung W. v. Seydlitz, H. Gerlach, A. Greifenhagen.

143 Die Gründung . . ., S. 59.

144 a. a. O., S. 5—19; die Unterschriften: S. 8—11, Faksimile: S. 12—16.

145 a. a. O. Vgl. Anhang I.

146 Pers. Mitteilung H. Gerlach, H. Graf v. Einsiedel.

147 Pers. Mitteilung W. v. Seydlitz, H. Gerlach, A. Greifenhagen.

148 Das bezeugen nahezu alle Flugblätter bis zum Januar 1944. Sie kämpften . . ., S. 189 f., 200, 206, 214 f. NA) Verrat . . ., S. 108—113, 117, 120.

149 Pers. Mitteilung W. v. Seydlitz, H. Gerlach; Weinert, a. a. O., S. 88; Sie kämpften . . ., S. 194, 196 f., 201 f.

150 Die Gründung . . ., S. 61—65.

151 a. a. O., S. 77.

152 Pers. Mitteilung A. Bredt, H. Abel, H. Gerlach, J. Wieder, A. Greifenhagen, I. v. Knobelsdorff-Brenkenhoff.

153 Pers. Mitteilung W. v. Seydlitz. Freilich vereinfacht Helmut Bohn (Die patriotische Karte in der sowjetischen Deutschlandpolitik, in: Ost-Probleme, VI/Nr. 38, S. 4), wenn er als entscheidenden Beweggrund für die Aktivität des Offiziersbundes angibt, daß er den Kampf und die Früchte des Kampfes »für ein unabhängiges und freies Deutschland«

nicht den Kommunisten überlassen wollte.

154 Pers. Mitteilung W. v. Seydlitz, H. Abel, H. Gerlach, J. Wieder, A. Greifenhagen, I. v. Knobelsdorff-Brenkenhoff. Auch H. Gerlach, Die Haltung . . . NA) Verrat . . ., S. 226 f.

155 Die Gründung . . ., S. 96 ff.

156 v. Puttkamer, a. a. O., S. 46 f.; pers. Mitteilung A. Bredt.

157 W. S. Churchill, Der Zweite Weltkrieg. III, Die Große Allianz, Zweites Buch: Amerika im Krieg, Bern 1950, S. 294 f.; Cordell Hull, The Memoirs, London 1948, II, p. 1165—1170; NA) Andreas Hillgruber, Sowjetische Außenpolitik im Zweiten Weltkrieg, Königstein, Ts./Düsseldorf 1979, S. 74 f.; Vojtech Mastny, Moskaus Weg zum Kalten Krieg. Von der Kriegsallianz zur sowjetischen Vormachtstellung in Europa, München/Wien 1980, S. 52—54, 121 f.

158 Churchill, a. a. O., S. 295 f., 367.

159 Hull, a. a. O., p. 1171 f. NA) Mastny, a. a. O., S. 58.

160 Hull, a. a. O., p. 1172—1174; I. Ciechanowski, Defeat in Victory, New York 1947, p. 104—108.

161 Ciechanowski, a. a. O.

162 Daß es sich hierbei um eine bereits früh eingeleitete Entwicklung handelte, zeigt das Journal of Central European-Affairs, I/1941—42, p. 96 ff. Vgl. sonst Boris Meissner, Rußland, die Westmächte und Deutschland, Hamburg 1954, S. 12.

163 I. Deutscher, Stalin, Stuttgart 1951, S. 525 ff. NA) Fischer, Sowjetische Deutschlandpolitik . . ., S. 43; Mastny, a. a. O., S. 60, 63, 75, 93, 98 f., 105 f.; Herbert Feis, Churchill-Roosevelt-Stalin, Princeton/N. Y.

1957, p. 75, 116; auch Thomas Mann, Tagebücher 1940—1943. Herausgegeben von Peter de Mendelssohn, Frankfurt a. M. 1982, S. 616 (23. 8. 1943), 620 (3. 9. 1943), 623 (9. 9. 1943).

164 J. Stalin, Über den Großen Vaterländischen Krieg der Sowjetunion, Moskau 1946, S. 49 f.; Leonhard, a. a. O., S. 247 f., 259 f. NA) Hillgruber, a. a. O., S. 84 f.; Mastny, a. a. O., S. 118—120; v. Mayenburg, a. a. O., S. 299 zur Auflösung der Komintern (Reaktion kommunistischer Emigranten): »Einige Tage liefen wir verstört herum wie eine Herde Schafe, in deren Stall der Blitz eingeschlagen hat . . .«

165 Stalin, a. a. O.

166 Peter Kleist, Zwischen Hitler und Stalin, Bonn 1950, S. 235—284; NA) Fischer, a. a. O., S. 39—45, 179.

167 Kleist, a. a. O., S. 284; Meissner, a. a. O., S. 13; Bohn, a. a. O., S. 3; A. F. Lowenfelc, The Free Germany Committee, in: The Review of Politics, 14/1952, p. 344—352; Leonhard, a. a. O., S. 293 ff.: »Das zurückgezogene Waffenstillstandsangebot«. — Leonhards Darstellung läßt kaum noch Zweifel über die Ernsthaftigkeit der sowjetischen Absichten in Stockholm zu. Immerhin aber muß auch sie bezeugen, daß die Kontakte in der schwedischen Hauptstadt angesichts der Haltung Hitlers zum Scheitern verurteilt waren. So scheint es auch müßig, zu fragen, ob die hinausgezögerte Gründung des Bundes Deutscher Offiziere auf die September-Fühlungnahme von Clauss/Kleist zurückzuführen sei, deren Ergebnis Moskau zunächst abzuwarten wünschte (a. a. O., S. 295). Schulenburgs Stel-

lungnahme bei Kleist, a. a. O., S. 242 f. NA) Bericht Harrimans an Hull vom 13. November 1943, Foreign Relations of the United States 1943, Vol. I, p. 502 f.; Molotow an Clark Kerr, Public Record Office (London), FO 181/975/5. Molotow gab die Namen der Zwischenhändler Clauss und Kleist preis, deutete jedoch — nach der nun gegebenen Opportunität — darauf hin, daß es sich um eine *deutsche* Initiative gehandelt habe. Diese Initiative, die der Beendigung des Krieges im Jahre 1943 dienen sollte, sei zurückgewiesen worden.

168 Vgl. Text nach den Anmerkungen 113 und 114 dieses Kapitels.

169 Kleist, a. a. O., S. 266.

170 a. a. O., S. 255, 260 f.; Joseph Goebbels, Tagebücher 1942 bis 1943. Herausgegeben von Louis P. Lochner, Zürich 1948, S. 443 (Eintrag vom 15. 8. 1943); Heinrich Fraenkel/Roger Manvell, Goebbels, Köln/Berlin 1960, S. 287 f. NA) Andreas Hillgruber (Herausgeber), Staatsmänner und Diplomaten bei Hitler, Teil 2, Frankfurt a. M. 1970, S. 159 ff. (Aufzeichnungen über Unterredung Hitler — italienischer Außenminister Graf Ciano, 18. Dezember 1942).

171 Kleist, a. a. O., S. 242 f., 273; Ulrich von Hassell, Vom andern Deutschland, Zürich/Freiburg i. Br. o. J., S. 298.

172 Meissner, a. a. O., S. 11 ff.; Kleist, a. a. O., S. 235 ff.; Ernst Deuerlein, Die Einheit Deutschlands, Frankfurt a. M./Berlin 1957, der auf diese Aspekte mehrfach hinweist. NA) Zur Einschätzung der militärischen Lage: Mastny, a. a. O., S. 91 f.; russische Haltung zur bedingungslosen Kapitulation: Hillgruber, Sowjetische Außenpolitik . . ., S. 82 f.

Drittes Kapitel · Die alliierte und deutsche Reaktion

1 Eric H. Boehm, The »Free Germans« in Soviet Political Warfare, in: The Public Opinion Quarterly, 14/II, 1950, p. 293. Vgl. auch New York Times, July 29, 1943.

2 New York Times, July 23, 1943.

3 London Times, Parliamentary Report, July 29, 1943. »His Majesty's Government were not informed in advance of the establishment of this committee. They do not propose to recognize any similair committee in this country.« Damit ist gegenstandslos, was v. Puttkamer (a. a. O., S. 43) aufgreift: »Später (Nach der Gründung des Nationalkomitees am 12. 7. 1943. B. Sch.) verlautete gerüchtweise, daß der russischen Regierung Nachrichten vorgelegen hätten, daß in der westlichen Welt eine ähnliche Absicht (Gründung eines Komitees. B. Sch.) bestünde. Dem wollte man um jeden Preis zuvorkommen.« NA) Alexander Werth, Rußland im Krieg 1941—1945, München/Zürich 1965, S. 732; Harry Hopkins, We Can Win in 1945, American Magazine 136, Nr. 4 (October 1943), p. 100.

4 New York Times, September 2, 1943.

5 a. a. O. Noch am 28. Januar 1945 (!) berichtete der Stockholmer Korres-

pondent seinem Blatt (New York Times), daß Seydlitz zum neuen deutschen Staatschef ausersehen sei.

6 New York Herald Tribune, July 23, 1943; NA) Carnes, a. a. O., S. 177.

7 New Statesman and Nation, July 26, 1943.

8 Time, August 2, 1943; NA) Carnes, a. a. O., S. 178 f.

9 Neue Zürcher Zeitung, 22. Juli 1943.

10 Basler Nachrichten, 6. August 1943.

11 Neue Zürcher Zeitung, 26. Juli 1943.

12 Radio Rom: Disunited Nations (26.7.1943), zit. nach Boehm, a. a. O., p. 294.

13 Tokios Domei news Broadcast (24.7.1943), zit. nach Boehm, a. a. O.

14 Siegbert Kahn, The Nationalcommittee Free Germany, London 1943, p. 3.

15 Goebbels, Tagebücher 1942 bis 1943, S. 450, 482.

16 a. a. O., S. 482.

17 Felix Gilbert, Hitler directs his war, New York 1950; benutzt wurde die deutsche Fassung der Lagebesprechung im Führerhauptquartier vom 1. Februar 1943, Abdruck in: Die Welt als Geschichte, X/4/1950, S. 276 ff.

18 v. Manstein, a. a. O., S. 395.

19 Gilbert, a. a. O., S. 279—281.

20 a. a. O., S. 282.

21 Pers. Mitteilung W. Scheidt. Dr. Scheidt gehörte von 1941 bis 1945 der Kriegsgeschichtlichen Abteilung des OKW an. NA) Nicolaus von Below, Als Hitlers Adjutant 1937—45, Mainz 1980, S. 356.

22 Jürgen Thorwald, Es begann an der Weichsel, Stuttgart 1951, S. 171.

23 Lothar Rendulic, Gekämpft, gesiegt, geschlagen, Heidelberg 1952, S. 338. Vielleicht ist erwähnenswert, daß sich Hermann Matern, KPD-Emigrant, nach einer Weihnachtsfeier 1944 im Hause des Nationalkomitees mit dem Schlagwort verabschiedete: »Bereit sein für Königsberg!« Pers. Mitteilung H. Gerlach; NA) Gerlach, Odyssee, S. 388.

24 Gilbert, a. a. O., p. 117 f.

25 Pers. Mitteilung G. Engel. Generalleutnant a. D. Engel war Heeresadjutant bei Hitler. NA) Verrat…, S. 171.

26 a. a. O.; NA) Günther Gribbohm, Zwischen Widerstand und Verrat — Der Fall Seydlitz vor dem Reichskriegsgericht, in: Juristische Schulung, 16. Jhrg., Heft 10 (Oktober 1976), S. 632.

27 Unterlagen: W. v. Seydlitz; NA) Gribbohm, a. a. O., S. 629—633.

28 Pers. Mitteilung W. v. Seydlitz, H. Gerlach. Vgl. auch Isa Vermehren, Reise durch den letzten Akt, Hamburg 1947, S. 153 f. Hier ist freilich die Angabe nur bedingt richtig, daß die Frau des Pastors Schröder deshalb in Buchenwald interniert worden sei, »weil ihr Mann alle vierzehn Tage am Moskauer Sender den protestantischen Gottesdienst hielt für die Truppen (?) der Bewegung Freies Deutschland«. Eine generelle Anordnung von Maßnahmen gegen Wehrmachtsangehörige, die in der Kriegsgefangenschaft Landesverrat begingen, erließ am 5. Februar 1945 der Chef des OKW, Keitel. Der Befehl, in Form eines Fernschreibens erlassen, führte auf Grund »der Weisungen des Führers« aus:

221

1. Für Wehrmachtsangehörige, die in der Kriegsgefangenschaft Landesverrat begehen und deswegen rechtskräftig zum Tode verurteilt werden, haftet die Sippe mit Vermögen, Freiheit oder Leben. Den Umfang der Sippenhaftung im Einzelfalle bestimmt der Reichsführer SS und Chef der Deutschen Polizei.
2. Dieser Befehl ist der Truppe unverzüglich mündlich bekanntzugeben und bei jeder gebotenen Gelegenheit mit dem Bezugserlaß zum Gegenstand eingehender Belehrung zu machen. Schriftliche Weitergabe vorwärts der Divisions- usw. Stäbe hat zu unterbleiben.
Abdruck nach einer Photokopie bei Erich Kuby (Herausgeber), Das Ende des Schreckens, München o. J., S. 46 f. NA) Bericht Ingeborg v. Seydlitz, in: Verrat . . ., S. 169—171; Christa von Hofacker, Das schwere Jahr 1944/45, Krottemühl 1947.
29 Pers. Mitteilung I. v. Seydlitz.
30 An Dokumenten, auf die sich die folgende Darstellung stützt, lagen vor: 1. Oberkommando der Wehrmacht. Mitteilungen für das Offizierkorps. Oktober 1943 (Sondernummer: Moskauer Komitee Freies Deutschland), Library of Congress. 2. Was will das Nationalkomitee Freies Deutschland? Herausgegeben vom Armeeoberkommando. Zeitpunkt: vermutlich Oktober 1943. 3. Nationalkomitee Freies Deutschland. An NSFO Ostheer und Ostluftwaffe. 4. Soldaten der Ostfront. Aufruf von Generaloberst Guderian. Zeitpunkt: nach dem 20. Juli 1944. 2, 3 und 4 im Yiddish Scientific Institute, New York. 5. Verfügungen/Anordnungen/

Bekanntgaben. Herausgegeben von der Parteikanzlei, 7. Bd., Teil 2, 1944. 6. Politischer Dienst für SS und Polizei. Herausgeber: Der Reichsführer SS, SS-Hauptamt, 1. Folge, 1944. 5 und 6 im Institut für Zeitgeschichte, München. 7. Deutsche Truppen-Mitteilungen 1944 zu Paulus und National-Komitee, Privatbesitz E. A. Paulus.

31 Soldaten der Ostfront. Aufruf von Generaloberst Guderian.

32 Was will das Nationalkomitee Freies Deutschland?, S. 2; NA) Verrat . . ., S. 138—144.

33 Mitteilungen für das Offizierkorps, S. 1.

34 Was will . . ., S. 1 f.

35 Soldaten der Ostfront . . .

36 Pers. Mitteilung H. v. Wedel (Chef der Wehrmachtpropaganda-Truppen), W. Scheidt, G. Engel, P. E. Schramm, A. Heusinger; NA) Verrat . . ., S. 127 f., 136.

37 Bericht G. Engel.

38 NA) Verrat . . ., S. 167.

39 Völkischer Beobachter, 18. Oktober 1944; v. Manstein, a. a. O., S. 602; NA) Ernst Jünger, Werke. Band 3, Tagebücher III (Strahlungen, Zweiter Teil), Stuttgart o. J., S. 278 (Eintrag: Paris, 23. Mai 1944): »Nachmittags wurde das Todesurteil gegen den General von Seydlitz bekanntgegeben, das in absentia ausgesprochen ist. Es scheint, daß dessen Tätigkeit Kniébolo (Hitler. B. Sch.) mit Sorge erfüllt. Vielleicht haben die Russen drüben auch einen General, der unserem Niedermayer entspricht. Zugleich wurde eine Ergebenheitsadresse der Feldmarschälle des Heeres an Kniébolo verlesen, die in den üblichen Wendun-

gen gehalten ist. Ich glaube, es war Gambetta, der fragte: »Haben Sie jemals einen General gesehen, der mutig ist?« Jeder kleine Journalist, jede Arbeiterfrau bringt mehr Courage auf. Die Auslese geschieht eben nach der Fähigkeit, den Mund zu halten und Befehle auszuführen, dazu kommt dann die Senilität.«

40 NA) Gribbohm, a. a. O., S. 631 f.

41 a. a. O., S. 632 f.

42 Reichssender, 15. Oktober 1944; Völkischer Beobachter, 18. Oktober 1944; Front und Heimat, Nr. 38, September 1944.

43 Front und Heimat . . .

44 Pers. Mitteilung P. Schmidt, E. Kordt; NA) Verrat . . ., S. 136 f.

45 Pers. Mitteilung G. Hilger, v. Herwarth; Karl Michel, Ost und West — Der Ruf Stauffenbergs, Zürich 1947, S. 191; NA) Verrat . . ., S. 137 f.

46 a. a. O.

47 FD, I/3, 6. 8. 1943; NA) Thomas Mann, Tagebücher 1940—1943, S. 604 (25. 7. 1943), 607 (30. 7. 1943). S. 612 (12. 8. 1943): »(Die Russen) sind wegen Italiens nicht gefragt worden, haben nicht gefragt wegen ihres Frei-Deutschland-Comité . . .«. Karl Hans Bergmann, Die Bewegung »Freies Deutschland« in der Schweiz 1943—1945. Mit einem Beitrag von Wolfgang Jean Stock, Schweizer Flüchtlingspolitik und exilierte deutsche Arbeiterbewegung 1933—1943, München 1974, S. 23, 30, 39, 44, 50.

48 Sozialistische Mitteilungen, Nr. 53/54, 1943, September-Oktober, S. 12.

49 a. a. O., Nr. 70/71, 1945, Januar-Februar, S. 2 f. Hier ist Wilhelm Koenen als Mitglied der Zentrale der KPD angesprochen.

50 a. a. O., S. 3 f.

Viertes Kapitel · Organisation, Front- und Lagerpropaganda des Komitees und Offiziersbundes

1 Pers. Mitteilung A. Bredt, H. Abel, H. Gerlach, W. Frhr. v. Senfft-Pilsach, I. v. Knobelsdorff-Brenkenhoff, J. Wieder, A. Greifenhagen, H. Z.; Die Gründung des Bundes Deutscher Offiziere (Protokoll der Gründungstagung), September 1943, S. 59; Weinert, Das Nationalkomitee . . ., S. 29 f.

2 Pers. Mitteilung W. v. Seydlitz, A. Bredt, H. Abel, H. Gerlach.

3 Die Gründung . . .

4 Pers. Mitteilung A. Bredt, H. Abel, H. Gerlach; Weinert, Das Nationalkomitee . . ., S. 26.

5 a. a. O.

6 a. a. O.

7 a. a. O.; Weinert, a. a. O., S. 26 f.

8 Weinert, a. a. O., S. 27. Auf diese »Überdemokratisierung« bezog sich 1944 eine folgenreiche Denkschrift der Generale. Vgl. Anm. 103—106 des fünften Kapitels.

9 Bericht W. Leonhard, H. Gerlach.

10 a. a. O.; pers. Mitteilung W. v. Seydlitz.

11 Bericht H. Gerlach, H. Abel, A. Greifenhagen.

12 a. a. O.; v. Puttkamer, a. a. O., S.

68 f.; v. Einsiedel, a. a. O., S. 75; NA) v. Seydlitz, Stalingrad, S. 275 f.

13 Bericht H. Gerlach; v. Puttkamer, a. a. O., S. 69.

14 a. a. O.

15 Bericht H. Gerlach; pers. Mitteilung W. v. Seydlitz; Datscha von Kunzewo NA) v. Seydlitz, a. a. O., S. 334 f.

16 a. a. O.; v. Puttkamer, a. a. O.; NA) v. Seydlitz, a. a. O., S. 276.

17 Bericht H. Gerlach, A. Bredt, H. Abel, A. Greifenhagen.

18 a. a. O.; NA) v. Seydlitz, a. a. O., S. 317.

19 a. a. O.

20 Leonhard, a. a. O., S. 282, 284 f.

21 Pers. Mitteilung W. Leonhard.

22 Leonhard, a. a. O., S. 285; NA) v. Mayenburg, a. a. O., S. 345.

23 Leonhard, a. a. O., S. 284.

24 a. a. O., S. 285 ff. NA) Gerlach, Odyssee, S. 227. Über Herrnstadt (1945) freundlicher, wenn auch dessen Sarkasmus betonend: Hans Borgelt, Das war der Frühling von Berlin — Eine Berlin-Chronik, München 1980, S. 88—90, 203, 393. Hinsichtlich des Publikationsorgans: Birgit Petrick, »Freies Deutschland« (1943—1945), München 1979, passim. Seydlitz' Version (Stalingrad, S. 313), daß die Zeitung erst ab 21. Juli 1943 erschienen sei, trifft nicht zu. Die erste Nummer erschien am 19. Juli 1943.

25 Pers. Mitteilung W. v. Seydlitz, H. Gerlach, H. Abel, I. v. Knobelsdorff-Brenkenhoff; Leonhard, a. a. O., S. 289; NA) Gerlach, Odyssee, S. 249 f.; Loest, a. a. O., S. 256 f., 259, 272.

26 Leonhard, a. a. O., S. 290; NA) Gerlach, Odyssee, S. 250.

27 Leonhard, a. a. O., S. 274, 289; Bericht H. Gerlach.

28 Pers. Mitteilung W. v. Seydlitz, H. Abel, H. Gerlach, J. Wieder, A. Greifenhagen, I. v. Knobelsdorff-Brenkenhoff; v. Puttkamer, a. a. O., S. 74.

29 Pers. Mitteilung H. Abel, H. Gerlach; Leonhard, a. a. O., S. 290 f., 309.

30 Pers. Mitteilung H. Abel, H. Gerlach, W. W. v. Wildemann. Vgl. auch Anm. 51 des siebenten Kapitels.

31 Leonhard, a. a. O., S. 286 ff.

32 a. a. O., S. 286.

33 Pers. Mitteilung H. Abel, H. Gerlach, I. v. Knobelsdorff-Brenkenhoff.

34 a. a. O. Diese Tendenz verstärkte sich ab Herbst 1944.

35 Leonhard, a. a. O., S. 300 ff., 305 ff. NA) Gerlach, Odyssee, S. 251.

36 Leonhard, a. a. O., S. 305 f.

37 a. a. O., S. 306 ff.

38 Pers. Mitteilung W. v. Seydlitz, H. Abel, H. Gerlach; v. Puttkamer, a. a. O.

39 Leonhard, a. a. O., S. 308; pers. Mitteilung W. v. Seydlitz.

40 Pers. Mitteilung H. Abel, H. Gerlach, I. v. Knobelsdorff-Brenkenhoff.

41 Leonhard, a. a. O., S. 290 f.

42 a. a. O., S. 297, 309.

43 a. a. O., S. 309.

44 a. a. O., S. 292.

45 a. a. O., S. 293.

46 a. a. O., S. 302 ff.; pers. Mitteilung W. Leonhard.

47 Bericht W. Leonhard.

48 a. a. O.; Bericht H. Gerlach.

49 Leonhard, a. a. O., S. 307 f. NA) Bericht E. Hadermann.

50 Seehaus, Sonderdienst: Funk-Abhörberichte 1943—1945; British broadcasting corporation Monitoring service: Daily Digest World Broadcasts, 1943—1945. Beide Folgen in der Library of Congress und Hoover-Library, Stanford (Calif.). NA) Daß die Sendungen mit den Namensdurchsagen eifrig gehört wurden, bestätigt Ursula von Kardorff, Berliner Aufzeichnungen aus den Jahren 1942—1945, München 1962, S. 163.

51 Seehaus, vor allem: September 1943 — Juni 1944.

52 a. a. O.; NA) Bericht O. Korfes.

53 FD, I/1, 19. 7. 1943.

54 a. a. O.; pers. Mitteilung A. Bredt, H. Gerlach, I. v. Knobelsdorff-Brenkenhoff, A. Greifenhagen.

55 a. a. O.; Weinert, a. a. O., S. 88.

56 Pers. Mitteilung A. Bredt, H. Gerlach, A. Greifenhagen.

57 a. a. O.

58 a. a. O.

59 a. a. O.; pers. Mitteilung W. v. Seydlitz.

60 a. a. O.; FD, I/19, 21. 11. 1943. Die Nummer gibt — als hervorstechendes Beispiel unter anderen — den Text eines Flugblattes wieder, in dem der Aufruf, mit dem Nationalkomitee in Verbindung zu treten, lediglich die Absprache konspirativer Schritte anstrebt. Absichten, durch Teilaktionen die Front zu zersetzen, lassen sich auch aus diesem Dokument nicht herauslesen. Derartige Ambitionen, die etliche Kommunisten im stillen weiterhegen mochten, traten offiziell bis zur Jahreswende 1943/44 zugunsten der Konzeption des Offiziersbundes zurück. Die Artikel und Aufrufe von Ulbricht (FD, I/12, 3. 10. 1943) und

Weinert (FD, I/16, 31. 10. 1943) bieten hierfür zusätzliche Belege. Zur Geschichte . . ., S. 210.

61 Vgl. v. Tippelskirch, Operative Führungsentschlüsse . . ., S. 58 ff.; ders., Geschichte . . ., S. 378 ff.; v. Manstein, a. a. O., S. 474 ff.

62 Pers. Mitteilung W. v. Seydlitz, H. Abel, H. Gerlach, W. Leonhard; Weinert, a. a. O., S. 28 f., 42. Die Angaben bei v. Puttkamer (a. a. O., S. 75 f.) sind zu allgemein und fehlerhaft.

63 a. a. O. Eine genaue Ziffer vermochte selbst ein eingehendes Referat auf der fünften Vollsitzung des Nationalkomitees am 19. November 1943 nicht anzugeben. Dessen Zahlen: zwölf Bevollmächtigte, 120 Beauftragte und »einzelne Helferbrigaden« an allen Fronten. Vgl. Weinert, a. a. O., S. 89; Zur Geschichte . . ., S. 267; NA) Willy Wolff, An der Seite der Roten Armee. Zum Wirken des Nationalkomitees »Freies Deutschland« an der sowjetisch-deutschen Front 1943 bis 1945, Berlin (Ost) 1973, S. 23: 150 Divisionshelfer, hervorgegangen aus den Frontschulen, im September 1943.

64 Pers. Mitteilung W. v. Seydlitz, H. Abel; Weinert, a. a. O., S. 28; NA) Bericht E. Hadermann.

65 Pers. Mitteilung H. Gerlach, A. Greifenhagen, H. Abel; Weinert, a. a. O., S. 41.

66 Pers. Mitteilung W. v. Seydlitz, H. Abel, H. Gerlach, I. v. Knobelsdorff-Brenkenhoff. Außerdem lagen mehr als fünfzig verschiedene Ausführungen von Flugblättern, Aufrufen und Handzetteln vom September bis zum Dezember 1943 vor.

67 Pers. Mitteilung W. v. Seydlitz,

H. Abel, H. Gerlach, I. v. Knobelsdorff-Brenkenhoff, J. Wieder, A. Greifenhagen; Leonhard, a. a. O., S. 297; v. Einsiedel, a. a. O., S. 87, 105; NA) v. Mayenburg, a. a. O., S. 338.

68 Pers. Mitteilung H. Abel; v. Einsiedel, a. a. O., S. 87 ff., 150; NA) Steidle, a. a. O., S. 346—348; v. Mayenburg, a. a. O., S. 321, 336; Lew Kopelew, Aufbewahren für alle Zeit, München 1979 (dtv-Ausgabe), S. 66.

69 Bericht H. Gerlach; pers. Mitteilung A. Bredt, H. Abel, A. Greifenhagen.

70 Pers. Mitteilung H. Graf v. Einsiedel, H. Abel; v. Einsiedel, a. a. O., S. 87, 155; Die Front war überall, S. 22 ff.; Sie kämpften . . ., S. 56 f., 60; Helmut Bohn, Vor den Toren des Lebens, Überlingen 1949, S. 25 ff.

71 Weinert, a. a. O., S. 42; Zur Geschichte . . ., S. 232.

72 Pers. Mitteilung H. Graf v. Einsiedel, H. Abel; Die Front war überall, S. 22 ff.; Weinert, a. a. O., S. 54; NA) Wolff, a. a. O., S. 41 ff., 114 ff., 181 ff.

73 Pers. Mitteilung W. v. Seydlitz, A. Bredt, H. Abel, H. Gerlach, I. v. Knobelsdorff-Brenkenhoff.

74 a. a. O.

75 a. a. O.; v. Einsiedel, a. a. O., S. 87, 149; Weinert, a. a. O., S. 55 ff. »Zentrale Flugblätter« in: Sie kämpften . . ., S. 165—184.

76 Pers. Mitteilung H. Graf v. Einsiedel, H. Abel; Aussagen zahlreicher Offiziere und Soldaten; Weinert, a. a. O., S. 58.

77 a. a. O.; Weinert, a. a. O., S. 49.

78 v. Einsiedel, a. a. O., S. 96. Das hier hervorgehobene Beispiel ist auch nach den Aussagen zahlreicher Offiziere und Soldaten kennzeichnend. Mitunter wurden auch die Bevollmächtigten durch Flugblätter angekündigt. Vgl. Sie kämpften . . ., S. 188, 191, 309.

79 v. Einsiedel, a. a. O.

80 a. a. O., S. 96, 98.

81 a. a. O., S. 98.

82 Pers. Mitteilung H. Abel, H. Gerlach, H. Graf v. Einsiedel; Weinert, a. a. O., S. 55; FD, I/12, 3. 10. 1943; 16, 31. 10. 1943. Das Manifest, von dem nach Weinert (a. a. O.) insgesamt acht Millionen Exemplare gedruckt worden sein sollen, suchten Flugblätter zu kommentieren, so: Welche Ziele stellen sich das Nationalkomitee »Freies Deutschland« und der Bund Deutscher Offiziere? Zeitpunkt: Herbst 1943. NA) Wolff, a. a. O., S. 47.

83 v. Einsiedel, a. a. O., S. 98; Weinert, a. a. O., S. 43; Die Front war überall, S. 42; Aussagen zahlreicher Offiziere und Soldaten; NA) v. Mayenburg, a. a. O., S. 323.

84 Weinerts Angaben (a. a. O., S. 44 ff., 135 ff.) sind gewiß nicht summarisch zu bestreiten, aber voller Widersprüche und in ihrer Bedeutung für das Ganze von einer Dürftigkeit, die indirekt bestätigt, was offenbar selbst im Rückblick nicht zugegeben werden sollte. NA) v. Mayenburg, a. a. O., S. 338, 340.

85 Aussagen zahlreicher Offiziere und Soldaten; Picht, a. a. O., S. 40 ff., 44 f.; Oechelhaeuser, a. a. O., S. 170, 205; Richard Scheringer, Das große Los, Hamburg 1959, S. 406 ff. NA) Guy Sajer, Denn dieser Tage Qual war groß, Wien/München/Zürich 1969, passim (für Bjelgorod/Orel 1943);

Hasso G. Stachow, Der kleine Quast. Roman, München/Zürich 1979, S. 150 (für 1944); Hannsferdinand Döbler, Kein Alibi. Ein deutscher Roman 1919—1945, Frankfurt a. M./Berlin/ Wien 1980, S. 189, 234 (für 1941/42). Außerordentlich anschauliche Beispiele, mit denen die verzehrenden Kampfanstrengungen der Truppe seit Beginn des Rußlandkrieges dokumentiert werden, auch bei Udo von Alvensleben, Lauter Abschiede. Tagebuch im Kriege, herausgegeben von Harald von Koenigswald, Frankfurt a. M./Berlin/Wien 1971, passim. Vgl. schließlich Hans von Herwarth, Zwischen Hitler und Stalin. Erlebte Zeitgeschichte 1931 bis 1945, Frankfurt a. M./ Berlin/Wien 1982, S. 226, 229—233.

86 Aussagen zahlreicher Offiziere und Soldaten; Rendulic, a. a. O., S. 42; Klepper, a. a. O., S. 50; außerdem Erich Kern, Der große Rausch, Waiblingen 1950, S. 8 f. NA) Döbler, a. a. O., S. 177, 181.

87 Aussagen zahlreicher Offiziere und Soldaten; Kern, a. a. O., S. 111; Peter Bamm, Die unsichtbare Flagge, München 1952, S. 174 f.; Richard Hasemann, Gejagt, Stuttgart 1953, S. 68.

88 Aussagen zahlreicher Offiziere und Soldaten; Bamm, a. a. O., S. 200; Teske, a. a. O., S. 226.

89 Aussagen zahlreicher Offiziere und Soldaten; Bamm, a. a. O., S. 153; Teske, a. a. O.

90 Aussagen zahlreicher Offiziere und Soldaten; pers. Mitteilung H. Foertsch, K. v. Tippelskirch.

91 Aussagen zahlreicher Offiziere und Soldaten; Kern, a. a. O., S. 127 f.;

pers. Mitteilung E. Dethleffsen, H. Foertsch, M. Fretter Pico, H. Friessner, F. Hoßbach, E. v. Manstein, K. v. Tippelskirch. Andererseits lagen auch Zeugnisse vor, nach denen Flugblätter des Nationalkomitees gelesen, weitergegeben und diskutiert wurden. Freilich ist hier festzuhalten, daß es sich bei diesen Reaktionen um Einzelerscheinungen handelte. Ein bedeutender Erfolg mußte schon deshalb ausbleiben, weil für die erste propagandistische Konzeption des Komitees und Offiziersbundes die Initiative der Heeresführung entscheidend war. Die Generalität aber versagte sich. NA) Verrat…, S. 122—134.

92 FD, I/14, 17. 10. 1943; II/7, 12. 2. 1944. Auch als bereits der Übertritt auf die Seite des Nationalkomitees propagiert wurde, ging Daniels noch immer von Vorstellungen eines geordneten Umschwungs aus. Es ist ausschließlich die deutsche Initiative — in diesem Falle die des Generalfeldmarschalls von Manstein —, die für Daniels zählt. Wohl fehlt der Passus vom Rückzug auf die Reichsgrenzen, ebenso aber die Hauptthese der zweiten propagandistischen Konzeption, zu der sich die gesamte Bewegung »Freies Deutschland« Anfang Januar 1944 bekennen mußte. Auch die 1943 *und* 1944 geschriebenen Briefe von Seydlitz an Busch, Küchler und Hollidt, die als Flugblätter vorlagen, bezeugen eine gewisse propagandistische Kontinuität in der Taktik des Offiziersbundes. Sie alle folgen dem ursprünglichen Tenor. Vgl. auch Anm. 25 des fünften Kapitels. NA) Verrat . . ., S. 114—116.

93 v. Manstein, a. a. O., ab S. 303, 12.—15. Kapitel; v. Tippelskirch, a. a. O., S. 383 ff., 392 ff.; Görlitz, a. a. O., II, S. 217 ff.; generell Hans Friessner, Verratene Schlachten, Hamburg 1956; NA) Bodo Scheurig, Spiegelbilder der Zeitgeschichte, Oldenburg und Hamburg 1978, S. 132—145 (Memoiren eines Feldmarschalls).

94 v. Manstein, a. a. O., S. 308 ff., 507 ff.; v. Tippelskirch, a. a. O.; Görlitz, a. a. O.

95 Pers. Mitteilung E. Dethleffsen, H. Foertsch, M. Fretter Pico, H. Friessner, F. Hoßbach, E. v. Manstein, K. v. Tippelskirch, E. B. und Frhr. v. L. Vgl. auch v. Manstein, a. a. O., S. 602; v. Senger und Etterlin, a. a. O., S. 69; NA) Verrat..., S. 129—134. Bericht Elisabeth Wagner über Generalquartiermeister Eduard Wagner: Keine Sympathie für das Nationalkomitee, »eher eine sehr ernst zu nehmende Gefahr« (Herbst 1943). Hans Speidel, Aus unserer Zeit. Erinnerungen, Berlin/Frankfurt a. M./Wien 1977, S. 156 urteilt summarisch und ohne auf die erste Propagandakonzeption des Komitees und Offiziersbundes einzugehen: »Auf sowjetische Weisung versuchten sie, die Ostfront von innen her zu zersetzen und aufzubrechen.«

96 Pers. Mitteilung E. Dethleffsen, H. Foertsch, M. Fretter Pico, H. Friessner, F. Hoßbach, E. v. Manstein, K. v. Tippelskirch.

97 a. a. O.

98 Pers. Mitteilung H. v. Wedel, E. Dethleffsen, M. Fretter Pico, F. Hoßbach, K. v. Tippelskirch.

99 a. a. O.

100 Diese Empfindungen bestätigten A. Bredt, H. Gerlach, A. Greifenhagen; NA) Bericht E. Hadermann.

101 Pers. Mitteilung W. v. Seydlitz, A. Bredt, H. Abel, H. Gerlach; v. Einsiedel, a. a. O., S. 38.

102 Pers. Mitteilung W. v. Seydlitz, A. Bredt, H. Abel, H. Gerlach, I. v. Knobelsdorff-Brenkenhoff, H. Graf v. Einsiedel.

103 a. a. O.

104 a. a. O.; Aussagen und Berichte zahlreicher kriegsgefangener deutscher Offiziere und Soldaten (i. f. zitiert: A. u. B.).

105 A. u. B.; bestätigend für eine spätere Zeit Gollwitzer, a. a. O., vor allem S. 57 ff.; Weinert (a. a. O., S. 62 ff.) ist trotz einzelner konkreter Angaben im ganzen unbrauchbar.

106 A. u. B.; Gollwitzer, a. a. O., S. 66, 102 f., 138 ff., 152 ff., 177 ff. NA) Fischer, a. a. O., S. 196.

107 A. u. B.; Bericht K. H. F. NA) Verrat..., S. 196.

108 A. u. B.; Gollwitzer, a. a. O., S. 181.

109 A. u. B.; Gollwitzer, a. a. O., S. 147 ff.

110 A. u. B.

111 a. a. O.; Bericht K. H. F.; Gollwitzer, a. a. O., S. 133; NA) Verrat..., S. 197 f.; Frieser, a. a. O., S. 204 f.

112 A. u. B.; Bericht K. H. F.; Gollwitzer, a. a. O., S. 57 ff., 131 ff., 172, 186, 208 ff.; Franz F. Wurm, Schuld und Niederlage der Antifa, in: Neues Abendland, VII, 1952, S. 404 f., 407 ff. Es bezeugt die Isolation Lunjowos, daß General v. Seydlitz bei dem Ausnahmebesuch eines sonst nicht zugänglichen Lagers angesichts seiner Zustände in die Worte ausbrach, dies sei ja ein rotes Maidanek. Pers. Mittei-

lung W. v. Seydlitz, bestätigend H. Gerlach. NA) Robel, a. a. O., S. 91 mit Hinweisen auf bewußt gefaßte Pläne, »die Antifa-Aktivisten besser zu verpflegen«. V. Mayenburg, a. a. O., S. 303 ff. (Jelabuga); Gerlach, Odyssee, S. 458 ff. (Wladimir nach Kriegsende).

113 A. u. B.; Gollwitzer, a. a. O., S. 186; Grams, a. a. O., S. 106; NA) Frieser, a. a. O., S. 169, 174 ff.

114 A. u. B.; Bericht K. H. F.; Gollwitzer, a. a. O., S. 227 f.; Ingbert Franz, Licht im Osten, Eichstätt/Wien/Düdingen 1952, S. 92. Daß allein der Nationalsozialismus in der Kriegsgefangenschaft die heftigsten Auseinandersetzungen ausgelöst hat, bezeugt für ein britisches Lager 1946 (!) v. Senger und Etterlin, a. a. O., S. 448; NA) Robel, a. a. O., S. 92 f.; Frieser, a. a. O., S. 123 f., 158 f., 163, 166, 170.

115 A. u. B.; Bericht K. H. F.; Gollwitzer, a. a. O., S. 133; Grams, a. a. O. Einen Eindruck von der Unversöhnlichkeit der Fronten vermittelt auch Assi Hahn, Ich spreche die Wahrheit!, Eßlingen 1951, S. 35 ff. mit seiner freilich schlagwortgebundenen Definition der Begriffe »Antifaschisten« und »Faschisten«.

116 A. u. B.; Gollwitzer, a. a. O., S. 90, 92 ff.

117 Weinert, a. a. O., S. 62 ff. Es lohnt nicht, Angaben über die propagandistischen Erfolge des Komitees im einzelnen hervorzuheben: sie sind nicht zu überprüfen und nach Kenntnis der Umstände zumeist auch wertlos.

118 A. u. B.; Grams, a. a. O., S. 106 f.; Hahn, a. a. O., S. 147 ff., 155 ff., 165 ff.; Humbert, a. a. O., Heft 8, S. 15 f.; 9,

S. 14 ff.; 10, S. 16 f. Hahn und Humbert verfahren hinsichtlich vieler Fakten so unbekümmert, daß eine eingehende Analyse viele Unrichtigkeiten und Irrtümer nachweisen könnte. Häufig stehen persönliche Auffassungen für allgemeine Sachverhalte, nicht minder oft werden bloße Gerüchte zur unzweifelhaften Wirklichkeit. Weiterhin wollen zahlreiche anmaßende Beurteilungen, für die unmittelbare Voraussetzungen fehlten, mit Skepsis aufgenommen sein. Aber beide Berichte sprechen auch auf ihre Weise die Wahrheit. Sie geben ohne abmildernde Reflexion die Haltung der Opposition des Nationalkomitees hinter Stacheldraht wieder und bleiben daher als Quellen unentbehrlich.

119 Hahn, a. a. O., S. 7 ff., 114 ff.

120 a. a. O., S. 147 ff., 155 ff. (Hahn, S. 157 über Oberst von Hanstein, »der den Russen bis zur Weißglut reizte«), 165 ff.; Humbert, a. a. O. Paulus' angebliche Geheimbotschaft an den Block VI (Hahn, a. a. O., S. 160) darf als unwahrscheinlich angesehen werden.

121 Hahn, a. a. O., S. 83 ff., 130 ff. NA) Robel, a. a. O., S. 90 f.

122 Hahn, a. a. O., S. 153, 156; A. u. B.; Bericht K. H. F. NA) Frieser, a. a. O., S. 165, 236.

123 Hahn, a. a. O., S. 154; Bericht K. H. F.

124 Hahn, a. a. O.

125 a. a. O.; NA) Frieser, a. a. O., S. 197.

126 Hahn, a. a. O., S. 153.

127 Humbert, a. a. O., Heft 9, S. 14.

128 A. u. B.; Bericht K. H. F.; Weinert, a. a. O., S. 64.

129 a. a. O.; Hahn, a. a. O., S. 127

ff.; Humbert, a. a. O., Heft 10, S. 17. Dabei war die Fülle der Verbrechen, über die die Zeitung »Freies Deutschland« berichtete und die in Lunjowo ohnmächtige Erbitterung hervorriefen, schier erdrückend und unvorstellbar. Charkow-Prozeß: FD, I/24, 27. 12. 1944; Massenmord in Kiew (Babiy Jar): FD, II/2, 9.1.1944; 10, 5.3. 1944; Osaritschi: 20, 14. 5. 1944.

130 NA) Verrat ..., S. 189 (Bericht W. Frhr. v. Senfft-Pilsach).

131 A. u. B.; Bericht K. H. F.; pers. Mitteilung H. Schlömer; NA) Verrat ..., S. 197; v. Frankenberg, a. a. O., S. 244 f.

132 a. a. O.; NA) Robel, a. a. O., S. 89.

133 Vgl. Anm. 131.

134 Pers. Mitteilung H. Burmeister; Weinert, a. a. O., S. 65. Die hier angegebenen Zahlen werden von A. Bredt bestätigt. Bredt, der als Vorstandsmitglied des Bundes Deutscher Offiziere die Personallisten führte und Ein- wie Austritte sorgfältig registrierte, konnte bereits um die Jahreswende 1943/44 auf einen durchschnittlich dreißigprozentigen Mitgliederanteil in den Offizierslagern hinweisen. NA) Bericht G. Helbing, junger Infanterie-Offizier (Lager 150): »Mit vielen Frontkameraden (Kriegsgefangene: August 1944. B. Sch.) traten wir sehr bald dem Bund Deutscher Offiziere bei.« Verrat ..., S. 192—194, 197.

135 Pers. Mitteilung A. Bredt. NA) Verrat ..., S. 197.

136 A. u. B.; Bericht K. H. F. NA) Verrat ..., S. 196; Frieser, a. a. O., S. 262 f.

137 A. u. B.; pers. Mitteilung W. Frhr. v. Senfft-Pilsach; NA) Verrat ..., S. 190 f.

138 A. u. B.; pers. Mitteilung A. Bredt, H. Abel, H. Gerlach.

139 Pers. Mitteilung W. v. Seydlitz, A. Bredt, H. Abel, H. Gerlach; vgl. auch Weinert, a. a. O., S. 62 ff.

140 Pers. Mitteilung W. v. Seydlitz, A. Bredt, H. Abel, H. Gerlach, I. v. Knobelsdorff-Brenkenhoff.

141 a. a. O.

142 a. a. O.; H. Gerlach, Die Haltung ... NA) Verrat ..., S. 228.

143 Bericht H. Gerlach, A. Bredt.

144 Pers. Mitteilung J. Schröder, J. Kayser.

145 a. a. O.; Bericht F. W. K.; pers. Mitteilung A. Ludwig, H. Hennersdorf. Dieser Gedanke spielte insofern eine besondere Rolle, als einige Geistliche, die erst im Laufe des Jahres 1943 in sowjetische Kriegsgefangenschaft gerieten, teilweise selbst die Massengräber der Opfer des SD gesehen hatten. So F. W. K. in Kiew.

146 a. a. O.

147 a. a. O.

148 a. a. O.

149 a. a. O.

150 a. a. O.

151 a. a. O.

152 Pers. Mitteilung H. Hennersdorf, A. Ludwig.

153 Christen für ein neues Deutschland, herausgegeben im Selbstverlag 1945, S. 40; Teilabdruck des entsprechenden Referates auch bei Weinert, a. a. O., S. 37 f.

154 Pers. Mitteilung J. Schröder, J. Kayser; Bericht F. W. K.

155 a. a. O.

156 Pers. Mitteilung F. W. K., J. Schröder, A. Ludwig. Kennzeichnend

blieb, daß die Mehrheit der Geistlichen nach der deutschen Kapitulation im Mai 1945 keine Voraussetzungen mehr gegeben sah, weiterhin aktiv innerhalb des Nationalkomitees hervorzutreten. Die verpflichtende Ausnahmesituation galt allein für die Zeit des Krieges, der um Deutschlands willen so bald wie möglich abzubrechen war.

157 Pers. Mitteilung F. W. K., J. Schröder, J. Kayser, A. Ludwig; NA) Verrat . . ., S. 203.

158 Pers. Mitteilung J. Schröder, J. Kayser, A. Ludwig; Bericht F. W. K.

159 a. a. O.

160 a. a. O.; pers. Mitteilung H. Hennersdorf.

161 a. a. O.; Georg von Rauch, Geschichte des bolschewistischen Rußland, Wiesbaden 1955, S. 442 f.

162 Pers. Mitteilung F. W. K., J. Kaiser, A. Ludwig.

163 Christen für . . ., S. 41. Die Broschüre vermittelt im übrigen trotz mancher Kürzungen, die ihren Quellenwert herabsetzen, Eindrücke von der weitreichenden geistigen Auseinandersetzung mit dem antichristlichen Nationalsozialismus. Weiterhin: FD, II/26, 25. 6. 1944; 27, 2. 7. 1944.

164 Christen für . . .

165 a. a. O., S. 47 ff.; vgl. Anhang III.

166 Pers. Mitteilung F. W. K., J. Schröder, J. Kayser, A. Ludwig. Für die Lagerseelsorge wurden seitens des Kirchenkreises sämtliche Amtsbrüder vorgeschlagen, die in sowjetische Kriegsgefangenschaft geraten und erreichbar waren. Aber nicht alle wollten auf die russische Bedingung eingehen: Ablehnung des nationalsozialistischen Regimes. Für die Geistlichen, die sich dem Nationalkomitee anschlossen, bürgte eine vom Kirchenkreis ausgefertigte Vollmacht. Predigten aufgenommen von Seehaus . . .; British . . ., vor allem Folge 1944.

167 Pers. Mitteilung F. W. K., J. Schröder, J. Kayser, A. Ludwig.

168 a. a. O. Die Exposés der katholischen Geistlichen im Nationalkomitee ließen sich im einzelnen nicht mehr rekonstruieren. Sie legten jedoch den katholischen Staatsbegriff dar und forderten eine konfessionelle Schule und Partei.

169 a. a. O.

170 a. a. O.

Fünftes Kapitel · Von Teheran bis Tscherkassy

1 Pers. Mitteilung W. v. Seydlitz, A. Bredt, H. Abel, H. Gerlach, I. v. Knobelsdorff-Brenkenhoff, J. Wieder, A. Greifenhagen, Th. Plievier, H. Graf v. Einsiedel; auch v. Einsiedel, a. a. O., S. 103 ff.; Leonhard, a. a. O., S. 297.

2 Aussagen zahlreicher Offiziere und Soldaten; Gollwitzer, a. a. O., S. 43 f., 159 f.; Scheringer, a. a. O., S. 453 (Zeit freilich: 1945).

3 Aussagen zahlreicher Offiziere und Soldaten.

4 Darüber vermag auch Weinert (a.

a. O., S. 44 ff., 135 ff.) nicht zu täuschen.

5 Neben anderen Flugblättern vor allem maßgebend: Antwort an das OKW. Vgl. Bildanhang bei Weinert, a. a. O., S. 167 ff.; FD, II/1, 3. 1. 1944. Für das Nationalkomitee unterzeichnete als Präsident Erich Weinert, für den Bund Deutscher Offiziere als Leiter der Personalabteilung Oberstleutnant Bredt. Der untere Teil der Rückseite dieses Flugblattes sollte als Ausweis zur Fühlungnahme mit Bevollmächtigten des Nationalkomitees dienen. Auf diese Weise mochte sich die Truppe, wie es bei Weinert (a. a. O., S. 90) heißt, von den wahren Sachverhalten überzeugen.

6 Pers. Mitteilung A. Bredt, H. Abel, H. Gerlach, Th. Plievier, H. Graf v. Einsiedel.

7 Vgl. Seehaus . . .; British . . ., Oktober-Dezember 1943.

8 Weinert, a. a. O., S. 88.

9 FD, I/16, 31. 10. 1943; NA) Verrat . . ., S. 150—154.

10 Leonhard, a. a. O.

11 Pers. Mitteilung W. v. Seydlitz, H. Abel, H. Gerlach; v. Einsiedel, a. a. O., S. 106.

12 v. Einsiedel, a. a. O., S. 105 ff.; pers. Mitteilung H. Abel, H. Gerlach; NA) Bericht E. Hadermann.

13 v. Einsiedel, a. a. O., S. 86 ff.; pers. Mitteilung H. Graf v. Einsiedel, H. Abel, H. Gerlach; Sie kämpften . . ., S. 35.

14 v. Einsiedel, a. a. O., S. 106 f.; auch pers. Mitteilung H. Graf v. Einsiedel, H. Abel, H. Gerlach.

15 v. Einsiedel, a. a. O., S. 106; pers. Mitteilung W. v. Seydlitz, A. Bredt, H. Abel, H. Gerlach, I. v.

Knobelsdorff-Brenkenhoff, J. Wieder, A. Greifenhagen; Weinert, a. a. O., S. 90.

16 Flugblätter (Herbst 1943), die darauf hinwiesen, lagen vor.

17 Weinert, a. a. O., S. 51.

18 Daß sie noch galt, bezeugt die Masse des vorliegenden Propagandamaterials vom September bis zum Dezember 1943.

19 Pers. Mitteilung W. v. Seydlitz, A. Bredt, H. Abel, H. Gerlach, I. v. Knobelsdorff-Brenkenhoff, J. Wieder, A. Greifenhagen, W. Frhr. v. Senfft-Pilsach; Wieder, Die Tragödie . . ., S. 112; generell Hans Dibold, Arzt in Stalingrad, Salzburg 1949.

20 Meissner, a. a. O., S. 27 ff.; Deuerlein, a. a. O., S. 36 ff.; W. S. Churchill, The Second World War. Vol. V, Closing the Ring, London 1952, p. 302—360; R. Sherwood, Roosevelt und Hopkins, Hamburg 1950, S. 632—655; W. D. Leahy, I Was There, London 1950, p. 239—251.

21 FD, I/21, 5. 12. 1943; 22, 12. 12. 1943.

22 Daß derartige Kommentare den entscheidenden Ausschlag gaben, bezeugen W. v. Seydlitz, A. Bredt, H. Abel, H. Gerlach, I. v. Knobelsdorff-Brenkenhoff; NA) v. Seydlitz, Stalingrad, S. 328. Zur realistischen Einschätzung der Teheraner Konferenz durch die Bewegung »Freies Deutschland« in der Schweiz: Bergmann, a. a. O., S. 113 f.

23 a. a. O.; auch — trotz übertreibender Akzente — v. Einsiedel, a. a. O., S. 107.

24 Pers. Mitteilung H. Gerlach; NA) Verrat . . ., S. 157—161; Bericht O. Korfes.

25 Weinert, a. a. O., S. 90; Leonhard, a. a. O., S. 297 f.; FD, II/2, 9. 1. 1944; 14, 2. 4. 1944; 17, 23. 4. 1944. Zahlreiche Belege zur zweiten propagandistischen Konzeption sonst in: Sie kämpften..., S. 220—224, 235, 299, 311—324, 327—331, 335—338, 356 f., 360 ff. All diese Quellen und Dokumente sprechen beredt. Die These »Rettung durch Übertritt auf die Seite des Nationalkomitees« galt fortan nicht nur gegenüber eingeschlossenen Truppenverbänden, sondern gegenüber der deutschen Front überhaupt. Das stellt einer historischen Analyse und Wertung klare Aufgaben. Trotzdem verdient erwähnt zu werden, daß die hervorstechenden Generalsaufrufe des Jahres 1944 jeden Appell zu der Zersetzung vermieden, die eingetreten wäre, hätte sich die zweite propagandistische Losung bewährt. Sicher kann die Tatsache, daß die kriegsgefangene Generalität nach dem 20. Juli 1944 lediglich allgemein zum Sturz Hitlers und zur Beendigung des Krieges aufrief, nicht überschätzt werden. Taktische Überlegungen, wie propagandistisch am besten zu verfahren sei, waren angesichts der politischen Lage Deutschlands illusorisch geworden. Auch konnte sich das Nebeneinander verschiedener Parolen nun allein innerhalb des Komitees und Offiziersbundes kaum fruchtbar auswirken. Die Appelle der Generalität bezeugen aber auch den erneuten Durchbruch der Vorstellungen, die Anfang 1944 von der kommunistischen Sektion erst nach zähem Widerstand zurückgedrängt wurden. NA) Wolff, a. a. O., S. 82 ff.

26 Pers. Mitteilung W. v. Seydlitz, A. Bredt, H. Abel, H. Gerlach, I. v. Knobelsdorff-Brenkenhoff, J. Wieder, A. Greifenhagen. Vgl. für das Folgende auch Leonhard, a. a. O., S. 298; NA) v. Seydlitz, a. a. O., S. 329 f.

27 Vgl. v. Tippelskirch, Operative Führungsentschlüsse . . ., S. 58 ff.; ders., Geschichte . . ., S. 378—402; v. Manstein, a. a. O., S. 473 ff., 507 ff.

28 Vor allem v. Tippelskirch, Operative Führungsentschlüsse . . ., S. 60.

29 Vgl. Anm. 27.

30 Pers. Mitteilung W. v. Seydlitz, H. Schlömer, A. Bredt, H. Gerlach; NA) Mastny, a. a. O., S. 137: »Kurz gesagt, hatten die Russen zwar eindrucksvolle Siege errungen, schreckten aber vor der Aussicht zurück, noch viele weitere erringen zu müssen.«

31 Meissner, a. a. O., S. 21 ff.; Deuerlein, a. a. O., S. 35 f.; Churchill, a. a. O., p. 247—266; Hull, a. a. O., p. 1274—1315; I. R. Deane, Ein seltsames Bündnis, Wien o. J., S. 17—29; NA) Mastny, a. a. O., S. 104 f.

32 a. a. O.; NA) Mastny, a. a. O., S. 137—150.

33 Hull, a. a. O., p. 1285, 1304; NA) Mastny, a. a. O., S. 146 f.; Fischer, a. a. O., S. 66 f.

34 Hull, a. a. O., p. 1287; FD, II/2, 9. 1. 1944; Weinert, a. a. O., S. 90 f.; Zur Geschichte . . ., S. 263; NA) Verrat . . ., S. 161 f.; Mastny, a. a. O., S. 147.

35 Hull, a. a. O.; NA) Mastny, a. a. O.; Fischer, a. a. O., S. 66.

36 Meissner, a. a. O.; NA) Mastny, a. a. O., S. 147 f., 156.

37 Free Germany. Research and Analysis Branch (US-Dept. of State, 26. 11. 1943), Library of Congress, p. 6: »In the first place, the possibility of

using the Free German Commitee as the contact point for seperate peace negotiations, if it ever existed in force, has now been eliminated by the Moscow agreements.« NA) Mastny, a. a. O., S. 147.

38 Vgl. Anm. 31; NA) Mastny, a. a. O., S. 138—140, 147 f.

39 Hull, a. a. O., p. 1298 f. NA) Mastny, a. a. O., S. 145, 150. Sowjetische Ablehnung früherer Konföderationspläne: S. 70—72; Hillgruber, a. a. O., S. 93.

40 Kleist, a. a. O., S. 280 ff.

41 Pers. Mitteilung W. v. Seydlitz; v. Einsiedel, a. a. O., S. 106; Leonhard, a. a. O., S. 297.

42 Kleist, a. a. O., S. 280.

43 a. a. O., S. 255.

44 Vgl. Anm. 20; Meissner, a. a. O., S. 27 ff. NA) Feis, a. a. O., S. 269 ff.

45 Kleist, a. a. O., S. 281.

46 Meissner, a. a. O.; Deuerlein, a. a. O., S. 36 ff.; Churchill, a. a. O., p. 302—360; Sherwood, a. a. O.; Leahy, a. a. O.; NA) Mastny, a. a. O., S. 152 f., 156; Hillgruber, a. a. O., S. 96.

47 Churchill, a. a. O., p. 319 f., 349 ff., 356 f.; Leahy, a. a. O., p. 249; NA) Mastny, a. a. O., S. 159 ff. Sowjetische Genugtuung: S. 162; Hillgruber, a. a. O., S. 95 f.

48 Churchill, a. a. O., p. 354; Sherwood, a. a. O., S. 651; Leahy, a. a. O.; Deuerlein, a. a. O., S. 40 f. NA) Mastny, a. a. O., S. 157 f.; Hillgruber, a. a. O., S. 96.

49 Kleist, a. a. O., S. 280 f.

50 Dies bezeugt die Tatsache, daß Komitee und Offiziersbund nach der Teheraner Konferenz von den Sowjets nicht aufgelöst wurden und — im Hinblick auf die Westmächte —

auch nicht aufgelöst zu werden brauchten.

51 Pers. Mitteilung W. v. Seydlitz, A. Bredt, H. Abel, H. Gerlach, Th. Plievier, H. Graf v. Einsiedel.

52 FD I/21, 5. 12. 1943; 22, 12. 12. 1943.

53 v. Tippelskirch, Geschichte . . ., S. 428 ff.; Görlitz, a. a. O., II, S. 241 ff. (freilich fehlerhaft hinsichtlich der »Ideologie« des Nationalkomitees); v. Manstein, a. a. O., S. 582 ff.; Hauser, a. a. O., S. 116 ff. Während diese Titel mehr oder minder zureichende militärische Details unterbreiten, bietet die beste Darstellung: Nikolaus von Vormann, Tscherkassy, Heidelberg 1954, zunächst S. 62, 68. Für die vorangegangenen Operationen: S. 11 ff., 16 ff., 25 ff., 57 ff. Das Werk, das in der Reihe »Die Wehrmacht im Kampf« als Band 3 erschienen ist, vermittelt auch gültige Einblicke in die psychologische Situation der deutschen Fronttruppe 1944. Für Tscherkassy sind v. Einsiedel (a. a. O., S. 111 ff.) und Leonhard (a. a. O., S. 298 f.) weitgehend unbrauchbar. Beide greifen auf sowjetische Angaben zurück, deren Unhaltbarkeit v. Vormann (a. a. O., S. 112) überzeugend nachgewiesen hat. Kartenmaterial zu den Operationen bei Tscherkassy enthalten v. Vormann und v. Tippelskirch.

54 v. Manstein, a. a. O., S. 582 f.; S. 584: Karte.

55 a. a. O., S. 582 f.; v. Tippelskirch, a. a. O., S. 428 f.; v. Vormann, a. a. O., S. 25 ff.

56 v. Tippelskirch, a. a. O., S. 429; v. Manstein, a. a. O., S. 583; v. Vormann, a. a. O., S. 62, 96.

57 v. Tippelskirch, a. a. O.; v. Man-

stein, a. a. O.; v. Vormann, a. a. O., S. 67 ff., 71 ff., 78 ff., 83 ff.

58 v. Tippelskirch, a. a. O.; v. Manstein, a. a. O., S. 584 f.; v. Vormann, a. a. O., S. 72 ff., 78—86.

59 v. Vormann, a. a. O., S. 95 ff., 109.

60 Pers. Mitteilung W. v. Seydlitz; NA) v. Seydlitz, a. a. O., S. 334.

61 a. a. O. Die Angaben bei v. Puttkamer (a. a. O., S. 72) sind nach dem wohl ausschlaggebenden Zeugnis des Generals v. Seydlitz fehlerhaft und abwegig. Das bezieht sich vor allem auf Schtscherbakows angebliche Andeutung, »daß Stalin selbst den Wunsch gehabt habe, Seydlitz möge diese Reise unternehmen«.

62 FD, II/6, 5. 2. 1944.

63 a. a. O.

64 a. a. O.; pers. Mitteilung W. v. Seydlitz, H. Gerlach; Zur Geschichte . . ., S. 274.

65 a. a. O.; NA) v. Seydlitz, a. a. O., S. 335.

66 v. Vormann, a. a. O., S. 105. Der Wortlaut des russischen Ultimatums ohne Unterschrift S. 106 ff.

67 Pers. Mitteilung W. v. Seydlitz, H. Abel; FD, II/8, 21. 2. 1944; v. Puttkamer, a. a. O., S. 73; v. Vormann, a. a. O., S. 112; Sie kämpften . . ., S. 230—234, 237—245.

68 Pers. Mitteilung W. v. Seydlitz, H. Abel, Lieb; v. Puttkamer, a. a. O.; v. Vormann, a. a. O., S. 114. Texte der Briefe (Seydlitz an Lieb, Mattenklott und Fouquet, Korfes an Gille) in FD, II/9, 27. 2. 1944; 25 Artikel zur Beendigung des Krieges, Stockholm 1944, S. 21 ff.; Sie kämpften . . ., S. 51, 246-250; Zur Geschichte . . ., S. 272—275; NA) Verrat . . ., S. 162—165.

69 Pers. Mitteilung Lieb, H. Abel; Sie kämpften . . ., S. 51 f.; NA) Steidle, a. a. O., S. 355 f.; Bericht E. Hadermann.

70 Pers. Mitteilung Lieb, H. Abel; Sie kämpften . . ., S. 52; NA) Bericht E. Hadermann.

71 a. a. O.

72 a. a. O.; v. Vormann, a. a. O., S. 113.

73 Pers. Mitteilung Lieb; auch v. Vormann, a. a. O., S. 112 ff.

74 Pers. Mitteilung Lieb.

75 a. a. O.

76 a. a. O.

77 v. Vormann, a. a. O., S. 96 ff. Die Zahl von 50 000 Mann erscheint bei v. Vormann noch unmittelbar vor dem Ausbruch aus dem Kessel. Sie dürfte angesichts der eingetretenen Verluste (a. a. O., S. 109) für diese Zeit eher zu hoch als zu niedrig angesetzt sein, doch gibt sie die Stärke der insgesamt eingeschlossenen deutschen Verbände zutreffend wieder. Vgl. auch v. Manstein, a. a. O., S. 586 (Anmerkung).

78 Pers. Mitteilung Lieb; v. Tippelskirch, a. a. O., S. 378—402, 427 ff.; v. Manstein, a. a. O., S. 397 ff., 473 ff., 507 ff.; v. Vormann, a. a. O., S. 11, 21; Kern, a. a. O., S. 121 f.

79 v. Vormann, a. a. O., S. 12, 25 ff., 46 f.; Kern, a. a. O., S. 118 ff.; Albert Benary, Die Berliner Bären-Division, Bad Nauheim 1955, S. 144.

80 Pers. Mitteilung Lieb; v. Vormann, a. a. O., S. 46 f.

81 Pers. Mitteilung Lieb, A. Graf Schenk v. Stauffenberg; Aussagen deutscher Offiziere und Soldaten aus dem Kessel vor Tscherkassy; v. Vormann, a. a. O., S. 47. Freilich gesteht auch v. Vormann (a. a. O., S. 113) die

große seelische Belastung durch die Aktivität des Komitees und Offiziersbundes mit den Worten ein: »Deutscherseits wurde die große Gefahr, die diese Propaganda damals barg, durchaus erkannt. Praktisch war ihr in Anbetracht der unglücklichen Lage an allen Fronten nichts entgegenzusetzen als der Appell an deutsches Soldatentum.« Weiterhin (a. a, O., S. 52): »Wenn das Vertrauen zum Führer auch ins Wanken kam, so glaubten sie (Die deutschen Soldaten. B. Sch.) doch felsenfest an ihr Volk und an ihr Deutschland. Sie glaubten, daß Treue nur mit Treue vergolten werden könnte. Bis dann im Mai 1945 *ihre* Welt zusammenbrach.«

82 Pers. Mitteilung Lieb; Aussagen deutscher Offiziere und Soldaten aus dem Kessel von Tscherkassy.

83 a. a. O.; NA) Zahlreiche Belege für sowjetische Verbrechen an deutschen Kriegsgefangenen bei Alfred M. de Zayas, Die Wehrmacht-Untersuchungsstelle, München 1979; v. Seydlitz, a. a. O., S. 324: »Diese Klippe (Furcht vor russischer Kriegsgefangenschaft. B. Sch.) blieb — wie sich bis zum bitteren Ende zeigen sollte — unüberwindbar.«

84 Vgl. Anm. 82; NA) Böll/Kopelew, a. a. O., S. 32.

85 Pers. Mitteilung W. v. Seydlitz, Lieb.

86 Pers. Mitteilung Lieb; Aussagen deutscher Offiziere und Soldaten aus dem Kessel von Tscherkassy. Vgl. auch v. Vormann, a. a. O., S. 114.

87 FD, II/9, 27. 2. 1944; NA) Verrat . . ., S. 164 f.

88 Pers. Mitteilung Lieb; v. Vormann, a. a. O., S. 115 ff.

89 v. Vormann, a. a. O., S. 121 ff.

90 a. a. O., S. 123. Die hier angegebene Zahl der Gefangenen stellt eine vorsichtige Schätzung nach den von Manstein und v. Vormann unterbreiteten Angaben dar. Sie mag in Wirklichkeit eher größer gewesen sein.

91 Pers. Mitteilung W. v. Seydlitz, H. Abel; Leonhard, a. a. O., S. 299. Weinert (a. a. O., S. 91) meint dagegen in abnormer Verfälschung, 18 000 Soldaten und Offiziere, die die Waffen gestreckt hätten, seien auf die Seite des Nationalkomitees übergegangen.

92 Pers. Mitteilung W. v. Seydlitz, H. Abel. Freilich ist die These bei v. Vormann (a. a. O., S. 13) überspitzt, nach der dieser erste gescheiterte Großeinsatz des Nationalkomitees sein Schicksal besiegelt habe. Stalin stellte noch keineswegs das Instrument beiseite, »das er selbst zur Zersetzung der Deutschen Wehrmacht geschaffen«.

93 Pers. Mitteilung H. Gerlach, H. Abel; NA) Bericht E. Hadermann; v. Seydlitz, a. a. O., S. 344; ebd.: »Trotzdem blieben wir der Auffassung, daß jeder Tag, jede Stunde, um die der wahnsinnige, längst verlorene Krieg verkürzt werden konnte, unserem Vaterland, vielleicht sogar seiner Rettung zugute kam. Diese Überzeugung gab uns die Kraft, im bisherigen Sinne weiterzuarbeiten. Ein Kampf bis auf die Trümmer von Berlin: das wäre Deutschlands Untergang.«

94 Pers. Mitteilung W. v. Seydlitz, H. Abel, H. Gerlach.

95 FD, II/7, 12. 2. 1944; Weinert, a. a. O.

96 FD, II/9, 27. 2. 1944. Betroffene Reaktionen: Bericht H. Gerlach.

97 Aussagen zahlreicher Offiziere und Soldaten; v. Vormann, a. a. O., S. 50 f.

98 v. Einsiedel, a. a. O., S. 114 ff. NA) v. Seydlitz, a. a. O., S. 345.

99 Pers. Mitteilung A. Bredt, H. Gerlach, H. Abel; NA) Verrat ..., S. 229; Gerlach, Odyssee, S. 413: »Hier versagte die kommunistische Moral. Hier verlor die Sowjetunion ihr Gesicht.«

100 Pers. Mitteilung A. Bredt, H. Gerlach, H. Abel; NA) Verrat ..., S. 227, 229.

101 Pers. Mitteilung A. Bredt, H. Gerlach; v. Einsiedel, a. a. O., S. 115 f.

102 NA) Verrat ..., S. 224 f.

103 Pers. Mitteilung W. v. Seydlitz, A. Bredt, H. Gerlach; NA) v. Seydlitz, a. a. O., S. 346 f.

104 a. a. O.; auch — trotz übertreibender und unrichtiger Angaben — v. Einsiedel, a. a. O., S. 116 f.

105 Pers. Mitteilung W. v. Seydlitz; NA) Bericht E. Hadermann.

106 a. a. O.

107 a. a. O.; pers. Mitteilung H. Gerlach.

108 a. a. O.; v. Einsiedel, a. a. O., S. 117; NA) v. Seydlitz, a. a. O., S. 346 f. bestätigt den Vorfall, bringt jedoch im ganzen eine abschwächende, ja, beschönigende Darstellung. Auch kann (Kapitelüberschrift bei Seydlitz, a. a. O., S. 346) von einer Denkschrift *Rodenburgs* nicht die Rede sein.

109 H. Gerlach, Der Fall Huber; v. Einsiedel, a. a. O., S. 116, 118. Dage-

gen ist v. Puttkamer (a. a. O., S. 65 ff.) unbrauchbar, da er bereits Huber mit Stolz verwechselt und aus zweiter Hand berichtet. NA) v. Seydlitz, a. a. O., S. 348 f.

110 Gerlach, a. a. O.

111 a. a. O.

112 a. a. O.

113 a. a. O.

114 a. a. O.; NA) Bericht C. Rodenburg.

115 Pers. Mitteilung W. v. Seydlitz; NA) Bericht C. Rodenburg.

116 Gerlach, a. a. O.; v. Einsiedel, a. a. O., S. 116; NA) Bericht C. Rodenburg.

117 Pers. Mitteilung W. v. Seydlitz; Gerlach, a. a. O.

118 Gerlach, a. a. O.

119 a. a. O.

120 a. a. O.; pers. Mitteilung W. v. Seydlitz.

121 a. a. O.

122 Gerlach, Der Fall Huber; v. Einsiedel, a. a. O., S. 118. Hauptmann Stolz kehrte von der Frontdelegation nicht mehr nach Lunjowo zurück. Sein weiteres Schicksal ist unbekannt. Pers. Mitteilung W. v. Seydlitz, H. Gerlach.

123 Gerlach, Der Fall Huber.

124 a. a. O; pers. Mitteilung A. Greifenhagen, . Wieder; NA) v. Seydlitz, a. a. O., S. 349.

125 Pers. Mitteilung A. Bredt, H. Abel, H. Gerlach; NA) v. Seydlitz, a. a. O., S. 355.

Sechstes Kapitel · Der 20. Juli 1944 und die Bewegung »Freies Deutschland«

1 Pers. Mitteilung A. Bredt, H. Abel, H. Gerlach, I. v. Knobelsdorff-Brenkenhoff; v. Einsiedel, a. a. O., S. 127; NA) Gerlach, Odyssee, S. 366.

2 Pers. Mitteilung A. Bredt, H. Gerlach ,Th. Plievier, H. Graf v. Einsiedel. Vgl. auch Anm. 5.

3 Pers. Mitteilung A. Bredt, H. Abel, H. Gerlach, I. v. Knobelsdorff-Brenkenhoff, W. Frhr. v. Senfft-Pilsach, J. v. Puttkamer.

4 Pers. Mitteilung W. v. Seydlitz, H. Graf v. Einsiedel.

5 British . . ., I, 832, July 23, 1944; FD, II/30, 23. 7. 1944; NA) Verrat . . ., S. 230 f.

6 Pers. Mitteilung W. v. Seydlitz, A. Bredt, H. Abel, H. Gerlach, I. v. Knobelsdorff-Brenkenhoff, J. v. Puttkamer; v. Einsiedel, a. a. O.; Leonhard, a. a. O., S. 316.

7 Pers. Mitteilung W. v. Seydlitz, A. Bredt, H. Abel, H. Gerlach, W. Frhr. v. Senfft-Pilsach; NA) Verrat . . ., S. 227; Gerlach, Odyssee, S. 368.

8 a. a. O.; Leonhard, a. a. O., S. 316 f.; Dieter Ehlers, Die Methoden der Beck-Goerdeler-Verschwörung, Bonn o. J., S. 60 ff.

9 v. Einsiedel, a. a. O., S. 127 f.; v. Puttkamer, a. a. O., S. 83 f. NA) Zur Einschätzung des 20. Juli 1944 durch die Linke auch v. Mayenburg, a. a. O., S. 365.

10 Pers. Mitteilung A. Bredt, H. Gerlach; NA) Verrat . . ., S. 188.

11 a. a. O.

12 Vgl. v. Tippelskirch, Operative Führungsentschlüsse . . ., S. 61 f.

13 v. Tippelskirch, Geschichte . . ., S. 530 ff.; Hermann Gackenholz, Zum Zusammenbruch der Heeresgruppe Mitte im Sommer 1944, in: Vierteljahrshefte für Zeitgeschichte, 3. Jhrg., 1955, 3, S. 317 ff.; Teske, a. a. O., S. 208 ff.

14 v. Tippelskirch, a. a. O., S. 541 ff., 556 ff.

15 a. a. O., S. 466 ff. (Die Invasion 1944).

16 Pers. Mitteilung H. Abel, H. Gerlach, I. v. Knobelsdorff-Brenkenhoff, W. Frhr. v. Senfft-Pilsach, H. Graf v. Einsiedel.

17 Pers. Mitteilung W. v. Seydlitz, A. Bredt, H. Abel, H. Gerlach; Die Front war überall, S. 22 ff., 30 ff., 50 ff., 62 ff. Die hier hervorgehobenen Berichte sind in sich widerspruchsvoll, tendenziös und im einzelnen nicht nachprüfbar, aber sie belegen mehr als nur die Absicht zu subversiver Tätigkeit.

18 Pers. Mitteilung A. Bredt, H. Abel, H. Gerlach.

19 Pers. Mitteilung W. v. Seydlitz, J. v. Puttkamer. Einzelne Zahlen ließen sich nicht mehr rekonstruieren, da hier sämtliche Aussagen zu stark voneinander abwichen. Ihre Wiedergabe, die erhebliche Vorbehalte bedingte, wäre wertlos.

20 Pers. Mitteilung W. v. Seydlitz, A. Bredt, H. Abel, H. Gerlach, I. v. Knobelsdorff-Brenkenhoff, W. Frhr. v. Senfft-Pilsach.

21 Pers. Mitteilung H. Graf v. Einsiedel; NA) Bericht E. Hader-

238

mann; Fischer, a. a. O., S. 83—119, vor allem S. 84 f., 87 f., 103 f., 108—110.

22 Pers. Mitteilung A. Bredt, H. Abel, H. Gerlach, Th. Plievier, H. Graf v. Einsiedel.

23 a. a. O.; v. Puttkamer, a. a. O., S. 81 f.

24 Pers. Mitteilung W. v. Seydlitz, A. Bredt, H. Gerlach, H. Abel; v. Seydlitz, Gründe . . ., S. 2; Korfes, a. a. O., S. 1293 f.

25 Pers. Mitteilung A. Bredt, H. Abel, H. Gerlach, I. v. Knobelsdorff-Brenkenhoff, J. Wieder, A. Greifen-hagen; H. Gerlach, Die Haltung . . . NA) Verrat . . ., S. 226—228.

26 a. a. O.

27 a. a. O.; NA) Gerlach, Odyssee, S. 276.

28 Pers. Mitteilung A. Bredt, H. Gerlach, H. Abel; FD, II/13, 26. 3. 1944; 18, 30. 4. 1944; NA) Verrat . . ., S. 218—220.

29 Seehaus . . ., 29. Oktober 1944.

30 Pers. Mitteilung W. v. Seydlitz, A. Bredt, H. Abel, H. Gerlach, I. v. Knobelsdorff-Brenkenhoff, W. Frhr. v. Senfft-Pilsach, J. v. Puttkamer.

31 a. a. O.; NA) Gerlach, Odyssee, S. 269.

32 a. a. O.; NA) Gerlach, Odyssee, S. 340. Dr. Joachim Wieder polemi-sierte gegen einen Vortrag Hörnles und endete mit dem Schiller-Zitat über Geschichte: »Einem ist sie die hohe, himmlische Göttin; dem andern eine tüchtige Kuh, die ihn mit Butter versorgt.« Seydlitz erklärte 1944 anläßlich seines Geburtstages (Stalin-grad, S. 356), daß er sich auf Grund seiner »Herkunft und Erziehung in keinem Fall der kommunistischen Weltanschauung anschließen würde«.

33 Pers. Mitteilung A. Bredt, H. Gerlach, J. Wieder, W. Frhr. v. Senfft-Pilsach. Hier ist abermals auf die abwegige Darstellung bei Paetel (a. a. O., S. 10) hinzuweisen.

34 v. Einsiedel, a. a. O., S. 119 ff., 130 ff.; v. Puttkamer, a. a. O., S. 37 ff.; Fritz Löwenthal, Der neue Geist von Potsdam, Hamburg 1948, S. 240 f.

35 Pers. Mitteilung W. v. Seydlitz, A. Bredt, H. Abel, H. Gerlach, I. v. Knobelsdorff-Brenkenhoff, W. Frhr. v. Senfft-Pilsach; v. Puttkamer, a. a. O., S. 81 f.

36 v. Einsiedel, a. a. O., S. 126; Löwenthal, a. a. O.

37 v. Einsiedel, a. a. O.

38 a. a. O., S. 119; pers. Mitteilung H. Abel, H. Gerlach, Th. Plievier, H. Z.

39 Pers. Mitteilung H. Graf v. Ein-siedel; v. Einsiedel, a. a. O., S. 119.

40 Pers. Mitteilung Frhr. v. Gers-dorff, P. van Husen, J. Kaiser, A. Leber, F. v. Schlabrendorff, Th. Stelt-zer, K. Strölin. Korfes (a. a. O., S. 1296) weiß sich zur Reaktion des innerdeutschen Widerstandes entwe-der nur polemisch oder abwegig zu äußern. NA) Verrat . . ., S. 232—235.

41 a. a. O.

42 v. Hassell, a. a. O., S. 341: »Man zweifelt an der Echtheit, aber Daniels hat einen alten Kompaniechef, jetzt Divisionskommandeur, aus seinem Bataillon in Rastenburg persönlich apostrophiert. Das kann man doch nicht erfinden.« Pers. Mitteilung Frhr. v. Gersdorff, R. Pechel. F. v. Schlab-rendorff und W. Frhr. v. Senfft-Pil-sach gehörten dem Freundeskreis um Ewald v. Kleist-Schmenzin an. Von seinem Geist entscheidend geformt,

erkannte v. Schlabrendorff an manchen Wendungen in den FD-Artikeln v. Senfft-Pilsachs, daß sie die »Schmenziner Schule« widerspiegelten.

43 Pers. Mitteilung Frhr. v. Gersdorff, J. Kaiser, A. Leber, R. Pechel.

44 Eberhard Zeller, Geist der Freiheit — Der zwanzigste Juli, München o. J.; Gerhard Ritter, Carl Goerdeler und die deutsche Widerstandsbewegung, Stuttgart 1954, vor allem Drittes Buch; v. Hassell, a. a. O., S. 200 ff., 231.

45 v. Hassell, a. a. O., S. 200, 209; Zeller, a. a. O., S. 127 ff., 134; Fabian von Schlabrendorff, Offiziere gegen Hitler, Zürich/Wien/Konstanz 1946, S. 33, 53 f.; Alexander Dallin, Deutsche Herrschaft in Rußland 1941—1945, Düsseldorf 1958, S. 42 ff.

46 v. Hassell, a. a. O., S. 291; Ritter, a. a. O., S. 343, 523.

47 NA) Bodo Scheurig, Henning von Tresckow. Eine Biographie, Oldenburg und Hamburg 1973, S. 129.

48 v. Schlabrendorff, a. a. O., S. 109 ff.

49 Ehlers, a. a. O., S. 50 ff.; Ritter, a. a. O., S. 358.

50 Zeller, a. a. O. (5. Aufl.), S. 130, 505 f.; Helmuth James Graf von Moltke, Einer vom deutschen Widerstand. Die letzten Briefe des Grafen Moltke, in: Neue Auslese, 2. Jhrg., 1947, I. NA) Peter Hoffmann, Widerstand/Staatsstreich/Attentat. Der Kampf der Opposition gegen Hitler, München 1969, S. 428 f., 439 f.

51 NA) Spiegelbild einer Verschwörung. Die Kaltenbrunner-Berichte an Bormann und Hitler über das Attentat vom 20. Juli 1944. Geheime Dokumente aus dem ehemaligen Reichssicherheitshauptamt. Herausgegeben vom Archiv Peter für historische und zeitgeschichtliche Dokumentation, Stuttgart 1961, S. 412 (12. 9. 1944/Goerdeler).

52 Aufruf: An die deutschen Generale und Offiziere! An Volk und Wehrmacht! Abdruck in: Die Gründung . . ., S. 7.

53 Kunrat Frhr. von Hammerstein, Schleicher, Hammerstein und die Machtübernahme 1933, in: Frankfurter Hefte, 11. Jhrg., 1956, 1, S. 14; pers. Mitteilung R. Pechel.

54 v. Hammerstein, a. a. O.; NA) Verrat . . ., S. 236.

55 a. a. O.

56 v. Hassell, a. a. O., S. 321.

57 a. a. O.

58 Michel, a. a. O., S. 191; Kleist, a. a. O., S. 242 f.; pers. Mitteilung H.-J. v. Kleist-Retzow; NA) Verrat . . ., S. 237 f.; Bodo Scheurig, Ewald von Kleist-Schmenzin. Ein Konservativer gegen Hitler, Oldenburg und Hamburg 1968, S. 183 f.

59 NA) Edgar Röhricht, Pflicht und Gewissen. Erinnerungen eines deutschen Generals 1932 bis 1944, Stuttgart 1965, S. 206 f.; Scheurig, Tresckow, S. 176—178.

60 Vgl. Anm. 50; pers. Mitteilung P. van Husen, J. Kaiser, F. v. Schlabrendorff, Th. Steltzer. Entscheidend blieb auch die Zersetzung des Ostheeres, die ein Erfolg der zweiten propagandistischen Losung des Komitees und Offiziersbundes auslösen mußte. Dieses Moment tritt in den Aussagen und Bekundungen so stark hervor, daß es mitunter den Anschein hat, als sei die erste Konzeption Lunjowos von

den innerdeutschen Widerstandskreisen überhaupt nicht zur Kenntnis genommen worden. NA) Theodor Steltzer, Sechzig Jahre Zeitgenosse, München 1966, S. 154 f. Zum Verhältnis Kreisauer Kreis/Nationalkomitee findet sich bei Ger van Roon, Neuordnung im Widerstand. Der Kreisauer Kreis innerhalb der deutschen Widerstandsbewegung, München 1967 kein weiterführender Hinweis. Das Wort Nationalkomitee erscheint nicht einmal im Sachregister.

61 Kaltenbrunner-Berichte (29. 11. 1944), Folge im War Dept., Departemental Records Branch, Alexandria (Virginia).

62 Pers. Mitteilung A. Graf Schenk v. Stauffenberg; Kaltenbrunner-Berichte (29. 11. 1944). Damit ist die allzu allgemeine Darstellung bei v. Puttkamer (a. a. O., S. 83) erheblich in Frage gestellt. NA) Peter Hoffmann, War Stauffenberg ostorientiert?, in: Die Zeit (Hamburg), 29. Dezember 1978.

63 FD, I/1, 19. 7. 1943.

64 v. Hassell, a. a. O., S. 376 ff.

65 Ritter, a. a. O., S. 208—289.

66 Zeller, a. a. O., S. 70 ff., 82—86.

67 a. a. O., S. 158.

68 a. a. O., S. 209.

69 Friedrich Meinecke, Die deutsche Katastrophe, Wiesbaden 1949, S. 150.

70 FD, I/1, 19. 7. 1943.

71 Ritter, a. a. O.

72 Pers. Mitteilung W. v. Seydlitz, A. Bredt, H. Abel, H. Gerlach, Th. Plievier, H. Graf v. Einsiedel.

73 Ehlers, a. a. O., S. 50 ff.

74 a. a. O., S. 60 ff.

75 a. a. O.

76 a. a. O., S. 54 f., 62.

77 a. a. O., S. 40 ff., 50.

78 Ritter, a. a. O., passim.

79 Ehlers, a. a. O., S. 50.

80 a. a. O., S. 51 f.; v. Schlabrendorff, a. a. O., S. 103.

81 Pers. Mitteilung A. Bredt, H. Gerlach, H. Abel, W. Frhr. v. Senfft-Pilsach. Vgl. auch die Auszüge aus der Ansprache Steidles im zweiten Kapitel.

82 Ehlers, a. a. O., S. 52, 70.

83 Hinsichtlich der Ostorientierung bietet das vorliegende Propagandamaterial vom September 1943 bis zum Mai 1945 keinen Anhaltspunkt.

84 Pers. Mitteilung W. v. Seydlitz, A. Bredt, H. Abel, H. Gerlach, H. Graf v. Einsiedel.

85 Pers. Mitteilung Frhr. v. Gersdorff, H. B. Gisevius, P. van Husen, F. v. Schlabrendorff.

86 v. Schlabrendorff, a. a. O., S. 102 ff.; Anm. 64—66.

87 Ritter, a. a. O., S. 570 ff.; Zeller, a. a. O., S. 202.

88 NA) Synopsis bei Zeller, a. a. O. (5. Aufl.), S. 76 f.

89 v. Hassell, a. a. O., S. 332.

90 Ritter, a. a. O., S. 334 f.

91 a. a. O., S. 368 ff.; auch Zeller, a. a. O.

92 Allen Welsh Dulles, Verschwörung in Deutschland, Kassel 1949, S. 131 f.

93 a. a. O.

94 v. Hassell, a. a. O., S. 321; weitere Angaben: S. 241, 315, 327, 352.

95 Ritter, a. a. O., S. 379 f. NA) Hoffmann, Widerstand . . ., S. 292.

96 Kaltenbrunner-Berichte (8. 8., 28. 8., 21. 11., 29. 11. 1944).

97 Pers. Mitteilung Frhr. v. Gersdorff, P. van Husen, J. Kaiser, F. v. Schlabrendorff, Th. Steltzer; Ehlers, a. a. O., S. 55, 62; Zeller, a. a. O., S. 203.

98 Zeller, a. a. O., S. 208 f.

99 a. a. O.; NA) Scheurig, Tresckow, S. 184 f.

100 v. Schlabrendorff, a. a. O., S. 175.

101 Dulles, a. a. O., S. 171; Ritter, a. a. O., S. 393 f.

102 Zeller, a. a. O., S. 223 f., 238 ff.

103 Pers. Mitteilung Frhr. v. Gersdorff, P. van Husen, J. Kaiser, F. v. Schlabrendorff; Ehlers, a. a. O., S. 55; Zeller, a. a. O., S. 203.

104 Pers. Mitteilung Frhr. v. Gersdorff, E. Gerstenmaier, H. B. Gisevius, P. van Husen, J. Kaiser, A. Leber, F. v. Schlabrendorff, Th. Steltzer, K. Strölin. Für die Westfront: G. Blumentritt, E. Jünger, H. Speidel, F. v. Teuchert. Für eine andere Widerstandsgruppe: F. Hielscher. NA) Hoffmann, a. a. O., S. 285.

105 Pers. Mitteilung P. van Husen, Th. Steltzer. Die Darstellung bei Dulles (a. a. O., S. 172), Trott habe kurz vor dem 20. Juli 1944 über Stockholm mit dem Seydlitz-Komitee in Fühlung kommen wollen, ist nicht abwegig, aber einzuschränken. NA) Hoffmann, a. a. O.

106 Pers. Mitteilung J. Kuhn; NA) v. Herwarth, a. a. O., S. 304.

107 Werner Plesse, Zum antifaschistischen Widerstandskampf in Mitteldeutschland (1939—1945), in: Zeitschrift für Geschichtswissenschaft, 2. Jhrg., 1954, 6, S. 823—834. Der von strengster Parteilichkeit beherrschte Aufsatz ist nur in einigen konkreten Angaben zuverlässig. Weiterhin: Gertrud Glondajewski/Heinz Schumann, Die Neubauer-Poser-Gruppe; Gerhard Nitsche, Die Saefkow-Jacob-Bästlein-Gruppe. Beides: Berlin (Ost) 1957.

108 Plesse, a. a. O., S. 825—830.

109 Pers. Mitteilung W. v. Seydlitz, H. Gerlach, Th. Plievier, W. Leonhard, H. Graf v. Einsiedel.

110 Weinert, a. a. O., S. 95; v. Puttkamer, a. a. O., S. 77 ff.; Leonhard, a. a. O., S. 320; Friedrich Paulus, Mein Beitritt zur Bewegung »Freies Deutschland«.

111 Pers. Mitteilung W. v. Seydlitz; v. Puttkamer, a. a. O., S. 79; NA) v. Mayenburg, a. a. O., S. 367—372.

112 Pers. Mitteilung A. Bredt, H. Abel, H. Gerlach, J. v. Puttkamer, H. Graf v. Einsiedel.

113 Paulus, a. a. O.; NA) Frieser, a. a. O., S. 151 f.

114 FD, II/34, 20. 8. 1944; Leonhard, a. a. O., S. 320 f. Der Aufruf muß bereits vor dem Tag der Unterzeichnung konzipiert worden sein. Das Datum »8.« wurde handschriftlich in den Schreibmaschinentext eingefügt. NA) Verrat . . ., S. 238 f. Generalleutnant Sixt von Arnim soll Paulus (Frieser, a. a. O., S. 152) angesichts des vorgelegten Appells bedeutet haben: »Herr Feldmarschall, wenn Sie das hier unterschreiben, dann hätten Sie schon vor einem Jahr bei Seydlitz mitmachen können! Das ist doch derselbe alte Aufguß mit Ihrem Namen!« Diese Einschätzung, sachlich zutreffend, spiegelt die tiefsitzende Aversion der Generalität um Paulus gegen Komitee und Offiziersbund, aber auch eine geradezu bestürzende Selbstgerechtigkeit wider.

115 Pers. Mitteilung W. v. Seydlitz, H. Gerlach.
116 Pers. Mitteilung A. Bredt, H.

Abel, H. Gerlach; v. Puttkamer, a. a. O., S. 80; Bildanhang bei Weinert, a. a. O., S. 167 ff.

Siebentes Kapitel · Ende und Auflösung

1 25 Artikel zur Beendigung des Krieges, FD, II/10, 5. 3. 1944. Diese Proklamation wurde von Herrnstadt redigiert. Vgl. Anhang II.
2 v. Tippelskirch, a. a. O., S. 530 ff.; Gackenholz, a. a. O., S. 317 ff.; Teske, a. a. O., S. 208 ff. Kartenmaterial zum Zusammenbruch der Heeresgruppe Mitte enthalten v. Tippelskirch und Gackenholz.
3 Gackenholz, a. a. O., S. 323 ff.
4 a. a. O., S. 317.
5 a. a. O., S. 318. Es blieb Heinrich Himmler (Rede vor den Gauleitern am 3. August 1944, in: Vierteljahrshefte für Zeitgeschichte, 1. Jhrg., 1953, 4, S. 377) vorbehalten, der Truppe zu bescheinigen, daß sie »durch die sich immer mehr verbreitende Sitte oder Unsitte, sich gefangen zu geben und bei Herrn Seydlitz und bei den Russen General zu spielen, im Innern absolut ins Wanken gekommen« sei. Dieser Tendenz folgt auch ein »Schnelldienst, Betr.: Vorgänge bei der Heeresgruppe Mitte, Mitte Juni/Juli 1944«, Verfügungen/Anordnungen/Bekanntgaben. 2. Teil aus 1944, VII. Band, herausgegeben von der Parteikanzlei, S. 44 f. NA) Verrat . . ., S. 167—169. Daß hier nur von den eigentlichen Ursachen des Zusammenbruchs der Heeresgruppe Mitte abgelenkt werden sollte, hat bereits Theodor Eschenburg, Herausgeber der Gackenholz-Dokumentation, deutlich gemacht.
6 Gackenholz, a. a. O.
7 a. a. O.
8 Leonhard, a. a. O., S. 318 f.; v. Einsiedel, a. a. O., S. 143.
9 FD, II/29, 16. 7. 1944; Leonhard, a. a. O., S. 318; NA) Generalleutnant a. D. Vincenz Müller, Ich fand das wahre Vaterland. Herausgegeben von Klaus Mammach, Berlin (Ost) 1963, S. 396 f. Auch Müllers Version läßt kaum einen Zweifel zu, daß er erst als Gefangener der Sowjets handelte. Gerlach, Odyssee, S. 372.
10 FD, II/31, 30. 7. 1944.
11 Pers. Mitteilung W. v. Seydlitz; Leonhard, a. a O., S. 318 f.; FD, II/29, 16. 7. 1944.
12 Pers. Mitteilung A. Bredt, H. Gerlach, J. v. Puttkamer; v. Puttkamer, a. a. O., S. 78; v. Einsiedel (a. a. O., S. 143) bietet lediglich eine emotional gefärbte Darstellung.
13 FD, II/32, 6. 8. 1944; 33, 13. 8. 1944; Leonhard, a. a. O., S. 319; die Angaben bei Weinert (a. a. O., S. 95) sind ungenau. NA) Bericht v. Drebber (Generalmajor, Kommandeur der 297. Infanteriedivision, Stalingrad) betont als Motiv für seinen Beitritt zum Offiziersbund die für Deutschland kritische Kriegslage. Im September 1943 lehnte er es ab hervorzutreten.

14 Weinert, a. a. O.

15 FD, II/40, 1. 10. 1944; Leonhard, a. a. O., S. 321. Einen erschütternden Eindruck von den Folgen des Endes der deutschen Heeresgruppe Südukraine vermittelt auch Kurt Schiebold, Opfergang in Rumänien, Tübingen 1952.

16 FD, II/50, 10. 12. 1944; Leonhard, a. a. O., S. 322 f.; Weinert, a. a. O., S. 96. Vgl. Anhang IV. Der zunächst von Vincenz Müller den Generalen vorgelegte Aufruf drohte anfangs an einem Satz zu scheitern, den die Generalität gestrichen zu sehen wünschte. Um welche Formulierung es sich hierbei handelte, war nicht mehr festzustellen. Der umstrittene Passus wurde jedoch nach einem persönlichen Eingreifen des Generals von Seydlitz beseitigt. Danach war der Aufruf akzeptiert. Während der Unterzeichnung weigerte sich lediglich ein General Heine, seinen Namen unter das Dokument zu setzen, das mehrere Generale — so vor allem Paulus, Strecker, Seydlitz, Korfes und Lattmann — abgefaßt hatten. Heine wurde weder bedroht noch genötigt. Er kehrte im Oktober 1955 nach der Moskauer Aktion des Bundeskanzlers Adenauer in die Heimat zurück. Pers. Mitteilung W. v. Seydlitz; Paulus, Mein Beitritt . . .; NA) Bergmann, a. a. O., S. 68: Kritik am »Opportunismus« der Generale (Bewegung »Freies Deutschland« in der Schweiz).

17 Pers. Mitteilung W. v. Seydlitz, Schlömer, A. Bredt, H. Gerlach; v. Einsiedel, a. a. O., S. 149.

18 Zeller, a. a. O., S. 270 ff.; v. Tippelskirch, a. a. O., S. 497 ff.; Picht, a. a. O., S. 44 f.; Ehlers, a. a. O., S. 61; v. Senger und Etterlin, a. a. O., S. 349 f.; Thorwald, Es begann . . ., passim; ders., Das Ende an der Elbe, Stuttgart 1950, passim.

19 Aussagen zahlreicher Offiziere und Soldaten; Picht, a. a. O.; Kern, a. a. O., S. 85, 127, 155 ff.; Reinhard Hauschild, Plus-Minus-Null, Darmstadt 1952, S. 40, 163; Joachim Günther, Das letzte Jahr, Hamburg 1948, S. 265.

20 Aussagen zahlreicher Offiziere und Soldaten.

21 a. a. O.; Picht, a. a. O.; v. Tippelskirch, a. a. O., S. 625; Wurm, a. a. O., S. 405; Bamm, a. a. O., S. 267 f.; Oechelhaeuser, a. a. O., S. 204, 221, 299; Andreas Engermann, Einen Bessern findst Du nicht, Bad Wörishofen 1952, S. 437; Dietrich von Choltitz, Soldat unter Soldaten, Konstanz/Zürich 1951, S. 130 f. NA) Gerlach, Odyssee, S. 389: »Jetzt verteidigen die Deutschen ihre Heimat. Jetzt führten sie ihren Vaterländischen Krieg, und jetzt auf der Seite des Gegners in der Heimat erscheinen zu müssen, wäre fatal.«

22 Aussagen zahlreicher Offiziere und Soldaten; v. Tippelskirch, a. a. O.; Wurm, a. a. O.; Bamm, a. a. O., S. 273; NA) Döbler, a. a. O., S. 281 f.; Hans Graf von Lehndorff, Ostpreußisches Tagebuch. Aufzeichnungen eines Arztes aus den Jahren 1945—1947, München 1967 (dtv-Dokumente 2923), S. 101.

23 Aussagen zahlreicher Offiziere und Soldaten; Picht, a. a. O., S. 45; Scheringer, a. a. O., S. 445; NA) Döbler, a. a. O., S. 281 f.; Stachow, a. a. O., S. 158. Über die Wundergläubigkeit auch v. Lehndorff, a. a. O., S. 40.

24 v. Tippelskirch, a. a. O., S. 611 ff.

25 Aussagen zahlreicher Offiziere und Soldaten; Thorwald, Es begann ..., S. 121—126; v. Einsiedel, a. a. O., S. 154 f.; Kern, a. a. O., S. 169 ff. NA) v. Lehndorff, a. a. O., ab S. 64 passim (Königsberg unter den Russen, 9.— 24. April 1945); Kopelew, a. a. O., S. 19, 96, 100, 112, 127 f., 130. Zur »Rechtfertigung« des Vergeltungs- und Vernichtungswillens: S. 125 ff.; späterer Vorwurf und Anklagepunkt gegen Kopelew, »Mitleid mit dem Feind gehabt zu haben«: S. 51. Ferner: Frieser, a. a. O., S. 211; de Zayas, a. a. O., passim.

26 Aussagen zahlreicher Offiziere und Soldaten; v. Tippelskirch, a. a. O., S. 625, 631; generell auch Thorwald, a. a. O.; Friedrich Hoßbach, Die Schlacht um Ostpreußen, Überlingen 1951.

27 Aussagen zahlreicher Offiziere und Soldaten; v. Tippelskirch, a. a. O., S. 625; Kern, a. a. O., S. 177.

28 v. Tippelskirch, a. a. O., S. 161 ff.

29 Aussagen zahlreicher Offiziere und Soldaten; Kern, a. a. O., S. 152; Hauschild, a. a. O., S. 83; Joachim Schultz, Die letzten dreißig Tage, Stuttgart 1951, S. 22, 26 f., 55, 62 f.; Walter Lüdde-Neurath, Regierung Dönitz, Göttingen 1950, S. 61 f.

30 Paul Kluke, Nationalsozialistische Europaideologie, in: Vierteljahrshefte für Zeitgeschichte, 3. Jhrg., 1955, 3, ab S. 240.

31 Pers. Mitteilung W. v. Seydlitz, H. Gerlach, H. Graf v. Einsiedel; v. Einsiedel, a. a. O., S. 156, 161 ff.; Aussagen zahlreicher ehemaliger deutscher Kriegsgefangener. NA) Wolff, a. a. O., S. 94 f., 177 ff.

32 v. Einsiedel, a. a. O., S. 154 f.

33 Hierzu forderten selbst die Geistlichen innerhalb der Organisation Freies Deutschland auf: »An die evangelischen und katholischen Pfarrer und Gemeinden in den östlichen Gebieten des Reiches« (27. 10. 1944); »Deutsche Pfarrer rufen das deutsche Volk« (Ende 1944). Obgleich das zweite Dokument erst nach einem zähen Kampf zwischen den evangelischen und katholischen Geistlichen formuliert wurde — die katholische Sektion hatte (Vermerk J. Kayser) einen Appell vorgeschlagen, der eine stärkere Abgrenzung gegenüber dem Kommunismus enthalten sollte —, wies es doch folgenden Passus auf: »Aus unserer eigenen besseren Kenntnis der Lage versichern wir euch, daß unter der Besatzung, gerade auch der Roten Armee, kein Christ um seines Glaubens willen zu leiden hat. So wie wir als Kriegsgefangene hier in der Sowjetunion, so werdet auch ihr in der Heimat in Glaubens- und Gewissensfreiheit, bei voller Klarheit über die weltanschaulichen Unterschiede, euer kirchliches Leben gestalten können. Deshalb müßt gerade ihr Christen, besonders ihr Geistlichen und ihr führenden Männer des kirchlichen Lebens, in ruhiger Besonnenheit brüderlich zusammenstehen und dürft euch nicht zum Verlassen eurer Heimatgemeinden verleiten lassen. Auch dürft ihr nicht zulassen, daß durch sinnlosen Widerstand eure Heimatstädte und -dörfer zerstört werden und daß durch einen wahnsinnigen Bandenkrieg unser Volk vollends in den Abgrund gerissen wird. Durch euer Bleiben schützt ihr am besten Hab

und Gut und sichert auch den Fortgang des kirchlichen Lebens. Flucht dagegen bedeutet ungeheures Elend, Armut, Hunger und Kälte.«

34 Pers. Mitteilung W. v. Seydlitz, H. Gerlach; FD, II/42, 15. 10. 1944; III/20, 16. 5. 1945. Steidle erlitt einen Weinkrampf und vermochte selbst nach seiner Rückkehr in Lunjowo vor Erschütterung kaum über das Erlebte zu berichten. NA) Steidle, a. a. O., S. 380: »Es waren Stunden, die uns ergrauen ließen. Wir waren danach tagelang innerlich wie verstört.« Gerlach, Odyssee, S. 382 f., 394.

35 v. Einsiedel, a. a. O., S. 154 f.

36 a. a. O.; v. Puttkamer, a. a. O., S. 83; NA) Gerlach, Odyssee, S. 395.

37 Aussagen zahlreicher ehemaliger deutscher Kriegsgefangener; pers. Mitteilung A. Bredt, H. Abel; NA) Bericht E. Hadermann.

38 v. Einsiedel, a. a. O., S. 158 f.; FD, III/13, 28. 3. 1945. Der Bericht des Graudenzer Frontbevollmächtigten Bechler ist nahezu unbrauchbar. NA) Zu Graudenz: Kopelew, a. a. O., S. 156 f., 169, 184, 188, 193 f. Nach Kopelew errang man mit Agitation erst Einzelerfolge (170 und 300 Gefangene), als die Rote Armee bereits in Graudenz stand. Der Festungskommandant, Generalmajor Fricke, ergab sich ohne schriftliche Abmachungen, um Hitlers Kapitulationsverbot zu unterlaufen. Was ihn — in vorletzter Stunde — bewog aufzugeben, war die Unmöglichkeit, den Kampf wegen Munitionsmangels fortzusetzen.

39 Thorwald, a. a. O., S. 323 ff. NA) Kopelew, a. a. O., S. 155.

40 Pers. Mitteilung W. v. Seydlitz, H. Gerlach. Bereits im August 1944 hatte Generalfeldmarschall Paulus mit sowjetischer Genehmigung der deutschen Heeresgruppe im Kurlandkessel einen ehrenvollen Kapitulationsentwurf und ihrem damaligen Oberbefehlshaber Generaloberst Schörner einen persönlichen Brief zugeleitet. Beide Schriftstücke blieben unbeantwortet. Paulus, Mein Beitritt . . .; Zur Geschichte . . ., S. 304 f.; Werner Haupt, Kurland, Bad Nauheim 1960, S. 116; Hans Breithaupt, Die Geschichte der 30. Infanterie-Division, Bad Nauheim 1955, S. 278; Werner Buxa, Weg und Schicksal der 11. Infanterie-Division, Kiel 1952, S. 63; NA) Döbler, a. a. O., S. 284.

41 Sie kämpften . . ., S. 105 ff.; Zur Geschichte . . ., S. 309 ff.; Paul Klatt, 3. Gebirgsdivision 1939—1945, Bad Nauheim 1958, S. 322.

42 H. Gerlach, Die Haltung . . . Es handelte sich um einen Diversionsakt bei Tannenwalde in Ostpreußen. Ein bewaffneter Einsatz vor Breslau 1945 wird geschildert in: Sie kämpften . . ., S. 105 ff. NA) Gerlach, Odyssee, S. 395 f.; Wolff, a. a. O., S. 139 ff.; Verrat . . ., S. 229.

43 Pers. Mitteilung A. Bredt, H. Gerlach, I. v. Knobelsdorff-Brenkenhoff. Alexandrow in der »Prawda« am 14. 4. 1945: »Genosse Ehrenburg vereinfacht zu sehr.«

44 Pers. Mitteilung W. v. Seydlitz, A. Bredt, H. Gerlach. Vgl. Text Anm. 102 des fünften Kapitels.

45 Pers. Mitteilung W. v. Seydlitz, A. Bredt, H. Abel, H. Gerlach.

46 v. Einsiedel, a. a. O., S. 167 f.; pers. Mitteilung H. Gerlach.

47 Pers. Mitteilung W. v. Seydlitz, A. Bredt, H. Abel, H. Gerlach.

48 v. Einsiedel, a. a. O., S. 168; Leonhard, a. a. O., S. 319.

49 Leonhard, a. a. O.; v. Einsiedel, a. a. O., S. 170.

50 v. Einsiedel, a. a. O., S. 170 f.

51 FD, III/33, 16. 8. 1945; NA) Verrat . . ., S. 220—224.

52 v. Puttkamer, a. a. O., S. 83.

53 FD, III/9, 25. 2. 1945; NA) Tegeran-Jalta-Potsdam. Sbornik dokumentov, Moskau 1970, S. 142 f.; Sowjetische Protokolle, S. 184 f.; Zahl der Kriegsgefangenen bei Frieser, a. a. O., S. 35, 246.

54 Pers. Mitteilung W. v. Seydlitz, A. Bredt, H. Abel, H. Gerlach, I. v. Knobelsdorff-Brenkenhoff, W. Frhr. v. Senfft-Pilsach.

55 a. a. O.; v. Einsiedel, a. a. O., S. 172; auch FD, III/Mai-Oktober 1945. Die Zahl der Aufrufe, Artikel und Resolutionen allein zur Frage der Wiedergutmachung schwoll in diesem Zeitraum derart an, daß von Einzelnachweisen abgesehen werden mußte. Das konnte auch schon deshalb geschehen, weil sich der Tenor der abgedruckten Dokumente stets gleichblieb. NA) Gerlach, Odyssee, S. 404 f.; Bergmann, a. a. O., S. 165.

56 Leonhard, a. a. O., S. 329, 334 ff. NA) Fischer, a. a. O., S. 148—153.

57 Pers. Mitteilung H. Gerlach, H. Abel; v. Puttkamer, a. a. O., S. 85. Hier ist allerdings die Angabe falsch, daß Ulbricht noch im Herbst 1945 in der Sowjetunion gewesen sei. NA) Bericht E. Hadermann.

58 Pers. Mitteilung W. v. Seydlitz, H. Abel, H. Gerlach; v. Einsiedel, a. a. O.

59 v. Einsiedel, a. a. O., S. 172 f.; pers. Mitteilung H. Gerlach.

60 v. Einsiedel, a. a. O., S. 174; pers. Mitteilung H. Gerlach.

61 v. Einsiedel, a. a. O., S. 174 f.

62 a. a. O.; FD, III/44, 3. 11. 1945; Weinert, a. a. O., S. 130 ff.; v. Puttkamer, a. a. O., S. 86.

63 Protokoll Schlußsitzung des Nationalkomitees Freies Deutschland im Lager Lunjowo am 2. 11. 1945 (ungedruckte Nachschrift), S. 1; NA) Verrat . . ., S. 254—271.

64 Protokoll . . ., S. 1 ff.

65 a. a. O., S. 10 ff.

66 a. a. O., S. 14.

67 a. a. O.

68 a. a. O.

69 Pers. Mitteilung W. v. Seydlitz, A. Bredt, H. Abel, H. Gerlach; v. Einsiedel, a. a. O., S. 177.

70 v. Einsiedel, a. a. O., S. 176; v. Puttkamer, a. a. O., S. 87.

71 Vgl. v. Puttkamer, a. a. O., S. 88 ff. NA) Steidle, a. a. O., S. 397.

72 v. Puttkamer, a. a. O., S. 87.

73 Pers. Mitteilung W. v. Seydlitz, H. Abel, H. Gerlach; v. Puttkamer, a. a. O.

74 v. Puttkamer, a. a. O., S. 88.

75 v. Einsiedel, a. a. O., S. 175 f.

76 Pers. Mitteilung W. v. Seydlitz, H. Gerlach; v. Einsiedel, a. a. O., S. 177; v. Puttkamer, a. a. O. Hier stimmt freilich nicht das Datum der Auflösung des Hauses Lunjowo.

77 Pers. Mitteilung W. v. Seydlitz; NA) v. Seydlitz, Stalingrad, S. 365—373.

78 NA) v. Seydlitz, a. a. O., S. 373, 375—385.

79 v. Einsiedel, a. a. O., S. 181.

80 Pers. Mitteilung H. Abel, H. Gerlach, J. Wieder; Gollwitzer, a. a. O., S. 223 ff.

81 Pers. Mitteilung H. Abel, H.
Gerlach, J. Wieder.
82 a. a. O.
83 a. a. O.
84 NA) So — in seitdem gültiger

Sprachregelung — Heinrich Homann,
stellvertretender Vorsitzender des
Staatsrates der DDR, am 20. Juli 1964.
Weitere Hinweise bei Frieser, a. a. O.,
S. 279, 284.

Personenregister

254

Ryszard Kapuściński
König der Könige

Eine Parabel der Macht.

Dieses Buch ist ein historisches Dokument und eine politische Allegorie zugleich. Literarische Erzählung und exakte Beschreibung politischer Fakten sind meisterhaft verbunden. Für seine ›Parabel der Macht‹ benutzt der Autor die Biographie des Haile Selassie, Kaiser Äthiopiens von 1930 bis 1974.
Niemals konnte er fehlhandeln. Jedes seiner Worte und Taten geschah zum Wohl seines Volkes. Für sein Volk war er ein höheres Wesen, auserwählt, es im Namen Gottes zu regieren – als direkter Nachkomme König Salomons. Zugleich häufte der Gotterwählte aber sehr irdische Reichtümer um sich her an, während seine Untertanen in Armut lebten und verhungerten als eine unmittelbare Folge seiner korrupten Herrschaft. 44 Jahre hielt dieser Spuk an, bis ihn 1974 die Armee absetzte. Noch während die Revolutionswirren in Gang waren und Kämpfe in den Straßen Addis Abebas stattfanden, kam der polnische Auslandskorrespondent Ryszard Kapuściński ins Land und interviewte unter außerordentlich gefährlichen Umständen ehemalige Höflinge aus dem inneren Kreis um Haile Selassie, die sich in der Hauptstadt aus Angst vor dem neuen Regime verkrochen hatten.
In seinem Buch hat Kapuściński ihre Berichte mit seinen eigenen Erfahrungen (er traf mehrere Male vor und auch nach der Revolution mit Haile Selassie zusammen) verbunden. Es entstand so eine Studie über Mißbrauch von Macht, die in der Figur des äthiopischen Kaisers einen exzessiven Vertreter fand, darüber hinaus aber exemplarischen Charakter hat.
Als *Cesarz* 1978 in Polen erschien, wurde die Beschreibung brutaler Machtausübung vielfach als Schlüssel für die Zustände in Kapuścińskis Heimatland gedeutet. Der Autor hat diese Parallele weder bestätigt noch dementiert.

k&w

Kiepenheuer & Witsch